权威·前沿·原创

皮书系列为
“十二五”国家重点图书出版规划项目

南宁蓝皮书
BLUE BOOK OF NANNING

# 南宁法治发展报告（2015）

REPORT ON DEVELOPMENT OF RULE OF LAW IN NANNING (2015)


主　　编／杨维超
执行主编／钟　敬　余光辉



社会科学文献出版社
SOCIAL SCIENCES ACADEMIC PRESS (CHINA)

图书在版编目（CIP）数据

南宁法治发展报告. 2015/杨维超主编. —北京：社会科学文献出版社，2015.12
（南宁蓝皮书）
ISBN 978－7－5097－8231－6

Ⅰ. ①南… Ⅱ. ①杨… Ⅲ. ①社会主义法制－研究报告－南宁市－2015 Ⅳ. ①D927.671

中国版本图书馆CIP数据核字（2015）第250608号

南宁蓝皮书
南宁法治发展报告（2015）

主　　编／杨维超
执行主编／钟　敬　余光辉

出 版 人／谢寿光
项目统筹／恽　薇　王玉山
责任编辑／王玉山　刘美丽

出　　版／社会科学文献出版社·经济与管理出版分社（010）59367226
　　　　　地址：北京市北三环中路甲29号院华龙大厦　邮编：100029
　　　　　网址：www.ssap.com.cn
发　　行／市场营销中心（010）59367081　59367090
　　　　　读者服务中心（010）59367028
印　　装／北京季蜂印刷有限公司

规　　格／开　本：787mm×1092mm　1/16
　　　　　印　张：17.75　字　数：267千字
版　　次／2015年12月第1版　2015年12月第1次印刷
书　　号／ISBN 978－7－5097－8231－6
定　　价／79.00元

皮书序列号／B－2015－482

# 《南宁法治发展报告（2015）》
## 编　委　会

**主　　编**　杨维超

**执行主编**　钟　敬　余光辉

**副 主 编**　李君安

**编　　辑**　吴金艳　刘　娴　周　青　黄旭文　王　瑶
班正杰　韦云高

**撰 稿 人**　（按姓氏笔画排序）

丁　宁　丰河珍　王　义　王　瑶　韦小菊
韦　军　韦　杰　韦珊婷　韦美云　韦钰刚
吕　敏　刘　娴　刘晶晶　江　山　李永清
李金建　李济情　李鸿兵　李　敬　杨英理
杨晓波　杨维超　吴　东　吴金艳　余光辉
张启敏　张德艳　陆宙佳　陈贞臣　陈创源
陈　斌　欧云略　易广丽　罗起东　周　芹
周　青　钟　敬　侯康顺　姚永浩　班月生
唐　浩　黄旭文　梁　娟　蒋　莉　韩　伟
曾曲峰　曾　鸣　谢华波　廖　斌　谭　靖
潘银翠　薛章亮　瞿桂芳

# 主编简介

**杨维超**　男，汉族，籍贯广西南宁，在职研究生学历，南宁市委常委、政法委书记。

**钟　敬**　男，壮族，籍贯广西天等，教育学硕士，南宁市法学会专职副会长兼秘书长。

**余光辉**　男，汉族，籍贯湖北鄂州，研究员，法学博士，南宁金融投资集团董事、副总经理，广西壮族自治区人大立法咨询专家，南宁市经济发展与法治建设研究会会长，曾任南宁市社会科学院副院长。

# 摘 要

在贯彻落实党的十八届四中全会精神，全面推进依法治国的大背景下，《南宁法治发展报告（2015）》的出版发行将对加快建设南宁法治城市步伐，努力构建法治先进城市具有重要意义。

本书围绕南宁发展战略布局，立足南宁法治实践，关注社会责任，以翔实的数据多角度分析了 2014 年度南宁法治发展状况。2014 年，南宁市在坚持科学民主立法、深入推进依法行政、严格公正司法、依法治权反腐倡廉、创新社会治理等方面取得了新的成就与进展。展望未来，南宁市的法治建设应以立法为重点，创新立法机制，提高立法质量；优化行政审批，强化行政权力监督；积极推进司法体制改革；构建社会治理基层机制，提升预防化解社会矛盾的水平；进一步完善防腐机制，坚持正风肃纪，防止“四风”反弹。

本书客观总结了南宁市政法工作、纪检监察、环境执法、交通法治、房地产管理行政执法、法治工商、妇女儿童权益法治保障、流动人口管理等相关领域的法治实践。

本书还从法治的视角关注南宁市创新社会治理的经验、问题及思路，重点对南宁市法治环境、南宁与东盟国家警务合作、城市公安工作、农村未成年人犯罪问题、农村“三大纠纷”案件、城市治理执法成效、民事行政检察办案体制南宁模式、恶意欠薪案件等专题进行了深入的研究。

# Abstract

In implementing the guiding principles of the Fourth Plenary Session of the $18^{th}$ National Congress of the Party and under the background of comprehensively advancing the rule of law, the publication of *Report on Nanning Development of Rule of Law in 2015* is of great significance to the acceleration the pace of building Nanning city under rule of law and an advanced law – abiding city.

By centering on the development strategy of Nanning and employing detailed and accurate data , the book sets foot on the legal practice in Nanning, focuses on social responsibility, and carries out analysis on the development situation under the rule of law in Nanning from various perspectives. In 2014, Nanning made new achievements and progress in adhering to scientific and democratic legislation, promoting law – based administration, advocating strict fair administration of justice, restraining power in accordance with law, combatting corruption and building a clean government, innovating social governance. The construction of rule of law in Nanning should take legislation as the key task, innovate legislation mechanism, improve legislation quality, optimize administrative examination and approval, strengthen the supervision of administrative power, promote the reform of judicial system, construct grassroot mechanism of social governance, improve the level of solving social contradictions, further perfect the mechanism of corruption prevention, prevent reappearance of formalism, hedonism, extravagance and bureaucracy.

This book objectively summarizes the practices of rule of law, such as political &judiciary work, discipline inspection & supervision, enviromental enforcement, transportation under rule of law, real estate management & administration enforcement of law, industry &commerce under rule of law, protection of women and children's right and interests, floating population management and so on.

From the perspective of rule of law, the book also focuses on the experience, problems and thought of innovative social governance in Nanning. The book conducts substantial research and analysis in the following fields, such as, Nanning enviroment under rule of law, the cooperation with ASEAN countries in terms of police service, urban police service, rural minor crimes, "three major disputes" cases in rural areas of Nanning, law-enforcement effectiveness of urban governance, Nanning model of civil administrative procuratorial work system, malicious wages cases and so on.

# 目 录

BLUE BOOK

## 𝔹 Ⅰ 主报告



## 𝔹 Ⅱ 分报告

## BⅢ 专题报告

# CONTENTS

BLUE BOOK

## B I Main Reports



## B II Sub-reports

## BⅢ Special Reports

# 主 报 告

Main Reports

## B.1

# 南宁市法治建设状况分析及未来展望

《南宁市法治发展状况》课题组*

摘　要：2014年，南宁市在坚持科学民主立法、深入推进依法行政、严格公正司法、依法治权反腐倡廉、不断创新社会治理等方面取得了新的成就与进展。同时，南宁市的法治建设也面临诸多问题和挑战，主要表现为：地方立法的科学性和立法质量有待提高，法治政府建设亟须长效机制稳步推进，社会治理基层基础需要进一步夯实，公共安全形势依然较为严峻，司法体制和工作机制改革亟须深化。为此，应当抓住立法重点，创新立法机制，提高立法质量；优化行政审批，强化行政权力监督；积极推进司法体制改革；构建社会治理基层机

* 课题组长：钟敬、余光辉；成员：王瑶、吴金艳、刘娴、黄旭文、周青、唐浩、周芹、瞿桂芳、陈斌、姚永好、欧云略、吴东。

制，提升预防化解社会矛盾的水平；进一步完善防腐机制，坚持正风肃纪，防止“四风”反弹。

关键词： 南宁 法治建设 依法治市

2015年是中国全面深化改革和推进依法治国的关键之年，也是完成“十二五”规划的收官之年。为贯彻落实党的十八届四中全会和广西壮族自治区党委十届五次全会精神，深入实施依法治国基本方略，在新的起点上全面推进法治南宁建设，2015年1月26日，中共南宁市委印发了《关于全面推进法治南宁建设的实施意见》，这表明南宁市的法治建设将打开一个崭新的局面。回顾2014年，南宁市坚持法治政府、法治社会、法治城市一体化建设，重点抓好地方立法的质量，提高依法行政水平，提高基层社会治理和社会治安综合治理的能力和水平，着力提高司法公信力，加强对违法行为的打击力度，维护社会公平正义，维护诚信守法的市场秩序，为南宁经济社会发展提供了法治保障。

## 一 2014年南宁市法治建设情况

### （一）地方立法工作

#### 1. 人大立法工作

2014年，南宁市扎实开展常规立法工作，进一步完善南宁市地方立法体系。在人大地方性立法层面，完成了《南宁市城市供水节水条例》《南宁市房地产开发项目配套设施建设管理条例》《南宁市消防条例》《南宁市城乡容貌环境和卫生管理条例》《南宁市养犬管理条例》《南宁市城市公共汽车客运管理条例》《南宁市道路交通管理条例》《南宁市城市轨道交通管理条例》《南宁市信息网络安全保护管理条例》等9项法规草案审改工作；完成《南宁市西津湿地保护条例》《南宁市殡葬管理条例》《南宁市汽车租赁管理条例》《南宁市速生桉种植管理条例》《南宁市城市地下空间开发管理条例》《南宁市科学技术进步若干规定》《南宁大明山风景旅游区管理条例》等7个项目的调研工作；颁布实施《南宁市城乡规划管理若干规定》《南宁市饮用水水源保护条例》《南宁市违法建设查处条例》《南宁市郁江流域水污染防治条例》《南宁市城市供水节水条例》等5项法规。

### 2. 政府规章立法工作

2014年，在制定地方性政府规章方面，做好立法计划，强化立法协商，完善研究论证机制。将征集立法计划项目建议范围进一步扩大到市政协及各民主党派，让市民有序参与立法。立法项目和重要规范性文件通过召开座谈会、听证会、论证会、报纸刊登等方式向社会广泛征求意见，如全年先后就《南宁市道路交通安全条例（草案）》《南宁市水库管理办法（草案）》等法规规章草案举行立法专家论证会9次。及时开展立法后评估，如启动《南宁市物业专项维修资金管理办法》和《南宁市食用农产品质量安全管理办法》的立法后评估工作。做好规范性文件备案审查，将各县（区）政府、各开发区管委会及市级部门制定的并向市政府法制机构报备的规范性文件，作为年度依法行政考核的重要内容，加强对涉及地方或行业保护，影响公民、法人和其他组织合法权益的规范性文件的备案审查。全年南宁市政府制定并向自治区政府、市人大常委会报备的规范性文件共30件。市政府法制机构备案的各县（区）政府、各开发区管委会及市级部门制定的规范性文件共75件。2014年南宁市政府立法工作情况见表1。

## （二）依法行政工作

2014年，南宁市依法行政各项工作有序推进，依法行政考核成绩连续四年位居广西各市、各部门第一。中国政法大学法治政府研究院发布的《中国法治政府评估报告（2014）》依据法治政府的机构职能、依法行政的组织领导、政府制度建设、行政决策、行政执法、政府信息公开、监督与问责、社会矛盾化解与行政争议解决、公众满意度调查等9项一级指标，对全国4个

表 1　2014 年南宁市政府立法工作情况

| 类　别 | 名称 |
| --- | --- |
| 提请市人大常委会审议的地方性法规草案项目 | 《南宁市公共汽车客运经营管理规定(草案)》 |
| | 《南宁市道路交通安全条例(草案)》 |
| | 《南宁市养犬管理条例(修订草案)》 |
| | 《南宁市信息系统安全保护条例(草案)》 |
| | 《南宁市轨道交通管理条例(草案)》 |
| 市政府发布政府规章 | 《南宁市餐厨垃圾管理办法》(政府令第 20 号) |
| | 《南宁市烟花爆竹经营燃放管理规定》(政府令第 21 号) |
| | 《南宁市个人信用信息征集使用管理办法》(政府令第 22 号) |
| | 《南宁市房屋使用安全管理规定》(政府令第 23 号) |
| | 《南宁市罚没财物、追回赃款赃物和查封、扣押物品管理办法》(政府令第 24 号) |
| | 《南宁市控制吸烟规定》(政府令第 25 号) |
| | 《南宁市建筑安装工程劳动保险费管理办法》(政府令第 26 号) |
| | 《南宁市人民政府关于修改〈南宁市荣誉市民称号管理办法〉的决定》(政府令第 28 号) |
| | 《南宁市人民政府关于下放农村住宅行政审批管理权限的决定》(政府令第 29 号) |
| 废止的政府规章 | 《南宁市人民政府关于废止〈南宁市燃煤二氧化硫污染防治办法〉的决定》(政府令第 27 号) |

直辖市、27 个省政府所在市及其他地级以上市共 100 个城市政府法治建设水平进行综合评价，南宁市在 100 个市级政府中排名第 8，这表明南宁市在推进法治政府建设和依法行政工作进程方面走在了全国前列，主要表现在以下方面。

一是清理行政审批事项，释放市场活力。首先对 2013 年 12 月 31 日以前的地方性法规、政府规章和政府规范性文件进行清理，废止 1 件政府规章、118 件规范性文件，修改 17 件政府规章和 30 件规范性文件，确认继续有效的规范性文件 323 件。同时，建议市人大常委会修改 9 件地方性法规。其次，对现行有效的 38 件地方性法规、68 件政府规章和 500 件政府规范性文件，开展行政审批事项清理工作，决定保留行政许可事项 1 项，取消 10 项，调整 1 项；取消非行政许可审批事项 32 项，调整或转为告知性备案 22 项。再次，完成了人社、教育、水利、科技、国土、林园等部门行政审批项目调整的审核认定。最后，推进行政审批制度改革。继 2013 年将 185 项行政审批事项授权南宁高新区、经开区管委会实施，将232项行政审批事项授权东盟经开区管委会实施后，2014年，市政府再将60项审批项目新增授予开发区实施，赋予开发区更多的行政审批自主权，成立南宁经开区行政审批局，实现了高效审批。

二是顺应城市管理和发展需要，建立社会征信体系。出台《南宁市机关事业单位及国有企业失信人员从业惩戒规定（试行）》《南宁市委管理干部失信行为惩戒规定（试行）》《南宁市城市管理领域失信联合惩戒办法（试行）》，实施从业惩戒。

三是改进行政机关工作作风。2014年南宁市委、市政府主办的“向人民承诺——电视问政”直播节目，直面群众反映强烈的城市建设管理问题，由相关执法部门“一把手”现场接受市民代表的质询，“一把手”承诺兑现情况向社会公布，接受市民评议。“12345”市长公开电话24小时开通，全年受理数以万计的市民有效来电。坚持举办“政风行风热线”栏目，全市各职能部门负责人轮流上线为群众答疑解惑，发挥社会监督作用，促进机关改进工作作风。

四是增强依法行政意识和能力。制定并组织实施《2014年政府常务会议学法计划》，推进政府常务会议学法常态化。建立领导干部任职前法律知识测试制度，开展了首次非人大常委会任命领导干部任职前法律知识考试。同时，集中开展对行政执法人员的培训，市、县（区、开发区）、乡三级4000多名一线执法人员，2000多名协助执法人员全部纳入培训范围。

## （三）社会治理工作

### 1. 开展“美丽南宁·整洁畅通有序大行动”

2014年，将城市建设和环境综合整治列为重点工程，对城市乱象实行高强度整治，采取联合执法的方式，整合公安、城管、工商、交通等方面力量，组建联合执法队伍，大力整治市容环境，从源头上解决车辆乱停、摊点乱摆、工地乱象、广告乱象、泥头车撒漏、扬尘、工地噪声、交通违法、农贸市场及周边环境综合整治等问题。

2. 推进网格化治理模式

在西乡塘区万秀村开展网格化管理和信息化建设试点工作，以“网格化管理、信息化支撑、便民化服务、立体化防控”为抓手，积极探索“小网格”编织“大服务”促进“大平安”的社会治理新路子。全市已初步划分网格 2979 个，聘请网格员 1755 人。

3. 排查化解突出矛盾纠纷

全市各级各部门共排查各类矛盾纠纷 1.4 万多件，调结率 99%；结合党的群众路线教育实践活动由市领导包案调处的信访积案 80 件，成功化解 73 件，化解率 91.3%；中央巡视组交办信访事项办结率 100%。全市群体性上访事件得到妥善处置，未引发重大影响事件。

4. 开展社会稳定风险评估

全年对重大项目评估 25 次，开展对涉及征地拆迁、拆违的社会稳定风险评估 308 次，没有发生因评估不到位引发较大群体性事件现象。实行市、县（区）、乡镇三级维稳形势季度分析研判制度，开通了 12 个县区的维稳网络视频会议系统。

5. 平安惠民工程项目顺利推进

南宁市政府安排平安建设惠民专项资金，以全市主城区老旧三无小区（无物业、无视频监控、无安保人员）、敞开式和半敞开式居民小区、城中村等治安防控工作薄弱的区域为重点，建立社会治安视频监控系统，构建人防、物防、技防相结合的社会治安防控网。目前，第一批项目已经开始建设，增加高清视频监控探头，惠及群众 50 万人以上。在农村推广电子牛栏项目建设。2013 年在江南区和武鸣县试点“电子牛栏”建设，着力解决农村地区耕牛被盗和社会治安混乱问题。

6. 开展打击传销、整治“三车”“两违”等专项整治

2014 年，全市共捣毁传销窝点 2764 个，破获传销犯罪案件 751 起，教育遣返 4237 人；查处非法“三车”19278 辆（次），依法收缴 1879 辆，依法解体销毁 892 辆，教育非法营运残疾车主 8000 余人，有效遏止了“三车”非法上路、非法营运的反弹现象。

### 7. 提高流动人口服务管理水平

截止到2014年10月，南宁市登记在册的流动人口1315036人，其中流入882575人，登记在册出租房屋318165套。按照每300至500名外来流动人口配备1名专职流动人口协管员的原则，配备专职流动人口协管员1631人，成立流动人口服务管理中心43个，服务管理站295个，管理服务中心和专职流动人口协管员数分别比上年增长7.5%和28.4%，促进流动人口“7+1”公共服务管理，逐步拓宽和完善与居住证制度相配套的功能机制。

## （四）审判工作

### 1. 履行司法职能，担当维护公平正义责任

民事审判。2014年，南宁市两级人民法院审结一、二审民事案件32504件，同比上升2.47%。全市法院在审理时坚持调解与判决并重，年内全市法院一审民事案件调撤率达到52.33%。

刑事审判。2014年，南宁市两级人民法院审结一、二审刑事案件6230件，同比上升16.08%。正确把握宽严相济刑事政策，全市法院判决生效罪犯6807人，同比上升25.66%，其中判处五年以上有期徒刑直至死刑的748人，重刑率为11.03%，同比略有下降；判决适用非监禁刑753人，同比（560人）上升34.46%；把好刑罚执行关，经审理依法裁定符合条件的5478名罪犯获得减刑、假释。

行政审判。2014年，南宁市两级人民法院审结一、二审行政案件739件，同比增长75.95%。审结一审房屋征收拆迁行政案件111件，其中协调撤诉85件，调撤率76.57%。积极倡导行政首长出庭应诉，促成全市共有14位行政首长出庭参加庭审活动。发布全区首份房屋征收拆迁行政案件专项行政审判白皮书《关于国有及集体土地上房屋征收拆迁行政案件年度司法审查报告》，促进行政机关依法行政。

执结执行。2014年，南宁市两级人民法院执结执行案件8507件，同比上升13.34%；执行标的39.83亿元，同比上升102.18%。建立信用惩戒机制，将2857名被执行人列入失信“黑名单”，敦促失信被执行人履行判决。

南宁市执行指挥中心查控功能进一步健全，运行机制进一步完善，有关部门向法院反馈执行信息20多万条，协助法院执行财产1400多万元。

### 2. 坚持司法为民，践行保障人民合法权益使命

积极拓展便民服务。打造"一站式"便民诉讼服务平台。立案窗口实行工作日全天候不间断受理案件，探索推行网上预约立案。推行诉讼引导、电子送达、远程视频等方式，方便群众诉讼。采取"农忙法庭""假日法庭""圩日法庭""夜间执行"等便民措施，开展巡回审判和执行活动，减少群众诉累。各基层法院建立定期联系走访机制、诉与非诉无缝联调机制、"驻企业（社区、村）法官工作站"等工作机制，为企业、群众提供便利周到的法律服务。如武鸣县法院在广西—东盟经济技术开发区设立"归侨侨眷维权岗"，有效维护归侨侨眷合法权益。落实司法救助制度，全市法院为符合规定的当事人免、减、缓诉讼费共计616.85万元；发放执行救助金103.86万元，救助人员244人。

依法化解涉诉信访。坚持院长接访和法官带案下访、巡回接访、判后回访制度，构建内外协同、全方位参与的大接访工作格局。积极推进网上申诉信访平台和远程视频接访系统建设工作，实现四级法院远程视频接访系统联通。全市法院接待来访1915人次。

### 3. 深化司法改革，探索完善公正司法制度经验

刑事和解联动机制试点工作全面铺开。如横县法院和西乡塘区法院推进刑事和解联动机制试点工作，以和解方式审结刑事案件56件67人，被害人及其家属获赔经济损失620余万元，案件当事人服判息诉率达100%。

未成年人案件审判改革不断深化。进一步健全未成年人专业化审判机制，实现了未成年人案件审判专门化、回访帮教工作网络化、社区矫正衔接工作规范化。南宁市中院少年司法"南宁经验"在全区刑事审判工作会、全区社区矫正工作会等会议上进行交流介绍。

审判长负责制改革深入推进。市中院、兴宁区法院等试点法院积极推进审判长负责制改革，建立"让审理者裁判、由裁判者负责"的审判责任制度。同时配套推进简易民事案件裁判文书的简化改革，建立繁案精办、简案

快办的工作机制。

行政案件相对集中管辖效果突出。积极探索行政审判工作新机制，全面推进行政案件相对集中管辖试点工作，有效地改善了行政诉讼“立案难”和“审理难”问题。跨行政区域指定审判管辖减少了行政干预因素，“民告官”救济渠道进一步畅通。

“三大平台”建设助推阳光司法。通过广西法院审判流程管理系统，辅以手机短信、微信、微博等方式，将案件流程信息向当事人公开，开展庭审网上直播1176件。通过中国裁判文书网，实现裁判文书上网公开，全年全市法院裁判文书上网17805篇，同比提高88.37%。通过广西阳光司法网向当事人和全社会公开执行信息，实现阳光执行。

## （五）检察工作

### 1. 以执法办案为中心，坚持履行职能与服务大局相统一

2014年共批准逮捕各类刑事犯罪嫌疑人7211人，起诉8275人，其中，严惩以报复社会为目的的危害公共安全犯罪和个人极端暴力犯罪，批准逮捕严重暴力犯罪、多发性侵财犯罪、毒品犯罪嫌疑人4728人，提起公诉5334人。惩治侵犯妇女儿童合法权益的犯罪，批捕拐卖收买妇女儿童、猥亵儿童、强奸等犯罪嫌疑人173人，起诉181人。严厉打击制售有毒有害食品犯罪和破坏市场经济秩序犯罪，依法办理了桂林石户米粉“毒叉烧”以及蒙某等人涉嫌走私电子产品偷逃税额4.91亿元等社会关注案件（见图1、图2）。

围绕人民群众关心的惩治腐败问题，加大查办职务犯罪案件的力度。共立案侦查贪污贿赂犯罪案件150件170人。注重查办大案、要案，立案侦查大案130件。其中，涉案金额500万元以上的4件，100万至500万元的24件，立案侦查涉嫌犯罪的县处级国家工作人员9人。查办农村危房改造、交通运输管理、医疗卫生等领域及城乡基础工程建设项目审批、招标投标、物资采购等环节贪污贿赂犯罪97件110人。依法查办行贿犯罪，共立案侦查47件51人。严肃查办渎职侵权犯罪。共立案侦查国家工作人员玩忽职守、滥用职权等渎职侵权犯罪案件39件46人、渎职侵权犯罪37人，立案侦查

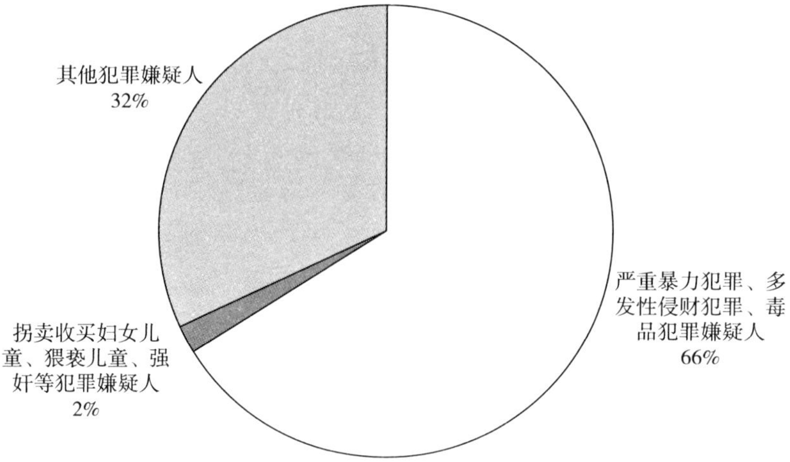


**图 1　2014 年南宁市检察机关批准逮捕各类刑事犯罪嫌疑人情况**

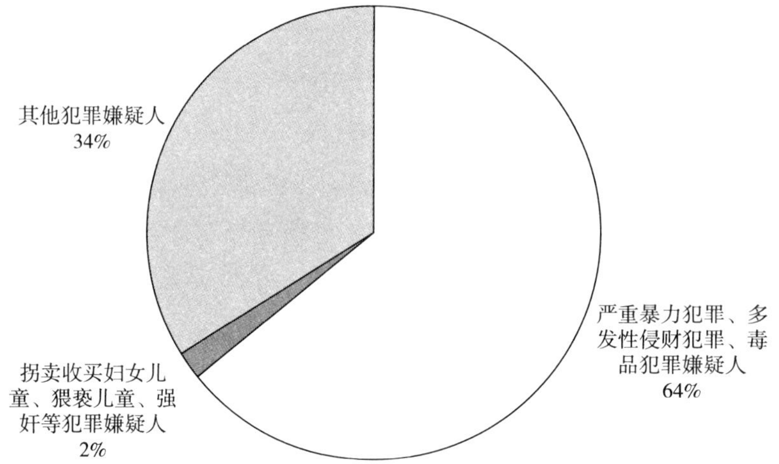


**图 2　2014 年南宁市检察机关对各类刑事犯罪嫌疑人提起公诉情况**

徇私枉法、动植物检疫徇私舞弊、徇私舞弊不移交刑事案件等渎职犯罪 16 件 19 人，立案侦查贪污贿赂犯罪和其他经济犯罪 15 件 16 人。加强职务犯罪预防。向发案单位和相关部门提出风险防控、制度完善建议 194 件。完善检察机关行贿犯罪档案联网查询系统，受理查询并答复行贿犯罪记录 44934 次（见图 3）。

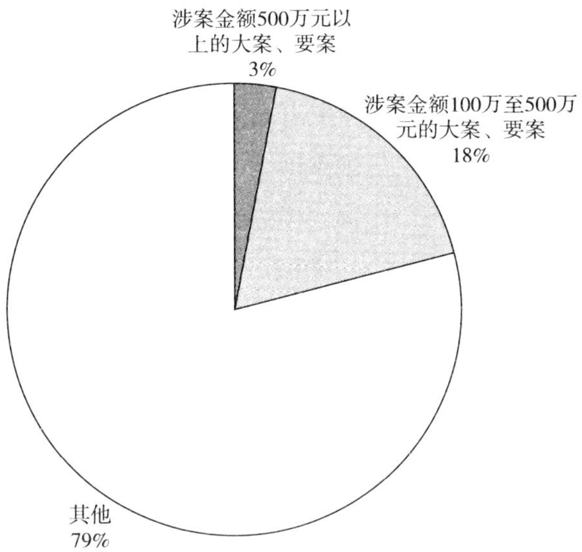


**图3　2014年南宁市检察机关查办职务犯罪大案要案情况**

### 2. 以司法公正为目标，强化对诉讼活动的法律监督

一是加强刑事诉讼监督。加强刑事立案监督，与公安机关建立通报案件办理情况机制，督促公安机关立案232人，监督撤案223件。加强侦查监督，与公安机关建立重大复杂案件提前介入机制，引导其依法侦查取证，纠正漏捕460人，纠正漏诉257人，纠正侦查活动违法153件。加强刑事审判监督，依法推行量刑建议，对认为确有错误的刑事裁判提出抗诉29件，法院同期审结15件，改变9件。

二是加强民事诉讼和行政诉讼监督。依法抗诉和提请抗诉104件，法院同期审结21件，改变14件。对审判活动违法情形提出纠正意见179件，对执行活动违法情形提出纠正意见485件。对侵害国家资产和公共利益案件督促、支持起诉27件。

三是加强刑罚执行和监管活动监督。针对社会关注的“有权人、有钱人”被判刑后实际服刑时间偏短的现象，加强对刑罚变更执行的监督，纠正减刑、假释、暂予监外执行不当67人，对16名暂予监外执行条件消失的罪犯提出收监建议并督促收监。开展清理久押不决案件专项检察，共监督清理 20 件 51 人。开展监管场所执法规范化专项检察，对刑罚执行和监管活动中的违法情形提出纠正意见 87 件。

### 3. 以改革创新为动力，引领检察业务发展上新台阶

一是积极参与社会治理。针对执法办案中发现的治理问题和制度漏洞，及时向党委、人大、政府和有关部门提出对策建议 171 件。创新未成年人检察工作方式，实行社会调查、合适成年人介入、犯罪记录封存等制度，对涉案未成年人开展心理疏导。稳步推动派驻乡镇检察室建设，在 20 个乡镇（开发区）设立派驻检察室。

二是宽严相济化解矛盾。对初犯、偶犯、未成年人、老年人犯罪等依法慎捕慎诉，不批准逮捕 558 人，不起诉 318 人。完善检调对接、刑事和解机制，对符合法定条件的轻微刑事案件、过失犯罪案件，犯罪嫌疑人真诚悔罪并获得被害人谅解，双方自愿达成和解协议的案件，依法决定不批准逮捕 33 人、不起诉 95 人，促进矫正犯罪、修复社会关系。推进涉检信访工作机制改革，推行检察长约访、群众点名业务专家接访等机制，办理信访 2378 件，把解决涉法涉诉信访问题纳入法治轨道。构建普惠型司法救助体系，对 183 名生活确有困难的刑事被害人及其近亲属提供救助。

三是深化检务公开制度。以执法办案信息公开为重点，扎实稳妥推进检务公开改革试点工作，全方位保障人民群众的知情权、参与权和监督权。全市检察机关在案件信息公开网累计公开重要案件信息 194 条，案件程序性信息 5017 条，终结性法律文书 793 份，提高了执法办案透明度。推行案件诉讼权利义务告知、办案结果告知和检察文书释法说理等制度，将业务咨询、控申受理、律师接待、视频接访、案件查询、12309 热线等统一整合在综合性检务公开平台上，提供“一站式”司法服务，并对有较大争议或较大影响的案件实行公开审查，增强检察机关的亲和力。

## （六）公安工作

### 1. 社会治安形势总体平稳，发案总量同比呈下降趋势

2014 年，全市刑事案件上升势头得到了有效遏制。全市共立刑事案件

41668 起，破案 15319 起，同比分别下降 0.11% 和上升 57.36%（见图 4）；逮捕 7793 人，刑事拘留 11318 人，同比分别下降 1.25% 和上升 26.68%，特别是命案现案历史上首次实现全破；共受理治安案件 117076 起，查处 114091 起，查处违法人员 27598 人，同比分别下降 6.76%、8.68% 和 22.48%（见图 5）；共立案道路交通事故 841 起，受伤 869 人，死亡 377 人，经济损失 4271529 元，同比分别上升 16.97%、7.55%、1.07% 和下降 3.78%；共发生火灾事故 1515 起，死亡 15 人，受伤 28 人，直接财产损失 12407053 元，同比分别上升 125%、50%、300% 和 8.5%。

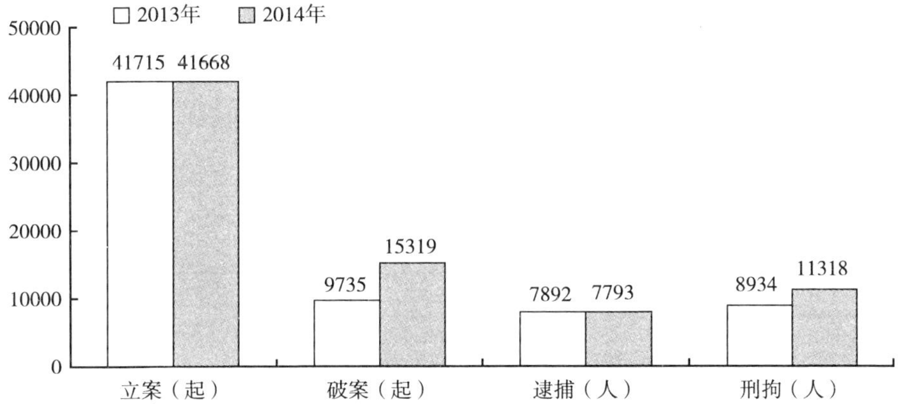


**图 4　2013～2014 年南宁市刑事案件立案、查处情况**

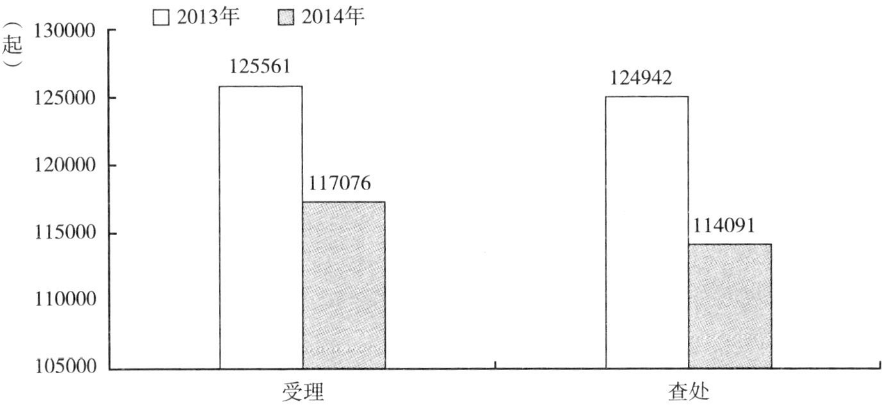


**图 5　2013～2014 年南宁市治安案件立案查处情况**

2. 严厉打击严重刑事犯罪

2014 年，南宁市未发生爆炸、劫持案件，除强奸案、盗窃案同比分别上升 15.24%、16.99% 外，其他几类主要刑事案件均同比下降，其中，立放火案 12 起、杀人案 33 起、伤害案 563 起、绑架案 14 起、抢劫案 771 起、抢夺案 1825 起，同比分别下降 25%、15.38%、9.78%、50%、45.77% 和 48.82%（见图 6）。

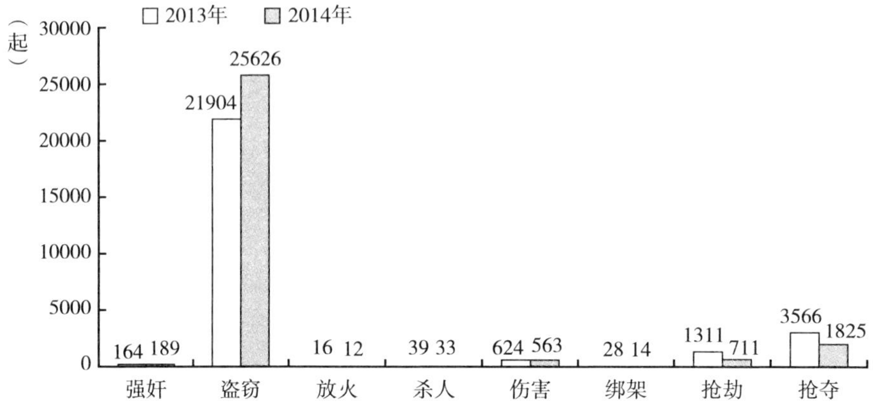


**图 6　2013～2014 年南宁市严重刑事犯罪情况**

3. 健全“一村（区）一警”警务机制

全市行政村和社区全部配置了挂点民警，实现了全市所有行政村和社区挂点民警全覆盖。大力推进城区复合型警务机制改革，建成运行警务站，其中市城区及六县建成 31 个固定警务站、4 个流动警务站，初步形成了全方位、多时空、多层次的网格化巡防网，有效地打击了现行街面犯罪，压缩了街面犯罪空间，提升了人民群众安全感和满意度。

4. 严打整治行动成效显著

积极稳妥地推动全市“打防控”一体化建设及相关警务机制改革，努力打造全方位、立体化的社会治安打防控网络，深入开展社会治安综合整治，严厉打击各类违法犯罪活动，有力维护了首府治安大局持续稳定。先后侦破了兴宁“2014.1.11”街道办人员被故意伤害致死案、江南“2014.3.2”恶性抢劫杀人案、广西公安厅督办的“2014.4.8”特大抢劫杀死两人案和青秀区“2014.5.6”酒吧门口故意伤害致死案等一系列重特大涉命案件；破获命案积案1起，抓获外省命案逃犯14名，抓获本省外市命案逃犯4名。

5. 反恐能力不断提升

针对复杂严峻的反恐形势，南宁市结合形势完善了相关工作方案、预案，积极开展反恐工作专项行动，落实火车站等重点区域反恐巡防工作机制。开展反恐维稳大清查行动，加大反恐宣传力度，颁布实施《关于举报暴力公布犯罪活动线索奖励办法》，全力打一场反恐人民战争。全面开展涉恐重点人、阵地的排查管控工作。着力抓好情报信息收集、分析和研判工作。深入开展严打整治，形成高压威慑。组织开展打“蛇头”反偷渡、“铁网行动”，成功破获了一起企图偷越国（边）境案，打掉了该偷渡团伙，查破了该涉恐事件。

6. 禁毒工作成效显著

精心部署开展了“南宁市开展打击中越边境扫毒整治五大会战”“南宁市集中开展吸毒人员大排查大收戒”“2014旋风行动”等一系列禁毒严打整治行动。全市共查破毒品案件3512起（其中破获重特大案件139起、一般贩毒案件641起），查处毒品治安案件2732起，查处涉毒违法犯罪嫌疑人4780多名，依法逮捕685名，刑事拘留264名，强制隔离戒毒2130名，社区戒毒和社区康复4203名，治安处理3831名，整治公共娱乐场所2542家次，缴获各种毒品607.1千克（其中海洛因10.1千克、合成毒品597千克）。

## （七）预防和惩治腐败工作

1. 查办腐败案件

2014年，南宁市各级纪检监察机关共受理信访举报案件4893件，立案587件，结案609件，处分595人，移送司法机关处理36人。其中市纪委监察局本级立案43件，涉及处级干部20人，查办案件数量和质量继续保持全区前列。加大自办案件查处力度，市、县区两级纪检监察机关自办案件同比分别增长105%、129.5%。开展“集中办理未结案件”专项活动，加快案件移送和审理速度，确保案件工作时限不超、标准不减、质量不降。

2. 监督执纪问责

南宁市坚持把政风建设摆在突出位置，认真贯彻落实中央八项规定精神，严格执行国务院“约法三章”，坚持从具体问题、重要时间节点抓起，着力解决群众反映强烈的“四风”问题，2014年共开展专项检查、重点抽查、明察暗访170多次，查处违反中央八项规定精神案件46件，处理79人，通报典型案例26起。强化“两重两问”监督，借助“电视问政”直播节目，加大对市委、市政府重点工作、重大项目监督检查和跟踪督办的力度，对作风不实、履职不力的单位和人员进行严肃问责，全年共约谈责任单位280个，问责950人，其中免职40人，停职检查26人，有力地促进了干部作风大转变。南宁市开展的“电视问政”活动获得中央纪委专题片《作风建设永远在路上》的高度评价。

3. 纪律检查体制改革

成立南宁市纪律检查体制改革专项小组，制定改革工作实施方案，明确改革路线图、时间表和责任书。市纪委监察局加快转职能、转方式、转作风步伐，紧跟中央纪委监察部、自治区纪委监察厅改革部署，在“内设机构、行政编制、领导职数”总量不变的情况下，进行三轮内设机构调整，增设纪检监察室，配齐配强一线查办案件和监督执纪力量；大幅度精简监察机关牵头或参与的议事协调机构，市监察局牵头或参与的议事协调机构从215个精简到18个。整合派驻机构监督力量，成立党风廉政建设专项巡查组，围绕腐败问题、作风问题、纪律问题和选人用人问题，首次对5个单位开展专项巡查，发现突出问题35个，逐步探索出一条监督检查全覆盖的新路子。

4. 专项治理工作

针对群众反映强烈的党政机关办公用房、领导干部违规多占住房、干部“走读”、吃空饷、公车私用等突出问题，进一步加大专项治理工作力度。2014年腾退党政机关办公用房2.4万平方米；全市党员干部自查存在违规多占住房643套；公开曝光627辆次公务用车违章行为，约谈54人，处理

11 人；全市共排查“吃空饷”人数 50 人，涉及金额 107.8 万元；严肃问责存在“走读”问题的干部 22 人；严肃处理 41 名党员干部大操大办婚丧喜庆事宜和赌博、纵酒行为，收到良好的警示教育效果。

#### 5. 深化源头治本机制

南宁市制定建立健全惩治和预防腐败体系五年工作规划实施办法，各县（区）、各单位制定实施细则，抓好任务落实。在《南宁日报》开设“每周说纪”栏目，开通南宁市纪委监察局官方微博，推动廉政教育多样化、常态化，进一步增强党员干部、政府公职人员廉洁从政意识。清理新中国成立以来市纪委印发的规范性文件 318 份，制定和完善了一批反腐倡廉规章制度，织密扎牢监督权力、制约权力的制度笼子，不断规范领导干部的权力运行。

### （八）司法行政工作

#### 1. 推进普法规划实施

2014 年，南宁市加大经费投入，创新载体，凸显亮点，着力推进“六五”普法规划的全面实施，取得明显成效，被评为全国“六五”普法中期检查先进城市。发挥无纸化考试平台、“法治南宁讲堂”平台、南宁普法网宣传平台、法制宣传专刊专栏平台等“四个平台”作用，开展重点对象学法用法，全市共举办各类普法讲座和培训班 100 余场，受教育人数达 2 万多人，在全区率先组织 821 名领导干部进行任职前法律知识闭卷考试。确定了武鸣县、上林县、青秀区、邕宁区为“法律六进”示范县区，创建了 24 个“法律六进”示范点，开展“法律六进”活动 3600 余次。建设一批以武鸣县红岭、大皇后法治文化园，上林县瑶乡排岜、城南法治文化园，青秀区桂雅法治文化园，邕宁区法治文化广场等为代表的法治文化基地和市第二十一中学、西乡塘北湖北路学校为示范点的青少年法制教育基地。积极开展民主法治示范县（区），“民主法治示范村（社区）”创建活动，共推荐了 4 个县区为全国、全区民主法治示范县（区），10 个村（社区）为全国、全区民主法治示范村（社区）。

### 2. 加强社区矫正

2014 年，南宁市积极推动社区矫正工作经费保障政策出台，市司法局、市财政局联合下发了《南宁市关于进一步加强社区矫正经费保障工作的意见》，明确市级、城区社区矫正工作经费的标准。加强社区矫正工作队伍建设，全市利用财政资金约 960 万元聘请辅警（协管员）280 人，公益性岗位 127 人，动员 2576 名社会志愿者参与社区矫正工作，有效缓解社区矫正工作人员不足的问题。扎实推进社区矫正信息化建设，制定了《南宁市社区矫正移动监管平台管理规定（试行）》，对社区矫正信息化管理平台进行升级改造，完成了南宁市两级司法行政机关社区矫正工作机构与法院的信息共享。青秀区建成全市首个社区矫正管理教育中心。2014 年，全市累计接收社区服刑人员 4185 人，累计解除矫正 2236 人，登记在册 1949 人，累计重新犯罪 10 人，重新犯罪率 0.23%；共衔接刑满释放人员 2523 人，安置率为 99.7%，帮教率达 100%，重新犯罪率为 0.08%。

### 3. 建设公共法律服务体系

2014 年，南宁市被确定为全区公共法律服务体系试点城市，成立了南宁市司法行政公共法律服务体系领导小组，制定了公共法律服务体系建设实施方案和工作方案。重点打造的“12348 司法行政公共法律服务平台项目”顺利立项，预计建设投资 242 万元。各县区“温馨之家·贴心服务”公共法律服务平台创建工作全面铺开，选择创建基础好的武鸣县作为示范点在全市进行推广。积极推进法律顾问工作，成立了由 80 名优秀律师组成的南宁市政府法律顾问人才库，为 866 家政府部门和企事业单位担任法律顾问。组织 100 家律师事务所与全市六城区 154 个社区签订“律师担任社区法律顾问协议书”，并成立社区法律顾问室，实现城区范围内“一社区一法律顾问”全覆盖。引导基层法律服务工作者到村（社区）中担任法律顾问，全市 57 家法律服务所的 350 名基层法律服务工作者全部到村（社区）中担任法律顾问。2014 年，全市法律援助机构共办理各类法律援助案件 4300 件；118 家律师事务所、1206 名执业律师共办理各类案件 8178 件，250 名律师参与信访接待。

4. 推进特色人民调解工作

2014 年，南宁市继续推进医疗纠纷人民调解工作，加强医疗纠纷人民调解相关制度建设，协调各县（区）共落实调解员 97 名，横县等 7 个县（区）将医疗纠纷人民调解工作经费列入财政预算，并落实经费 117.6 万元。开展新型调委会试点工作。确定西乡塘区作为物业纠纷人民调解试点城区，青秀区作为劳动争议人民调解试点城区，并出台相关文件，明确物业纠纷、劳动争议纠纷调委会的制度建设要求。加强矛盾纠纷排查调处工作，全市各级人民调解组织共调解民间纠纷 42615 件，调解成功 41241 件，成功率达 96.8%。

## 二　南宁市法治建设存在的主要问题

### （一）地方立法的科学性和立法质量有待提高

南宁市在制定地方性法规和政府规章的过程中，因对个别项目的立法必要性、可行性了解得不深，研究得不够细致和透彻，致使部分项目因立法条件不成熟而被搁置审议，而有的项目应当列入计划而未列入，这在一定程度上也浪费了立法资源。个别部门重立项、轻实施，法规起草等准备工作不够扎实，立法进度较慢、法规草案质量不高；已通过的法规还有个别条款存在是否有必要性、可行性以及合法性的问题。地方立法未能及时平衡各领域的立法诉求。立法中以政府部门起草的居多，由人大有关专门委员会、常委会工作机构牵头起草或者会同政府有关部门共同起草的较少，在一定程度上不利于把握立法的进度，不利于克服部门权利利益化、部门利益法制化，不利于科学、平衡地反映各方面的合理立法诉求。开门立法的力度还有待加强。从年度立法计划到法规草案通过网络、媒体、报刊等多种方式向社会征求意见的结果来看，群众参与面比较窄，反馈的意见比较少，这在一定程度上说明了立法宣传的组织工作还有所欠缺，对群众参与立法的引导不够到位。

### （二）法治政府建设亟须长效机制

一是政府法制机构力量薄弱，制约全市法治政府建设的整体推进。政府法制机构作为统筹推进本地区依法行政工作的牵头单位，负责法治政府建设的组织协调、督促指导和考核评价。当前，南宁市各级政府法制机构力量薄弱，全面推进依法行政工作后劲不足。在县级政府机构改革中，六县法制机构全部被并入县政府办公室，机构队伍建设没有得到加强反而有削弱的明显趋势。县级政府法制机构队伍建设远不能适应党的十八大和十八届四中全会关于推进法治政府建设的要求。二是干部队伍运用法治思维、方式开展工作的意识和能力有待进一步提高。近年来，通过多种方式的法治教育、培训和考核，领导干部、公务人员依法行政的意识得到了一定的提高，但是在很大程度上仍然存在依法行政不重要、法治观念不强的问题。如一些行政执法人员缺乏“法无授权不可为，法定职责必须为”的意识，在具体的执法工作中不作为、乱作为、迟作为的现象仍不同程度的存在。三是依法、科学、民主决策的机制有待进一步完善。各级各部门制定重大决策听取民意、集中民智的程度不够，没有普遍形成常态化、规范化和便捷有效的民意沟通渠道。“谁决策、谁负责”的决策责任追究制度和行政执法过错责任追究机制尚未全面建立。规范性文件监督管理工作有待加强。部分单位起草规范性文件应当遵守法定程序的意识还比较淡薄，对规范性文件报备工作重视不够，存在扎堆集中报备、逾期报备或报备材料不齐全等问题。四是各级各部门对开展依法行政示范点创建工作的重要性认识不足，依法行政示范点的影响力没有达到相应水平。示范点的动态监管和经验总结推广力度不够大，典型示范和辐射带动作用不够强，尚未充分发挥示范点的标杆引领作用。

### （三）社会治理基层基础需要进一步夯实

一是社会治理基层基础还比较薄弱。网格化管理和信息化建设还处在起步阶段。群防群治队伍还比较薄弱。基层村（社区）治保队伍、调解员队伍、群众联防队伍工作机制还不够健全，部分单位、企业内部安保力量不足，还没有能形成全民化、全社会的群防群治工作体系。社会面管控有待进一步加强。传销活动在一些地区仍然存在。“三车”非法营运工作在城郊结合部、人员密集流动量大、周围道路交通较为拥堵的局部地区有反弹回潮现象。在特殊人群管理方面还存在漏洞，对流窜作案的流动人员、肇事肇祸精神病人等的管控不够到位。

二是维稳压力逐年增大。随着社会转型和改革的力度不断加大、步伐不断加快，各种社会矛盾凸显，影响社会稳定和谐的因素明显增多，因征地拆迁、劳资纠纷、企业改制、打击“两违”、市容整治等引发的不稳定问题仍较突出，部分重点利益诉求群体上访“维权”活动仍较活跃。各类矛盾纠纷诱发群体性冲突隐患凸显。加上南宁作为自治区首府，是各种社会矛盾和不稳定因素聚合表现的区域中心，全市维稳压力越来越大。

三是基层治安力量还比较薄弱，2014 年，全市刑事案件立案同比下降 0.11%，但案件总量仍在高位运行。特别是“两抢一盗”等侵财性案件、毒品犯罪、网络犯罪、电信诈骗等新型犯罪仍然高发，2014 年 1～11 月，由南宁市公安局负责的“广西网警”就接到网络违法案件报警信息 1484 条，市公安局网安支队接办刑事类案件 779 起，抓获各类犯罪嫌疑人 778 人。治安防控体系还不够完善，特别是城中村、城郊结合部等地区治安防控体系比较薄弱。一些治安重点地区整治力度还不够大，巡逻防范力量还有待加强。

### （四）公共安全形势依然较为严峻

一是暴恐袭击现实威胁上升，维稳反恐形势严峻。南宁作为中国—东盟博览会的永久举办地，恐怖暴力袭击和渗透破坏的现实威胁进一步增大。而且由于过道南宁从广西潜入潜出的新疆人员增多，流动性强，全面、准确掌握情况难度越来越大。部分单位和领导干部反恐意识缺失，反恐经验相对缺乏，反恐专业队伍人员严重不足，反恐装备和情报信息、指挥机制建设以及反恐宣传教育等方面与日益繁重的打击防范工作还不适应。

二是公共安全隐患突出，公共管理难点日益增多。随着南宁市北部湾核心城市地位凸显，城市规模不断扩张，居民生活水平不断提高，节庆活动和旅游、促销、商演等群众自发聚集情况越来越多，人流、物流、车流加速流动，消防安全、交通安全及其他公共安全问题隐患突出。同时，南宁市汽车保有量持续快速增长，电动自行车数量也已超过百万辆，加上地铁、立交桥等重大项目施工影响，城市道路通行条件不佳，高峰期甚至平峰期交通拥堵已成为常态。如何加强交通组织疏解，避免大面积交通堵塞，预防重特大交通事故已成为工作难点之一。

### （五）司法体制和工作机制改革亟须深化

当前，司法改革进入深水区和攻坚阶段，新趋势新情况层出不穷。一是一些部门和单位服务意识不强、作风不实的问题还比较突出，“门难进、脸难看、话难听、事难办”现象依然存在。少数干部为官不作为，工作标准要求不高，工作措施不力，推诿扯皮、敷衍塞责，严重影响政府形象和干群关系。二是惩治和预防腐败体系建设有待继续深化，工程建设、征地拆迁、水利项目等重点领域违纪违法问题仍然易发多发，一些掌握行政审批权、项目安排权、资金拨付权、进度审核权的领导岗位腐败风险点仍然普遍存在。三是南宁市政法干警队伍职业化、专业化水平还不能完全适应深化改革新形势和新任务的要求，日益增加的改革任务、高质量的工作要求与人员配备力量不足的矛盾凸显，案件增幅大、投入司法资源少，人案失衡的矛盾会更加突出，法治建设硬件基础设施亟须提升。仅从法院系统情况看，随着法院办案数量持续快速增长，新类型案件大量增加，办案压力越来越大，再加上较多的非审务工作，案多人少矛盾突出，直接影响审判工作质量和效果。

## 三　推进南宁市法治建设的思考与建议

今后一段时期是全面依法治国的重要时期。南宁市继续深入贯彻落实党的十八大和十八届三中、四中全会精神，推进法治城市建设，坚持服务大局为着力点，围绕全市深入实施“工业强市、产业旺市”战略，切实提升司法服务保障经济发展的实效；坚持司法办案第一要务，着力推进司法改革，大力提升司法公信；强化基层社会治理，依法化解改革过渡期利益调整中发生的各类纠纷，维护社会公平正义，维护诚信守法的市场秩序，为经济社会发展提供有力的司法保障，创造良好的法治环境。

### （一）抓住立法重点，创新立法机制，提高立法质量

一是更加注重生态环保、交通管理方面的立法。按照完善中国特色社会主义法律制度的立法总要求，建议南宁市立法机关应更加注重法规体系的完善，根据新修改的立法法的精神，围绕较大市“城乡建设与管理、环境保护、历史文化保护等方面的事项”的立法权限，应重点推进大明山风景旅游区、五象岭、西津湿地、水库管理等生态保护方面的立法保护条例的制定。配合建立“美丽南宁·整洁畅通有序大行为”长效机制，建议加快南宁市道路交通安全条例、南宁市城市轨道交通管理条例等交通管理方面的立法。对滞后于经济社会发展、执法主体变更、法规之间的内容互相矛盾或者不一致、所依据的上位法已经修改或者废止的法规，应适时进行修改或者废止；根据国务院关于取消和调整一批行政审批项目等事项的决定和市委关于加大简政放权力度，促进行政审批提速提效的要求，加强对本市现行有效的地方性法规设定的行政审批事项的清理工作。

二是着力抓立法机制创新。应根据现实存在的问题，增强立法的可执行性和可操作性。进一步修订有关本市制定地方性法规的相关规定，继续制定、完善法规立项、调研论证、公开征集意见、人大代表和公众参与、立法征求上下级人大常委会意见等方面的制度，不断完善立法工作程序。试行在县区、街道设立基层立法联系点，进一步拓展人大代表、人民群众对立法工作的有序参与；开展立法专家库、顾问库的建设，探索立法专家参与法规审议项目全过程的工作方式，充分利用“外脑”，为人大常委会的立法工作、规范性文件备案审查工作等提供智力支持，不断提高立法质量。

三是着力提高立法的科学性、针对性、有效性，积极探索地方立法规律，坚持以解决问题为导向，强化立法前论证、立法中调研、审议中协调、

立法后评估等各个环节的工作，确保每一项制度可执行、易操作、真管用，使制定的法规更具实用性。坚守法治思维和法治方式，在地方立法工作中努力发挥立法引领推动和人大立法主导作用：从全面深化改革与加强法治建设的关系着手，对各方面提出的改革举措和创新需要，从立法上积极研究可行路径和解决办法，确保改革在法治的轨道上有序进行。

### （二）优化行政审批，强化行政权力监督，推进法治政府建设

一是积极研究制定南宁市全面推进依法行政加强法治政府建设“十三五”规划。继续将建设法治政府摆在政府工作的突出位置，纳入经济社会发展总体规划，与改革发展稳定任务一起部署、一起落实、一起考核。

二是尽快实现审批事项的“简化优化”。按照自治区实现行政审批全区无差异化的要求，研究形成南宁市行政审批项目目录，并向社会公布。对政府各部门承担的行政处罚、行政强制、行政征收、行政给付、行政裁决、行政确认、行政奖励、行政备案及其他行政权力等进行逐一梳理和精简，逐条逐项分类登记，规范列明职权名称、实施主体、事实依据、运行程序等，向社会公布政府的权力清单和运行流程图，接受社会监督。深入实施审批提速工程，实行审批不出政务服务中心，清理审批环节和前置条件，加强审批标准化服务建设，强化并联审批机制，继续压缩审批时限，建立全市统一的网上审批平台，实现审批事项的“简化优化”。将简政放权内容列入全市公务员培训计划，对涉及“接、管、放”工作的公务员开展集中专题培训，参训人员覆盖率达到100%。

三是强化对行政权力的监督。加大关系群众切身利益的重点领域的执法力度。完善执法程序，建立执法全过程记录制度。明确具体操作流程，重点规范行政许可、行政处罚、行政强制、行政征收、行政收费、行政检查等执法行为。严格实行行政执法人员持证上岗和资格管理制度。严格执行重大执法决定法制审核制度。推行行政执法公示制度。建设统一的行政处罚网上办案系统和行政执法信息系统，提高行政执法信息化水平。

### （三）积极推进深化司法体制改革

一是完善审判质量评估体系，推进科学管理，提高审判质量。夯实基层基础，充分发挥人民法庭维护社会和谐稳定前沿阵地的作用。对试行法院干警分类管理开展前期调研，为推进法官员额制改革做好准备。积极探索法官选任制度、办案质量责任制和惩戒制度。落实立案登记制度，从机制上破解“立案难”。争取立项建设南宁市执行指挥中心，落实审执分离改革任务，提高执行质效。

二是加强人民监督员选任工作。深化最高人民检察院和司法部关于开展人民监督员选任管理方式的改革，由司法行政机关负责选任管理人民监督员，加强对检察权力运行的监督制约，促进依法正确行使检察权。在抓好原任人民监督员的衔接、培训、考核及日常管理基础上，扎实做好新任人民监督员的条件设置、名额配置、筛选考察、选任管理。完善调解、仲裁、行政裁决、行政复议、行政诉讼等有机衔接、相互协调的多元化纠纷解决机制。完善人民调解、行政调解、司法调解联动工作体系。健全行政裁决制度，强化行政机关解决同行政管理活动密切相关的民事纠纷功能。

三是适应新常态，自觉接受全方位监督。落实十八届四中全会关于加强对司法活动监督的要求。建议政法机关实行新闻发言人制度，举行新闻发布会常态化，定期或不定期向社会披露可以公开的司法信息，回应人民群众的关切。在继续坚持自觉接受人大及常委会监督、政协民主监督和检察机关法律监督的基础上，更加重视来自媒体舆论、网络舆情和社会各界对审判工作的多元化诉求。

### （四）构建社会治理基层机制，提升预防化解社会矛盾的水平

一是继续抓好为民办实事项目。积极推动发展为民、富民安民，积极推动解决人民群众的基本民生问题，不断巩固社会和谐稳定的物质基础和民意基础，从根本上预防和减少不和谐不稳定因素。加大源头治理力度，主动深入矛盾纠纷多发、频发、易发的热点村庄、重点行业、敏感部位、复杂场

所、重点单位等区域，突出抓好企业改制、土地征用补偿、城市改造、移民安置等领域的矛盾纠纷排查化解工作，妥善处理群众上访问题及各种群体性事件，采取有力措施避免矛盾激化，防止引发重大治安问题。

二是在全市推广“网格化管理、信息化支撑、立体化防控、便民化服务”的社会治理新模式。在现有的网格化管理试点模式下，进一步整合市级专业管理部门，以及市、区、街道的管理资源和执法力量，落实到相应管理环节中。引入数据分析统计平台、地理信息平台和 GPS 定位功能，对于网格化管理中的各类数据信息进行智能化汇总和分析，让网格化管理工作更加迅捷，数据库更加丰富。网格化管理信息系统为数字社区的建设提供了强大的信息化基础设施，可以探索提供数字化医疗、家政、物流配送等服务，通过电子信息手段，对网格化管理信息系统平台进行扩展和延伸。

三是大力加强人民调解工作，切实维护社会和谐稳定。充分发挥人民调解在多元纠纷解决机制中的重要作用，建立完善矛盾纠纷排查调处机制，认真开展矛盾纠纷排查化解，及时将矛盾纠纷解决在基层、消除在萌芽状态。大力加强行业性、专业性人民调解工作。积极推动在相关行业和专业领域设立人民调解组织，重点加强医疗卫生、道路交通、劳动争议、物业管理、环境保护等行业性、专业性人民调解组织建设，大力化解行业、专业领域矛盾纠纷。完善人民调解与行政调解、司法调解联动工作体系。加强与有关行政部门、司法机关的沟通联系，建立人民调解与行政调解、司法调解的对接平台和衔接配合机制。

四是强化恐怖活动的预警防范和处置工作。应把反恐怖活动的预警防范作为重中之重，提高发现能力，做到早发现、早报告、早处置，处置在萌芽状态。要着力提升反恐斗争能力，密切关注暴力恐怖活动的新动向，切实做到早发现、早处置，确保实现“不打响、不炸响”的工作目标，切实保障自治区首府安全。保持对违法犯罪活动主动进攻的高压态势，不断提升人民群众的安全感和满意度。

五是探索新形势下发动群众、依靠群众做好社会治安工作的新办法，形成平安建设人人参与、平安成果人人共享的生动局面。进一步完善社会治安巡防体系建设，不断提升人民群众安全感。加强对出租房屋、暂住人口、流动人口的监管工作，同时对区域容易发生治安案件的场所，特别是网吧、游戏机室、发廊、夜市摊点等实行重点清理和整治。健全联系和服务群众的长效机制，针对涉法涉诉信访的重点、热点、难点问题，坚持把解决群众诉求、化解社会矛盾的理念贯穿于执法办案始终，运用法治思维和法治方式参与完善社会治理。

六是健全完善社区矫正工作制度。完善社区矫正管理体制和工作机制，建立健全联席会议、情况通报、信息交流等工作衔接机制和相关配套规章制度，提高社区矫正工作制度化、规范化水平。增强信息化科技化监管手段，严格社区矫正调查评估、交付接收、管理教育、考核奖惩、收监执行、解除矫正等各个环节监管。推进新航少年司法心理辅导项目，提升矫正效果，加强社会适应性帮扶工作，多形式、多渠道推进社区矫正中心、社区矫正工作站建设。努力推进执法专业化队伍建设，落实政府购买服务政策，聘请辅警、文职人员，组织社会力量参与社区矫正工作，打造社区矫正工作人员 + 专业人员 + 志愿者相结合的队伍，加大培训力度，提高社区矫正工作队伍执法能力和水平。建立社区矫正经费按社区服刑人数核定机制。

### （五）进一步完善防腐机制，坚持正风肃纪，防止“四风”反弹

一是着重完善防腐机制。聚焦教育实践活动查摆的问题和新出现的作风问题，抓好领导干部违规多占住房，公款吃喝、公款送礼、公款旅游，利用婚丧喜庆敛财，窗口行业和领域违规收费、收红包、购物卡等问题的专项治理。健全监督机制。健全完善领导干部作风建设责任制，督促领导干部带头改进作风，切实发挥示范引领作用。加强日常监督执纪问责，推进特邀监察员、廉情监督员监督检查常态化，以常抓的韧性、常抓的耐心，使作风建设各项要求落地生根、成为新常态。深化“两重两问”① 工作，坚持对重点工作、重点项目、重大工程、重要事项执行情况和政策落实情况进行全面监督

① “两重两问”即重点工作重大项目监督检查问责问效。

检查。加大问责力度。以“电视问政”栏目和“两重两问”工作为抓手，加大执纪监督、公开曝光的力度，对顶风违纪者，发现一起，查处一起，通报曝光一起。

二是进一步完善制度建设。针对腐败现象多发领域和关键环节，进一步完善南宁市国有企业监管、工程项目招标投标、政府采购监督等方面的监管规定，抓紧编织科学严密的制度笼子，逐步构建不敢腐、不能腐、不想腐的长效机制。严格落实请示报告制度，各级政府和政府各部门重大决策出台前及实施过程中，都要及时向同级党委请示报告。认真落实中央、自治区和市委关于领导干部述职述廉、报告个人有关事项等制度。加大公开力度。坚持以公开为原则，不公开为例外，除国家秘密、工作秘密和个人隐私外，所有政府信息都要及时公开。特别是与群众利益密切相关的环境保护、食品药品安全、保障房分配、价格和收费、行政事业单位招录等信息，都要及时完整公开，确保权力在阳光下运行。

三是严厉惩治腐败，完善办案机制。加强反腐败工作的领导，充分发挥反腐败协调小组作用，统筹纪检、监察、检察、公安、税务和审计等各方面力量，完善查办案件组织协调机制，健全市、县两级协调办案机制，搞好配合，打好立体战。突出办案重点。坚决查处严重违反党的政治纪律、组织纪律和财经纪律的行为，重点查办领导干部以权谋私、腐化堕落、失职渎职案件。严肃查办发生在群众身边的不正之风和“苍蝇式”腐败问题。坚决查办国有企业中贪污贿赂、内幕交易、关联交易、利益输送和挥霍浪费的案件。提升办案效果。注重抓早抓小，对党员干部身上的问题要早发现、早提醒、早纠正、早处理，防止小问题变成大问题。完善典型案件剖析和通报制度，抓好案件“后半篇”文章，编印十八大以来全市查办处级领导干部忏悔录，抓好主题警示教育，开展用身边案件教育身边人。

### （六）搭建平台，加强法治宣传和法律服务

建议继续开展“法治南宁讲堂”活动，县（城区）、乡镇（街道）、社区（村）以及企业、机关、校园，从实际出发，开展不同形式的“法治讲

堂”，并培育典型，树立标杆，努力打造一批法治宣传教育的示范品牌，增强辐射带动效应；加强法律服务平台建设，探索在县、城区信访接待中心建立信访代理和法律宣传咨询室，组织广大律师、法律服务志愿者义务开展法律宣传、咨询、代理，参与调解矛盾纠纷，形成常态化机制，为党委、政府分虑，维护群众合法权益，维护社会稳定。同时在乡镇、街道、社区、村，根据不同情况，建立起法律宣传和咨询服务平台，宣传法律，服务群众，化解矛盾。善于发现和利用本地区的宣传教育资源，发挥优势，挖掘潜力，努力形成具有南宁特色的法治文化建设品牌。

# 分 报 告

Sub – reports

## B.2
# 2014年南宁市政法工作分析报告

杨维超*

摘　要：2014 年，平安南宁、法治南宁建设持续推进，提升群众安全感和满意度、维护自治区首府社会大局稳定、提升司法公信力、加强政法队伍建设等主要工作都有较大进步。同时，南宁市政法工作仍然面临着社会治理基层基础还比较薄弱、反暴力恐怖工作压力加大等问题。本报告在分析总结南宁市政法工作的基础上，还对 2015 年南宁政法工作进行了展望。

关键词：平安南宁　维稳　执法监督　队伍建设

2014 年，在中共南宁市委的正确领导下，南宁市委政法委深入贯彻落

* 杨维超，中共南宁市委常委、政法委书记。

实党的十八大和十八届三中、四中全会精神，深入学习贯彻习近平总书记系列重要讲话精神以及中央、广西政法工作会议精神，团结带领南宁市各级政法综治部门尽职尽责、真抓实干，全力推进平安南宁、法治南宁、过硬队伍建设，为维护社会大局稳定、促进社会公平正义、保障人民安居乐业，推动政法工作全面发展进步做出了新的贡献。

## 一　2014年南宁市政法工作主要情况

### （一）深化平安南宁建设，提升公众安全感和满意度

坚持打防结合、预防为主的方针，在大力开展违法犯罪活动专项打击整治行动的同时，以网格化管理、信息化建设为支撑，着力构建立体化防控体系，推进依法治理、系统治理、综合治理和源头治理，全市公共安全感和满意度稳步上升。2014 年，全市安全感综合得分在全自治区 14 个地市排名从 2013 年的第 12 名上升到第 10 名，综合得分提升幅度排在全自治区第一。

#### 1. 严厉打击违法犯罪活动

加强重特大案件的侦破工作，市公安机关成功侦破一系列重特大涉命案件，全年全市发生命案 92 起，破案 92 起，破案率 100%。持续开展缉毒扫黄、打击传销、打击街面“两抢”等专项行动，社会治安状况明显好转。如在打击毒品犯罪方面，精心部署开展了“南宁市开展打击中越边境扫毒整治五大会战”等行动，全市共查破毒品案件 3512 起，查处毒品治安案件 2732 起，查处涉毒违法犯罪嫌疑人 4780 名，依法逮捕 685 名，刑事拘留 264 名，强制隔离戒毒 2130 名，社区戒毒和社区康复 4203 名，治安处理 3831 名，整治公共娱乐场所 2542 家次，缴获各种毒品 607.1 千克。在打击传销方面，全市共捣毁传销窝点 2764 个，破获传销犯罪案件 751 起，教育遣返 4237 多人，收缴传销类非法出版物 17000 多册，有效地遏制了传销活动及其反弹。市中级人民法院审理了系列涉众型经济案件，为经济发展营造了良好的投资环境，再度荣获“全区打黑除恶专项斗争先进单位”称号，

刑一庭被评为“全国法院先进集体”。市检察院积极回应人民群众对反腐败的关切，依法查办民生、涉农、行政执法、工程建设、土地等领域的职务犯罪案件，还被自治区授予“全区文明单位”称号。市国安局继续深化国家安全人民防线建设，严密防范，积极维护社会政治大局稳定。

2. 着力推进立体化防控体系建设

一是大力推行网格化管理和信息化建设。以西乡塘区万秀村为试点，创新以“网格化管理、信息化支撑、便民化服务、立体化防控”为核心的社会管理模式，取得了显著成效。召开平安建设试点工作现场会，在全市推广万秀村工作经验，着力构建以网格化管理和信息化建设为支撑的社会治安防控体系。全市已初步划分网格 2979 个，聘请网格员 1755 人，安装信息化管理系统电脑终端 1250 个，手机移动终端 1642 个，完成基础信息录入 10 万余条，总体工作进度在全自治区名列前茅。二是加强全市主城区“三无”（无物业、无视频监控、无安保人员）小区、敞开式和半敞开式居民小区、城中村等治安防控力量薄弱区域的安防建设。第一批项目已经开工建设，增加高清视频监控探头近 3000 个，惠及群众 50 万人以上。三是推进农村电子牛栏项目建设，年内共投入专项资金 500 万元，建成电子牛栏 100 个，有效解决农村地区耕牛被盗问题。四是积极推行“一村（区）一警”模式，实现了全市所有行政村和社区挂点民警全覆盖。五是大力推进城区复合型警务机制改革，建成运行警务站 35 个，配备民警 315 名、协警 1920 名，初步形成了全方位、全天候、多层次的网格化巡防网。

3. 加强流动人口、特殊人群服务管理和“三车”整治

一是切实加强流动人口服务和管理工作。加强管理机构和队伍建设，配备专职流动人口协管员 1631 人，成立流动人口服务管理中心 43 个，服务管理站 295 个。建立完善与居住证制度相配套的功能机制，扎实抓好流动人口登记、出租房屋动态管理、综合服务管理平台建设等具体工作，进一步提高对流动人口及出租房屋的动态管控能力。二是切实抓好特殊人群的教育管控工作。加强社区矫正和刑释人员的帮扶安置工作，全年累计接收社区矫正人员 4185 人，累计解除矫正 2236 人；共衔接刑满释放人员 2523 人，安置率

为99.7%，帮教率达100%，重新违法犯罪率为0.08%。同时，进一步加强肇事肇祸等严重精神障碍患者救助救治工作。三是巩固“三车”[①] 综合整治成果。全年共出动执法人员13万多人次，查处非法“三车”19278辆（次），依法收缴1879辆，依法解体销毁892辆，教育非法营运残疾车主8000余人，检查“三车”生产、加工单位、维修站点835家，有效遏止了“三车”非法上路、非法营运乱象的反弹。

## （二）强化维稳工作措施，全力维护社会大局稳定

着眼于保障首府城市的绝对安全与稳定，深入开展反渗透、反间谍、反邪教、反暴恐斗争，积极稳妥化解人民内部矛盾，实现了大事不出、中事不出、小事少出的目标。

### 1. 深入开展反恐怖反邪教斗争

一是积极开展反恐专项行动。针对复杂严峻的反恐形势，完善了相关工作方案、预案，建立全市各级公安机关反恐预备队，落实火车站、客运站、机场等重点区域反恐巡防工作机制，全面开展排查管控工作，抓好情报信息收集、分析和研判。组织开展打“蛇头”反偷渡行动、“铁网行动”，成功破获一起企图偷越国（边）境案，打掉在邕高危偷渡团伙2个，查破多起涉恐事件，守住了首府南宁“不打响、不炸响”的底线。二是保持对邪教活动的高压态势，全市抓获若干违法犯罪嫌疑人，收缴一批各类邪教书籍、光盘、传单等宣传品。

### 2. 切实抓好矛盾纠纷排查化解工作

落实领导包案制度，对排查到的矛盾纠纷尤其是重点矛盾纠纷，逐一落实责任人，积极协调各有关部门进行调解。全年共成功调解2.7万多件，成功率达97%；群体性事件起数、人数分别同比下降11.8%和1.2%；进京非正常上访同比下降18.3%。市法院强化行政案件协调和解工作，重点协调

① “三车”是指人力车（含非法拼装、加装动力车辆）、摩托车（含发动机或电动驱动的二轮、三轮摩托车）和非法营运残疾人机动轮椅车。

化解南宁市城市建设和五象新区开发过程中出现的土地权属、土地征收和房屋拆迁等纠纷案件。市检察院强化法律在化解矛盾中的权威地位，依法解决群众合理合法利益诉求，促进社会矛盾化解。市公安局积极抓好各类社会矛盾及纠纷的排查化解，健全领导接待日和部门、警种接访制度，促进信访问题有效化解。全市群体性上访事件得到了妥善处置，未引发重大影响事件。

3. 积极落实社会稳定风险评估和研判机制

全年对重大项目评估25次，开展对涉及征地拆迁、拆违的社会稳定风险评估308次，没有发生因评估不到位引发较大群体性事件现象。在实行市、县（区）、乡镇三级维稳形势季度分析研判制度的基础上，变季度研判为月研判和不定期研判，加大了研判密度。开通了12个县区的维稳网络视频会议系统，制定了“三土六员”队伍工作制度。举行了首期综治维稳信息员培训班，筑牢了维稳第一道防线。

4. 抓好重大活动安保工作

全市政法部门高度重视、周密部署、密切配合，扎实做好中央领导视察、外国政要访问及重大节庆活动期间的维稳安保工作。一是细化安保工作预案，完善安保指挥系统和运行机制，抓好重点难点环节的排查，彻底消除影响南宁社会治安和公共安全的各类隐患。二是加强信息情报工作，提高预知预警能力，确保活动期间社会治安大局稳定，以及各国贵宾和人民群众生命财产安全。三是提高发现和处置问题的能力，做到早发现、早处置，实现了世锦赛、“两会一节”等重大活动安保工作滴水不漏、万无一失，确保重大节庆活动期间南宁市的安全稳定。

### （三）加大执法监督力度，提升司法公信力

认真落实全面依法治国新要求，扎实推进司法体制改革，完善制度、加强监督，确保严格执法、文明执法、公正司法，执法司法公信力进一步提升。

1. 全力推动司法公开

把司法公开作为政法工作的重点任务，以网络为主要平台，全面推动审判公开、检务公开、警务公开，以公开促透明，以透明促公正，以公正促公

信。以市法院系统为例，年内全市法院裁判文书上网数量为17805篇，其中市中院裁判文书上网数量为1774篇，得到上级部门的肯定。

2. 切实加强执法和司法监督

一是充分发挥党委政法委执法监督作用，年内共受理督查、督办案件39件，召开案件协调会、专题研究会共20次，下发了相关工作方案、通报、通知等21份，发出督办函54件。二是加强司法程序监督。注重侦查活动监督，重点监督有案不立、有罪不究等问题，对应当立案而不立案的，监督侦查机关立案186人，对不应当立案而立案的，监督撤案83件。加强对刑讯逼供、滥用强制措施、侵犯诉讼权利等问题的监督，对侦查活动中的违法情形提出纠正意见96件，纠正遗漏提请逮捕380人，纠正遗漏移送起诉197人。加强刑事审判监督，对认为确有错误的刑事裁判提出抗诉35件，法院同期审结13件，其中改判8件，努力让人民群众在每一个司法案件中都感受到公平正义。

3. 深入开展"执法不严、司法不公"自查自纠活动

按照自治区党委政法委的要求，在全市政法系统深入开展"执法不严、司法不公"自查自纠活动，采取明察暗访、重点抽查、交叉检查等多种形式，深入基层和执法一线开展检查，重点查纠理想滑坡、道德缺失、违规办案、玩忽职守、以权压法等突出问题，一项一项地督促整改，取得了明显成效。自自查自纠活动开展以来，全市查处了一批违法违纪的干警，在全市政法系统营造了正风肃纪的良好氛围，进一步提高了政法机关的公信力和人民群众对政法队伍的满意度。

## （四）加强政法队伍建设，提高素质及履职能力

按照正规化、专业化、职业化的要求，不断加强全市政法队伍的思想教育和能力培养，进一步提高了队伍的思想政治素质和履职能力。

1. 加强理论武装和业务培训，提升队伍战斗力

深入开展党的群众路线教育实践活动，组织全市政法队伍加强对中国特色社会主义理论体系和习近平总书记系列重要讲话精神的学习，不断提高思

想理论水平，真正把理想信念在政法系统牢固树立起来，确保刀把子牢牢掌握在党和人民手中。严格按照《党政领导干部选拔任用工作条例》，坚持“德、能、勤、绩、廉”兼备和“公开、公平、公正”的原则，规范选人用人程序，树立任人唯贤的用人导向，营造风清气正的用人环境，不断提高选人用人公信度，进一步激发了政法队伍干事创业的积极性。坚持以人为本，积极发挥各级政法部门工会作用，解决干部职工生活上的困难，营造拴心留人的环境。

2. 加强党风廉政建设，增强拒腐防变能力

一是政法队伍注重加强党风廉政建设，坚定信念，从思想上牢筑拒腐防变防线；始终做到在重大问题上旗帜鲜明、态度坚决、行动积极，对于市委作出的重大决策部署，做到思想统一，步调一致，狠抓落实。二是严格落实“一岗双责”制，不断加强全市政法系统的廉政建设。加强监督，向社会各界聘请有关人士担任市委政法委廉政监督员，目前已在市人大代表、市政协委员、市重点企业、高等院校中聘请政法廉政监督员共 17 人；加强检查，在全市政法系统组织开展正风肃纪专项检查；积极推进政法廉政文化建设，举办了“庆七一、促平安”廉政文艺晚会；加强制度建设，建立健全了财务、车辆、差旅、公务接待等十二个方面的规章制度，以确保改进作风制度化、规范化、常态化。

## 二 南宁市政法工作面临的问题

2014 年，南宁市政法工作取得了一定的成效，但仍然面临着一些问题和压力。

### （一）社会治安形势依然比较严峻

基层治安力量还比较薄弱，刑事治安案件还在高位运行，特别是“两抢一盗”等侵财性案件、毒品犯罪、网络犯罪、电信诈骗等新型犯罪仍然高发。治安防控体系还不够完善，特别是城中村、城郊结合部等地区治安防

控体系比较薄弱。一些治安重点地区整治力度还不够大，群众密切关注的治安热点问题还不能得到有效解决，巡逻防范力量还有待加强。

### （二）社会治理基层基础还比较薄弱

一是网格化管理和信息化建设还处在起步阶段。二是群防群治队伍还比较薄弱。基层村（社区）治保队伍、调解员队伍、群众联防队伍工作机制还不够健全，部分单位、企业内部安保力量不足，还没有能形成全民化、全社会的群防群治工作体系。

### （三）社会面管控有待加强

传销活动在一些地区仍然存在。“三车”非法营运工作在城郊结合部、人员密集流动量大、周围道路交通较为拥堵局部地区有反弹回潮现象。特殊人群管理方面还存在漏洞，对流窜作案的流动人员、肇事肇祸的精神病人等管控不够到位。

### （四）反暴恐工作压力加大

由于过道南宁从广西潜入潜出涉恐人员增多，流动性强，全面、准确掌握情况难度越来越大。部分单位和领导干部反恐意识缺失，反恐经验相对缺乏，反恐专业队伍人员严重不足，反恐装备和情报信息、指挥机制建设以及反恐宣传教育等方面与日益繁重的打击防范工作还不适应。

### （五）矛盾化解和维稳工作面临新挑战

一是部分重点利益诉求群体上访“维权”。如一些征地拆迁户、涉法涉诉上访户等重点敏感群体和人员，串联赴邕甚至进京上访活动频繁，对有关工作提出了新的要求。二是各类矛盾纠纷诱发群体性冲突。当前，南宁市因农村“三大纠纷”、征地拆迁、企业改制、打击“两违”、交通市容整治等引发的不稳定因素比较突出，对各种复杂矛盾纠纷的化解力度仍需加大。

## 三 南宁市政法工作展望

2015 年是全面深化改革的关键之年，是全面推进依法治国的开局之年，做好政法工作意义重大。

### （一）进一步夯实平安建设基石，着力提升群众安全感和满意度

#### 1. 全力以赴守住反恐底线

坚决把依法打击暴恐行为作为全市政法工作的首要政治任务，举全市之力打好反恐人民战争，形成全方位、立体式的反恐格局，全力以赴守住不发生暴力恐怖事件的底线。

#### 2. 推进综治信息化建设和网格化管理工作

深入贯彻落实中办、国办下发的《关于加强社会治安防控体系建设的意见》和市委、市政府《关于在全市推进社区网格化管理工作的实施意见》，进一步明确工作目标、方法步骤和职责任务，推进信息化建设和网格化管理的实施，力争到 2015 年底，全市实现网格划分全覆盖，网格化管理各项机制基本建立健全，各项服务管理措施落实到位。

#### 3. 加快创新立体化社会治安防控体系

以突出治安问题为导向，以体制机制创新为动力，推动社会面治安防控网建设。推进城中村、三无小区治安防控和农村地区“电子牛栏 + 十户联防”两项平安惠民工程，完善重点地区治安防控网，增强社会治安整体防控能力，使影响群众安全感的多发性案件和公共安全事故得到有效防范。

#### 4. 加大打击违法犯罪和治安重点地区整治工作力度

主动回应人民群众新期待，把保障人民群众生命财产安全作为首要职责，不断强化问题导向，聚焦影响国家安全和社会稳定的潜在风险、重大问题、薄弱环节，以法治为引领，重点抓好反恐防恐、打击非法传销、打击“两抢一盗”等群众关注度高、反映强烈的突出问题。进一步加强治安重点地区整治，针对排查确定的治安混乱地区和突出治安问题，实施挂牌整治、

跟踪督办、限期改善状况等措施，不断净化和优化社会环境。加大对自治区禁毒委2015年突出毒品问题重点通报地区横县和重点关注地区宾阳县、青秀区的整治力度，有效遏制毒品问题在南宁市发展蔓延。

5. 推进平安创建加强特殊人群服务和法制教育基地建设

严格落实综治（平安建设）领导责任制，深入开展基层平安创建活动，努力形成人人共创平安、人人共享平安的工作格局。建立和完善对刑满释放人员、社区矫正人员、重点青少年、艾滋病人、精神病障碍患者等服务管理运行机制，推动各部门落实社会保障措施，促进社区矫正对象正常回归社会。大力推进各县（区、开发区）青少年法制教育基地建设，有针对性地开展青少年法制宣传教育，预防和减少青少年违法犯罪发生，维护青少年合法权益。

## （二）进一步加强源头治理和依法治理，着力预防化解社会矛盾

1. 推行重大事项社会稳定风险评估机制

贯彻落实中央、自治区和市委、市政府有关精神，认真做好重大社会事项社会稳定风险评估工作，积极推动风险评估工作常态化、制度化、规范化。着力推动在企业改制、征地拆迁、安全生产、城市公共服务管理等重点领域，分类制定社会稳定风险评估专项办法。建立健全风险评估工作考核考评机制、责任倒查机制。

2. 运用法治思维多渠道化解社会矛盾

一是运用法治思维和法治方式，继续推动领导包案制度，建立健全重大事项（决策）社会稳定风险评估机制，健全完善民意调查、政府信息公开、听证会等民众参与机制，使民意的诉求通过不同的渠道表达出来，依法保障民众的合法权益。二是开展矛盾纠纷调处攻坚，紧紧抓住影响社会稳定的突出问题，全力化解一批历史积案、积极调解一批现实矛盾和努力预防潜在性矛盾，努力使问题不积累、矛盾不上交。推动落实涉法涉诉信访问题处理有关政策，破解入口难、纠错难、终结难的问题，确保涉法涉诉信访问题在法治轨道上有效化解。三是构建以党委、政府为主导的社会矛盾化解机制，加强各部门沟通联系，建立人民调解与行政调解、司法调解的对接平台和衔接

配合机制。积极推动在相关行业和专业领域设立人民调解组织，大力化解行业、专业领域矛盾纠纷。

### （三）进一步加大执法司法监督检查力度，切实维护法治权威

#### 1. 推进执法司法规范化建设

健全执法司法权运行机制，在健全执法制度、规范执法程序、强化执法管理上下功夫，实现执法司法程序流程化、执法裁量标准化、执法行为规范化，确保执法司法权依法规范行使。

#### 2. 推进执法司法公开

深入推进执法司法公开工作，真正把符合法律规定、事关群众切身利益、群众希望了解的事项，纳入公开范围，通过执法司法公开，促进执法队伍、政法干警思想业务水平的提高，让执法司法腐败无处藏身。

#### 3. 建立健全监督机制

政法部门要把党的路线方针政策和重大工作部署不折不扣地贯彻到政法工作中，牢牢守住政治底线。要进一步完善依法制约机制，依法接受党内监督、民主监督、法律监督、舆论监督，大力解决好损害群众权益的执法司法突出问题，以真查实改的成效取信于民，切实维护法律尊严和司法权威。

### （四）进一步严格要求，推动作风过硬政法队伍建设

按照正规化、专业化、职业化的要求，切实提高政法队伍思想政治素质、业务工作能力和职业道德水准，建设一支过硬的政法队伍，确保刀把子牢牢掌握在党和人民手中。一是加强思想政治工作，打牢政法队伍听党指挥的思想基础。二是加强执法教育培训，切实提高政法队伍职业素质和专业水平。三是加强党风廉政建设和反腐倡廉工作，不断增强政法队伍拒腐防变能力。

B.3

# 2014年南宁市纪检监察工作分析报告

唐浩 杨英理*

摘　要：2014年，南宁市纪检监察工作取得“五大”新进展，即查办腐败案件实现大突破、纪检体制改革实现大跨步、促进干部作风实现大转变、源头治本机制实现大深化、干部队伍素质实现大提升，为南宁经济社会发展提供了坚强有力的纪律保障。但还存在党的观念淡薄、“三转”工作进展不平衡、纪检监察干部素质能力有待提升等问题，党风廉政建设和反腐败斗争形势依然严峻复杂。要做到“六坚持”，即坚持以“高压线”的要求严明党的纪律，坚持以“一盘棋”的思想推进纪律检查体制改革，坚持以“钉钉子”的精神狠抓党员干部作风建设，坚持以“零容忍”的态度查办腐败案件，坚持以“扬鞭子”的理念推进“两个责任”落实，坚持以“建铁军”的目标加强队伍自身建设，坚定不移地推进党风廉政建设和深入开展反腐败斗争。

关键词：纪检监察　党风廉政建设　反腐败

2014年，南宁市各级纪检监察机关按照中央纪委、自治区纪委的部署和要求，加强办案力量，突出主责主业，聚焦党风廉政建设和反腐败工作，

---

* 唐浩，南宁市纪律检查委员会研究法规室主任；杨英理，南宁市兴宁区昆仑镇纪委书记。

惩治腐败态度坚决，纠正“四风”行动有力，加快转职能、转方式、转作风步伐，全市党风廉政建设和反腐败斗争取得新进展，为南宁经济社会发展提供了坚强有力的纪律保障。

## 一　南宁市党风廉政建设和反腐败工作主要情况

### （一）查办腐败案件实现大突破

2014 年，全市各级纪检监察机关聚焦党风廉政建设和反腐工作主责主业，全面履行党章赋予的职责，坚守责任担当，坚持“握紧拳头打老虎”“并紧巴掌拍苍蝇”，坚持大办案、办大案，决心之大、力度之重、成效之显著前所未有。

#### 1. 各项办案指标大幅上升

全市各级纪检监察机关全年共受理信访举报件 4893 件，同比上升 44.5%；初核 895 件，同比上升 70.1%；立案 587 件，同比上升 39.8%；结案 609 件，同比上升 40.6%；处分 595 人，同比上升 42%；移送司法机关处理 36 人，同比上升 71.42%（见图 1、图 2）。2014 年查办案件构成（见图 3）：市本级立案 43 件，同比上升 65.38%；县区纪委本级立案案 262 件，同比上

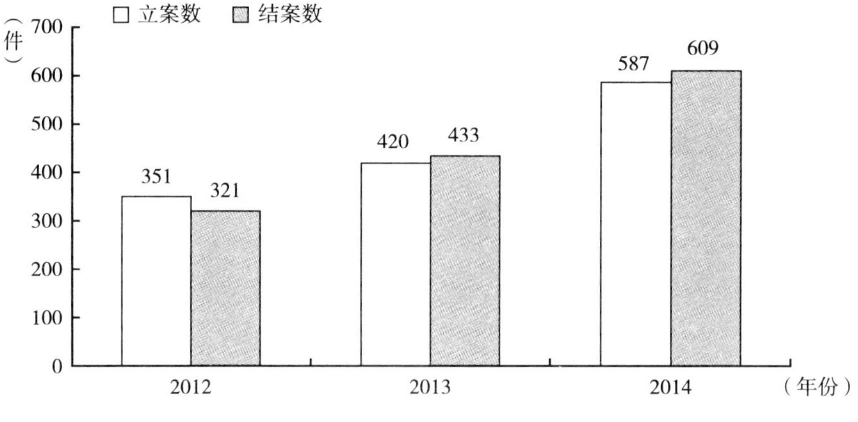


**图 1　2012、2013、2014 年全市立案数、结案数对比**

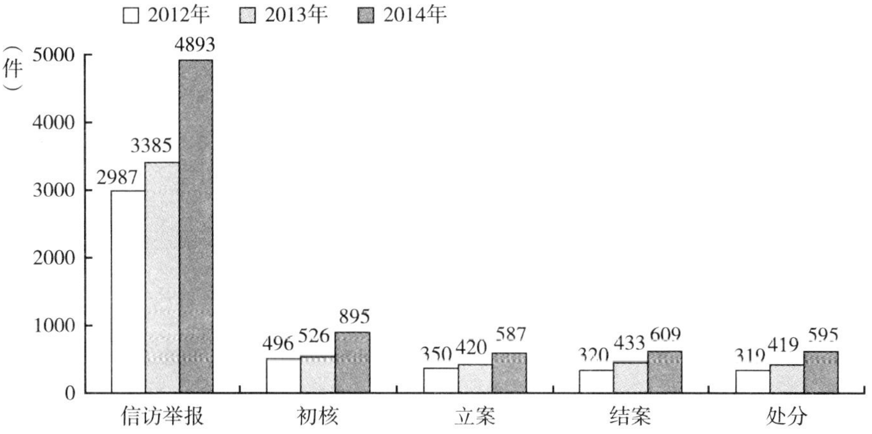


**图2　2012、2013、2014 年查办信访案件对比分析**

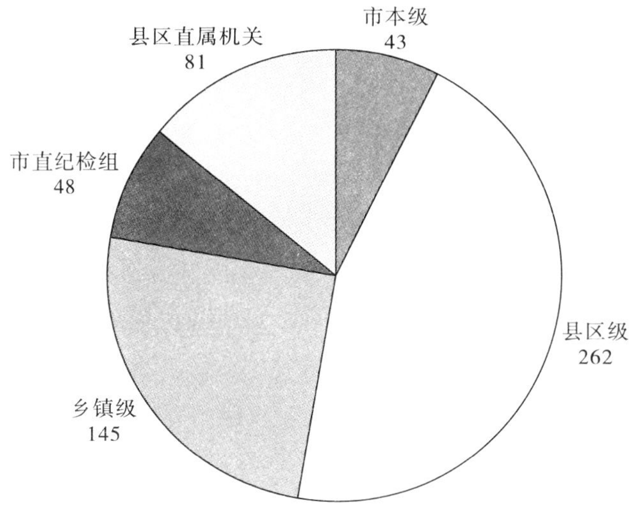


**图3　2014 年查办的案件构成（件）**

升66.88%；乡镇纪委立案145件，同比上升4.32%；市直纪检机构立案48件，同比上升300%；县区直属机关纪检机构立案81件，同比上升55.77%。通过办案挽回直接经济损失2800多万元。2014年，全市各级纪检监察机关查办案件的数量和质量都比以往有大幅度的提升，其中查办县处级干部20人，乡科级干部164人，查处“一把手”案件56件，均创近年来历史新高。

2. 突出办案重点

重点查处了领导干部贪污腐败、失职渎职、发生在基层群众身边的腐败以及违反中央“八项规定”精神等四个方面的案件，这四类案件共441件，占全市立案总数的75.13%。建立全市“办案人才库”，实行“案件主办人”制度。加大自办案件查处力度，市、县区两级纪检监察机关自办案件分别同比增长105%、129.5%。在全市开展“集中办理未结案件”专项活动，其间全市结案141件，同比增长166.4%，确保全年查办案件“数量不减、时限不超、质量不减”。通过结案形成工作倒逼机制，推动查办新案件。

3. 加强组织协调

完善纪检监察与公检法、审计等执纪执法部门的信息沟通、案件及案件线索移送等协调会商机制，完善下级纪委向上级纪委报告重大案件线索处置和查办案件制度，加强监督指导县区纪委、市直部门纪检机构的线索处置、案件查办工作。建立市纪委纪检监察室分片联系指导基层单位工作机制，完善了市、县区纪委协同办案机制。注重创新办理信访件模式，高效优质办理中央巡视组移送信访件，从中立案33件，得到自治区纪委领导的肯定。

## （二）纪检体制改革实现大跨步

2014年，市委成立纪律检查体制改革专项小组，并详细制定了南宁市纪检体制机制改革工作的实施方案，明确各项具体改革的任务分工、完成时间和责任单位。

1. 调整市县区纪委内设机构

参照中央纪委、自治区纪委的做法，市纪委在内设机构、行政编制、领导职数总量不变的情况下，内部挖潜盘活现有存量，开展内涵式改革，进行三轮内设机构调整，在原来干部室、宣教室的基础上组建组织部、宣传部，增设3个纪检监察室及纪检监察干部监督室，调整后一线办案人员占行政编制总数的42%，配强查办案件和监督执纪力量。各县区也根据实际情况逐步开展内设机构调整工作，县区纪委机关一线办案人员占比达到30%以上。市直机关工委直属50个机关党委全部成立机关纪委，建立机关纪检监察工作新体制。

2. 精简各种议事协调机构

市纪委全面梳理2014年以来牵头或参与的一般性议事协调机构，经过全面梳理并报市委同意，市纪委监察局牵头或参与的一般性议事协调机构从2014年初的215个大幅度精简到18个（见图4），精简91.62%，各县区相应进行议事协调机构的清理和精简，集中力量聚焦到反腐主业。

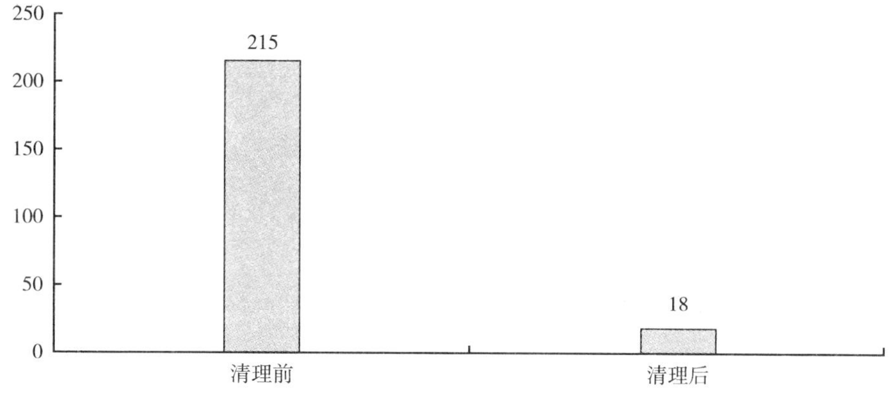


图4 市纪委监察局牵头或参与的议事协调机构精简前后对比（个）

3. 推动各级党组织落实主体责任

积极推动全市各级党组织落实党风廉政建设主体责任，市委制定落实惩防体系2013~2017年工作规划实施办法，开展“主体责任书记谈”，检查1324个单位落实主体责任情况。严格责任追究，市委领导严肃约谈市交通运输局党组、纪检组主要负责人。召开县区委书记、开发区党工委书记述廉评议会议，以现场评议方式推动主体责任落实。

4. 开展党风廉政建设专项巡查

明确市直单位纪检组长（纪委书记）不分管纪检监察以外工作，经市委同意，整合市纪委派驻机构力量，成立党风廉政建设专项巡查组，重点围绕“四个着力”，首次对5个单位开展专项巡查，逐步探索出一条监督检查全覆盖的新路子。

### （三）促进干部作风实现大转变

2014年，全市纪检监察机关坚持问题导向，突出重点难点，聚焦干部作风，严格问责问效，强力推进工作落实。

#### 1. 严查违反中央八项规定精神的问题

坚持抓具体问题、重要时间节点，由浅入深、循序渐进，对全市党员干部遵守党的政治纪律、组织纪律及落实中央八项规定精神的情况开展监督检查。按照自治区纪委的部署安排，针对群众反映强烈的领导干部违规多占住房、干部“走读”、吃空饷、公车私用等“四风”问题开展专项治理，根据群众反映，严肃查处个别党员干部组织公款旅游、公款吃喝、公款送礼和个人大操大办婚丧喜庆事宜以及参与赌博、纵酒行为。全年共查处党员干部违反中央八项规定精神问题46件，处分79人，在市属主要媒体上点名通报曝光典型问题26起，形成强大震慑。

#### 2. 创新舆论监督平台

发挥媒体监督作用，推出《向人民承诺——电视问政》节目，搭建政民互动平台，将“两重两问”与电视问政有机结合起来，实现监督、问政、承诺、监督、问责一条龙的监督问责模式，共举办14期、56个单位的“一把手”和主要领导参与的节目问政，节目曝光的广场舞噪音扰民、食品安全、校外午托等107个问题，绝大部分得到回应和有效处理，问责履职不力67人，有力地促进了干部作风转变，推动了工作落实。

#### 3. 强化“两重两问”督查工作

创新监督理念，以问题倒逼、结果倒逼、问责倒逼督促部门认真履行职责，加大力度监督检查、跟踪督办“美丽南宁”建设和第四十五届世界体操锦标赛等重点工作及重大项目，对有关履职不力、工作作风不实的单位及个人进行严肃问责。2014年，共约谈责任单位280个，问责950人（其中免职40人、停职检查26人）。南宁市通过“电视问政”活动促干部作风大转变的有效做法，得到中央纪委专题纪录片《作风建设永远在路上》的高度评价。

### （四）源头治本机制实现大深化

2014 年，全市纪检监察机关坚持有力惩治腐败与有效防治腐败“两手抓”，深化源头治本各项工作。

#### 1. 开展多样化党风廉政宣传教育

全面推行领导干部任职前廉政法规知识测试，开通市纪委官方微博，组织开展“坚定理想信念，坚守组织纪律”主题教育活动，十多万名党员干部接受了廉政教育。在《南宁日报》开设《每周说纪》栏目，编印违反中央八项规定精神案件剖析读本，以身边事身边人教育警示广大党员干部，推动党风廉政教育多样化、常态化。

#### 2. 扎紧扎牢反腐制度铁笼

制定完善市级层面反腐倡廉规范性文件 61 份，进一步规范权力的运行；对 183 份征求意见稿提出书面修改意见，进行廉洁性审查；清理新中国成立以来市纪委印发的党风廉政建设和反腐败工作规范性文件 318 份，决定废止 90 件，宣布失效 170 件，继续有效 58 件，其中拟修改 6 件（见图 5）。

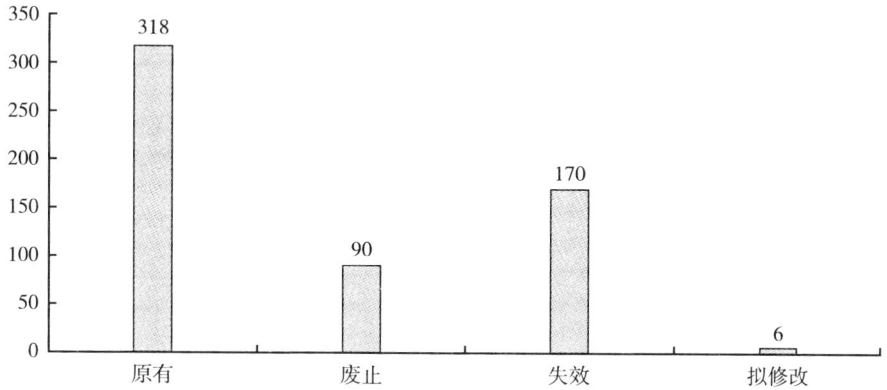


**图 5　2014 年清理规范性文件情况（件）**

### 3. 完善权力运行监督体制

深入推进审批制度改革，下放185项行政审批事项给开发区，市级承担行政审批职能的机构由原来的136个减少到45个。构建“审批不出政务服务中心”的审批体制，市本级560项审批事项，其中的553项全部集中到市政务服务中心受理，仅7项经批准暂不进驻。开展审批标准化建设，审批事项承诺办结时限比法定办结时限平均压缩65.1%。注重优化重组，重大项目的前期审批手续仅需与4个部门对接，减少14个以上的审批环节，部门承诺的审批时间减少了82个工作日。深化公共资源交易监管体制改革，完善机关绩效考评机制，健全政务公开和政府信息公开途径，推行权力清单制度，坚决防止权力滥用。

## （五）干部队伍素质实现大提升

一是加强学习，创建学习型机关。高度重视全市纪检监察干部队伍建设，组织全市纪检监察干部深入学习习近平总书记关于党风廉政建设和反腐败斗争系列重要讲话精神，将践行群众路线要求贯穿干部能力素质作风大提升全过程，改会风、转文风、树新风，增强干部党的观念、担当意识。加强岗位大练兵，继续开展“能力素质作风硬化提升工程”和“周学月训”活动，选派全市40多名优秀纪检监察干部参加中央纪委、自治区纪委组织的学习培训，提高纪检监察干部业务水平和工作能力。二是加强队伍建设，完善机关内部绩效考核、选拔任用、学习培训制度，按照“严实细深”的要求，对全市纪检监察干部从严教育、从严管理、从严监督，严肃查处并在系统内通报了4起纪检监察干部违纪违法案件，坚决清理害群之马，教育了干部，纯洁了队伍，防止“灯下黑”发生。

# 二　南宁市党风廉政建设和反腐败工作存在的问题

2014年南宁市党风廉政建设和反腐败工作取得的显著成效，是市委和自治区纪委高度重视、正确领导、各部门各单位密切配合的结果。但通过对全年工作的总结梳理，还是发现存在着一些问题。

一是有的县区和单位领导干部党的观念淡薄，党委主体责任担当意识不够强，落实党风廉政建设主体责任还不够到位、不够有力，还没有树立抓党风廉政建设是本职、抓不好是失职、不抓是渎职的意识；个别基层党组织纪律松弛、软弱涣散，制度的硬性约束力还不够强，执行制度还流于形式，有令不行，有禁不止，问责一问再问都没有形成有效震慑。

二是当前南宁市的党风廉政建设和反腐败斗争形势依然严峻复杂，个别地方区域性、系统性腐败时有发生，特别是在反腐败高压态势下，少数人不能说已经树立了“不想、不能”的意识，甚至连“不敢”都做不到，仍然不收敛、不收手，依然顶风作案、我行我素；有的执法人员权钱交易，充当“保护伞”；有的干部搞官商勾结、上下勾连，形成利益输送链甚至“共腐关系圈”；有的重点岗位和关键环节成为个别干部“自留地”，不给钱不办事。

三是有的纪检监察机关对一些重要岗位、关键环节腐败案件易发多发的严峻形势估计不足，监督乏力、责任缺失；有的纪检监察机关推进“三转”工作进展不平衡，明转暗不转，里转外不转，“身”转“心”不转；有的纪检监察机关主业意识、履职方式、工作能力等方面还有待加强；查办案件工作不平衡，自办案件力度还不够大；一些基层纪检监察机关治理群众身边的“苍蝇式”腐败问题办法不多，力度不够；有的派驻（出）机构和基层纪检组织没有很好发挥作用，平时监督执纪问责不力，存在凑数现象。

四是有的纪检监察干部在思想认识上不到位，对当前党风廉政建设和反腐败斗争依然严峻复杂的形势认识不够深刻，查处腐败案件力度不够大；一些纪检监察干部尤其是基层纪检监察干部和派驻机构纪检监察干部思想观念落后、能力素质不高，已不能适应新形势和新要求。有的怕丢选票，只想当老好人，明哲保身；有的能力不足、作风漂浮虚躁，监督缺失；有的派驻干部认为，吃人家、用人家的，抬头不见低头见，腰杆硬不起来，监督畏首畏尾，甚至到上级纪委为有问题的人说情，对上级纪委督办交办的案件避重就轻、查办不力、大打折扣。

## 三　南宁市党风廉政建设和反腐败工作展望

2015年，全市各级党组织强化党风廉政建设的主体责任，加强纪检体制机制改革创新和制度保障，严格落实党风廉政建设责任制。各级纪检监察机关按照中央纪委、自治区纪委的部署要求，全面履行党章赋予的职责，进一步深化“三转”，坚持聚焦主责主业，严纪律守规矩，持之以恒改进作风，继续保持惩治腐败的高压态势，遏制腐败蔓延势头，坚定不移推进党风廉政建设和反腐败斗争。

### （一）坚持以“高压线”的要求严明党的纪律

一是守纪律讲规矩。全市各级纪检监察机关要按照中央纪委、自治区纪委的新部署新要求，严明党的纪律，开展警示教育、以案说法、以案明纪，使党员干部知晓纪律的底线，强化纪律规矩意识，自觉做到心有戒尺，令行禁止。二是强化监督检查。加强监督检查党员领导干部的政治纪律、组织纪律、财经纪律、工作纪律和生活纪律等各项纪律的执行情况，抽查核实一批党员领导干部报告的个人重要事项，对申报不实、弄虚作假、欺瞒组织的分门别类、从严从速调查处理。进一步转变监督检查方式，明确监督检查重点，加大执纪监督检查和惩戒问责力度，盯住不落实的事，追究不落实的人，要紧紧围绕中央、自治区和南宁市全面深化改革、推动科学发展的目标任务，加强对重大决策部署贯彻落实情况的监督检查，坚决查处打折扣、做选择、搞变通的行为，确保政令畅通。三是扎紧制度笼子。进一步修改完善南宁市行政审批制度改革、国有企业监管、政府采购监督等方面的监管规定，督促政府各职能部门编制权力清单、责任清单和负面清单，编织科学严密的制度笼子，尽可能压缩各种权力寻租的空间。对照日常执纪办案中发现的问题，督促问题单位及时建章立制堵塞漏洞并坚决落实，提高制度运行的刚性。

## （二）坚持以“一盘棋”的思想推进纪律检查体制改革

一是坚持立行立改。按照自治区纪委的要求，深入推进县级纪委内设机构改革，2015 年上半年，在编制、领导职数不变的前提下，完成了对县级纪检监察机关内设机构的调整。原则上大县纪检监察机关一般设置 7 个内设机构，小县设置 6 个内设机构，确保县一线办案人员配备要达到机关行政编制数的 35% 以上；大的城区纪检监察机关一般设置 5 个内设机构，小的城区设置 4 个内设机构，使城区一线办案人员配备要达到机关行政编制数的 30% 以上。二是开展市纪委派驻机构改革。按照自治区纪委和市委的要求，全面推进市纪委派驻市直单位纪检监察机构统一管理改革，实行单独派驻和归口派驻相结合模式，整合原有派驻机构的力量，使改革后派驻机构能对全市所有党政机关、群团组织、二层机构的领导班子和干部监督，实现职能全覆盖、主业全覆盖、监督全覆盖。三是深化党风廉政专项巡查。参照中央、自治区巡视做法，继续围绕“四个着力”，深化专项巡查工作，突出巡查重点，按照中央纪委的部署，2015 年将国有企业党风廉政建设工作纳入专项巡查范畴，利剑高悬，强化震慑、不敢、知止的氛围。

## （三）坚持以“钉钉子”的精神狠抓党员干部作风建设

一是聚焦突出问题。紧盯教育实践活动查摆的问题和新发现的作风问题，特别聚焦新出现的履职不力、落实不深入的新形式主义，不愿担当、为官不为的新官僚主义，不务正业、玩风甚重的新享乐主义，穿上隐身衣、挥霍浪费的新奢靡之风，下大力气进行重点整治，坚决防止“四风”问题反弹回潮。按照自治区纪委的统一部署，继续集中力量抓好领导干部违规多占住房、吃空饷、干部走读等问题的专项治理。二是完善监督机制。加强改进对领导干部权力的制约监督，创新方式方法，建立健全再监督的有效办法，提高“监督的再监督”能力，将日常监督检查交由主责部门，以问题倒逼、结果倒逼、问责倒逼督促部门认真履职。完善领导干部作风建设责任制，督促领导干部带头改进作风，切实发挥示范引领作用。三是强化执纪问责。用党章党规党纪对照违纪干部的行为，突出执纪特点，持续盯紧一个个节点，加大执纪监督、公开曝光的力度。按照中央纪委、自治区纪委的部署，党的纪律审查重点是违反政治纪律、组织纪律和中央八项规定精神，发现顶风违纪者，坚决从严从重查处并点名通报曝光，绝不姑息迁就。

### （四）坚持以“零容忍”的态度查办腐败案件

一是突出查办腐败案件重点。按照市纪委五次全会的部署，重点查办党员领导干部以权谋私、腐化堕落、失职渎职案件，坚决查办发生在群众身边的不正之风和侵害群众利益的“苍蝇式”腐败案件，查办国有企业中贪污贿赂、利益输送、侵吞国有资产和挥霍浪费的案件。集中力量、集中时间、集中精力从严从速查处工程建设、土地开发等领域性、系统性的窝案串案。二是加大自办案件力度。加强对基层办案工作的检查指导，按照市纪委《关于加强自办案件管理制度》，规范全市自办案件统计工作，提高自办案件质量和水平。三是坚持依纪依法办案。强化问题线索管理，严格按照五类标准分类处置，定期清理、规范管理。加快办案工作方式方法的转变，加快案件审查节奏，坚持快查快结，快进快出，集中精力查清重大违纪问题，条件具备的尽快移交司法机关依法处理，缩短办案周期，不断提高案件审查质量和效率。四是注重提升办案实效。坚持抓早抓小，前移监督关口，把纪律挺在法律前面，对党员干部苗头性倾向性问题，及时扯扯袖子、拉拉衣角，及时约谈函询诫勉，防止小错酿成大错，小案养成大案。抓好案件“后半篇”文章，编印十八大以来全市查办处级领导干部忏悔录，抓好主题警示教育，开展“守纪律、守规矩、守底线”教育活动，深化庭审警示教育活动和办好“以案说纪”栏目，加强重大典型案件查处情况通报，用身边案件教育身边人，充分运用和发挥反面教材的警示、震慑和教育作用。

### （五）坚持以“扬鞭子”的理念推进“两个责任”落实

一是落实主体责任。督促全市各级党组织全面履行从严治党、依规治党的政治责任，把从严治党落实到基层。各级党组织"一把手"作为第一责任人，坚持既挂帅又出征，真正担负起统一领导、直接主抓、全面落实、选好干部、当好表率的主体责任。班子成员要对各自职责范围内的党风廉政建设负领导责任，主动研判形势、主动承接任务、主动加强监督、主动汇报情况。二是强化监督责任。全市各级纪委要坚守责任担当，更加注重纪律监督、作风督查、查办案件、问责追究，积极协助和督促党委落实主体责任。纪委书记及班子成员要主动约谈下级党政"一把手"、纪委书记（纪检组长），层层传导压力，切实推动"两个责任"的落实。三是严肃责任追究。2015年各级党委、纪委要分别与下级签订主体责任书和监督责任书，推动压力逐级传递、责任层层落实。坚持执纪必严、违规必究，对履行主体责任、监督责任不到位、失职失责的，严格实行"一案双查"，既追究当事人的责任，又追究主体责任、监督责任并通报曝光。

## （六）坚持以"建铁军"的目标加强队伍自身建设

一是从严要求。要求广大纪检监察干部求真务实，牢固树立"正人先正己、信任不能代替监督"的理念，锤炼"正气、正直、正派"的职业品德，带头践行"三严三实"，增强精品意识，加强岗位练兵，做到严、细、深、实。二是从严管理。深化"能力素质作风硬化工程"，着力推进"创一流班子、建一流队伍"活动，深入开展"纳谏日""服务日""开放日""评议日"活动，充分发挥特邀监察员、廉情监督员、行风评议员的作用，推行开门倡廉、开门信访、开门办案，着力打造"阳光纪检"。推进和完善纪检监察机关绩效考评制度，努力营造争先创优的工作氛围。三是从严监督。从组织和制度上加强和完善内部监督机制，充分发挥纪检监察干部监督机构的作用，把"严"字贯穿到干部队伍建设过程中，对不适合的纪检监察干部要坚决调离，对以案谋私、串通包庇、跑风漏气等违纪违规行为要严肃查处，坚决防止"灯下黑"。

## 参考文献

1. 中国共产党南宁市第十一届纪律检查委员会第五次全体会议工作报告。
2. 中国共产党广西壮族自治区第十届纪律检查委员会第六次全体会议工作报告。
3. 中国共产党第十八届中央纪律检查委员会第五次全体会议工作报告。

B.4

# 2014年南宁市环境执法分析报告

曾鸣　罗起东*

摘　要：报告主要论述2014年南宁市环境执法主要情况，分析查找南宁市环境执法工作存在的问题，提出加强南宁市环境执法工作的对策措施，为今后做好环境保护行政执法积累经验，旨在强化环境执法工作，坚持依法行政、公正执法，不断提升环境执法水平。

关键词：环境执法　法治发展　依法行政

2014年，南宁市环境执法工作按照党的十八大报告提出的大力推进生态文明建设的要求，结合经济发展新常态下南宁市环境保护工作的实际，以服务"两会一节一赛"环境质量保障为中心，以"环境安全"为主线，大力推进污染减排、环境质量整治、生态建设、能力建设等各项重点工作，强化环境执法工作，坚持依法行政、公正执法，不断提升环境执法水平。

## 一　南宁市环境执法主要情况

### （一）以保障环境质量为中心，确保环境安全

#### 1. 组织开展大气环境保障工作

为确保空气质量优良，2014年初南宁市组织全面开展大气环境保障工

* 曾鸣，南宁市环境保护局副局长；罗起东，南宁市环境保护局政策法规科主任科员。

作。一是多措并举、强力推进烟囱专项整治，全年拆除各类烟囱907根，淘汰及清洁能源改造锅炉（炉窑）634台；二是编制南宁市大气污染防治规划，严格控制高排放废气企业准入，推进工业企业“退二进三”，协调企业停产限产；三是及时发布市区扬尘污染联防联控预警87次，向市政府及各成员单位书面通报26期，组织执法人员1260人次检查工地840家及城市主要道路区域480次；四是扎实推进机动车排气污染防治，加强机动车环保标志管理，全年依法核发70万枚环保标志，核发率超过80%；五是加强环境监测，及时发布预警预报信息；六是建立重污染天气预警会商联动机制，共组织召开17次南宁市区环境空气质量会商会，根据空气质量情况实施了相应的控制措施；七是开展油气回收治理，减少油气跑冒污染。

2. 确保水环境质量安全

一是加强对邕江上游河流、湖泊水质的监测。二是加强饮用水水源保护基础工作。组织完成全市乡镇集中式饮用水水源保护区划定并上报自治区，牵头修改完善的《南宁市市区饮用水水源保护区划定方案》获自治区人民政府批复。三是加强饮用水水源保护执法。制定印发《南宁市环境保护局开展南宁市饮用水水源保护专项检查工作方案》，对邕江5个现用、7个备用、1个规划集中式饮用水水源保护区进行全面排查；按照自治区统一部署，组织开展2014年集中式饮用水水源保护专项行动；开展邕江两岸和大王滩水库入库污染源整治，重点整治和取缔了位于陈村水厂饮用水水源二级保护区内的9家餐馆、河南水厂取水口的烧烤摊，给大王滩岸上养殖户下达《关于责令停止环境违法行为的通告》共275份。四是印发《南宁市饮用水水源保护区巡查督查工作制度》，形成常态化监管，共开展市区饮用水水源现场督查检查39次，出动141人次，重点对饮用水水源保护区内的违法情况以环保委名义下达督办通报，2014年共下发督查通报3份。五是建立三津、陈村、西郊、中尧、河南水厂取水口5个饮用水水源地视频监控执法系统。

3. 加强环境噪声扰民治理

根据南宁市实际，重点做好建筑施工噪声和社会生活噪声监管。对南宁市现有2200多个建筑工地的建筑噪声，南宁市环保局采取召开施工噪声扰民协调会、建筑施工单位诫勉谈话会、组织午间和夜间巡查、开展专项整治活动等多种形式，加强建筑工地施工噪声治理。全年共立案查处建筑施工噪声扰民案件200多起，立案金额180多万元，立案查处率比2013年增长38%。针对社会生活噪声，南宁市环保局牵头制定《南宁市开展环境噪声污染综合整治专项行动工作方案》，采取下发噪声防治知识手册，加强宣传教育，开展联合专项整治等办法，加强对社会生活噪声扰民现象的监督管理。

4. 做好危险废物环境安全保障工作

一是采取交叉检查的方式，对全市21家危险废物产生单位和4家危险废物经营单位进行重点抽查；二是开展危险废物规范化管理督查考核，全市共抽查涉危险废物企业32家，其中19家企业考核达标，7家企业考核基本达标，6家企业考核不达标，全市总抽查合格率为81%，全市医疗废物安全处置率保持100%；三是“两会一节一赛”期间，停止除医疗废物外的危险废物转移处置审批。全年未发生危险废物污染环境事件。

### （二）以污染减排为重点，实施有力措施完成指标

1. 协调督促加快城市污水管网建设

南宁市污水管网建设是制约污染减排的瓶颈，南宁市环保局多次督促南宁市城乡建委、建宁水务集团、南宁市水邕办等单位加快污水管网建设，帮助协调解决建设中存在的问题和困难。例如，通过与南宁市城乡建委、水邕办、建宁水务集团共同商定优化南宁市区污水管网建设方案，方案实施后江南污水处理厂新增污水处理量有望达到8万吨/日，对完成2015年污染减排目标具有重大意义和决定性作用。

2. 加强水泥、电力行业脱硝设施运行管理

对全市水泥、电力行业脱硝设施运行采用预警机制，实施实时监控和管理。对超标排放不能按期整改到位的企业，采取约谈企业负责人、经济处罚、报请市政府予以限产停产等强有力措施的同时，会同市发改委、工信委、财政局等部门共同研究，在华南地区率先出台水泥脱硝补贴政策，提高

水泥企业脱硝积极性。

3. 加强畜禽养殖减排工作

南宁市环保局加强与市农委的对接与协调，共同推进159个畜禽养殖业污染治理项目建设，召开全市畜禽生态养殖减排现场会，推广高架床、生态循环综合利用养殖减排模式，组织召开全市养殖污染减排和禁养区划定工作推进会，全面打响养殖业污染减排攻坚战。

4. 开展污染减排百日攻坚战

成立工作指导协调小组，明确各县区（开发区）、各责任单位减排工作进度上报时间及要求，督促各县区（开发区）、各责任单位认真对照各自年度减排项目、工作任务完成情况，采取有效措施限期完成任务；会同南宁市“两重两问办”对污水管网建设进展、重点建制镇污水处理厂及配套管网建设进行督查督办；出版减排工作简讯，每月在《南宁日报》公布全市减排重点工作进展情况。

减排工作的顺利推进，为南宁市获得广西第一个、国家第三批节能减排财政政策综合示范城市奠定了良好的基础。南宁市成为示范城市后，未来3年将获得国家15亿元财政补贴资金，撬动价值440亿元的56个节能减排示范项目建设，对南宁市产业结构优化升级和人居环境持续改善产生巨大的推动作用。经过对减排结果进行初步核算，南宁市2014年度化学需氧量、二氧化硫、氮氧化物、氨氮四项减排指标均已完成任务。

### （三）以强化环境监管为抓手，切实保障环境安全

2014年，南宁市环保局以环境安全隐患排查整治、保障环境安全作为开展党的群众路线教育实践活动的重要内容和基本要求，不断增强“隐患不除寝食难安”的忧患意识，坚持不懈地狠抓环境安全，做到源头严防、过程严管、后果严惩，始终保持打击违法排污行为的高压态势，坚持不懈狠抓环境隐患排查整治，防止重大环境事件发生。南宁市环保局对环境违法行为行政处罚立案225件，下达行政处罚决定书183份，收缴罚款165.9万元，行政处罚听证案件6件。其中，广西网联电线电缆有限公司擅自倾倒危

险废物案已移送公安部门。这是南宁市环保部门向公安机关移送首例环境违法案件，起到了极大的震慑作用。

1. 狠抓环境应急管理

南宁市环保局制定4份应急预案，开展2项应急演练，签订1份备忘录。如率先在全区制定印发了《南宁市市区重污染天气应急预案》《南宁市环境保护局反恐怖工作应急预案》，完善了《南宁市环境保护局突发环境事件应急预案》；开展了“2014年南宁市重大活动大气重污染应对保障演练”，参与“崇左市左江突发环境事件应急监测联合演练”；与南宁气象局签署环境与气象合作备忘录，双方对重污染天气和突发环境事件等达成合作协议。全年共启动预警、预案21次。

2. 严查环境违法行为和环境安全隐患

2014年南宁市环保局开展了环保专项行动、环境保护专项检查、环境风险安全隐患清查整治、“绿色卫士·2014”环境安全专项检查、环境风险安全隐患大排查督查、重金属污染专项整治等各类专项执法行动，全市各级环保部门共出动8600多人次，检查企业3201家（次），排查饮用水源地52个，查处企业88家，停产整治18家，取缔关闭企业31家，关停取缔非法窝点17个，现场责令整改22家，对3起典型环境违法案件实施挂牌督办，并已全部完成整改。

3. 加强污染源自动监控设施建设运行管理

目前，南宁市企业共安装213套污染源自动监控设备（废水148套，废气65套）。2014年，共有48家企业75套在线监控设备列入国家考核，数据传输有效率为89.45%，超过75%的国家考核标准。全年在线超标启动转办率为100%、及时处理反馈率95.2%。

4. 积极调处环境信访

重点查处环境污染案件，切实保障群众环境权益。制定印发的《南宁市环境违法行为有奖举报办法》，对举报环境污染情况的市民进行奖励；坚持定期“局长接待日”“公开大接访”“局领导带案下访”等制度，重点解决信访积案和热点难点问题。全年共受理环境污染投诉信息17411件次，处理率达100%。

5. 推进排污费征收工作

2014年，纠正了原排污费征收主体资格合法的问题，征收主体由市环境监察支队更正为南宁市环境保护局，办理完成了支队、开发区分局和城区排污费收费许可的委托和收费许可证。完善排污费公示制度，对相应的收费项目及标准进行公示，不断提高排污收费工作的透明度，自觉接受社会和群众的监督，促进收费工作和执法工作逐步走向规范化、程序化、制度化。2014年，市本级排污费征收入库超3000万元，超额完成2800万的年度排污费征收目标任务。

### （四）以推进生态文明建设为引领，改善农村生态环境

南宁市环保局把开展农村环境连片整治和“清洁水源”活动作为环境保护工作向广大农村延伸的切入点和改善农村环境质量的有效抓手，积极推进农村生态文明建设，改善农村生态环境。

2014年，南宁市环保局牵头开展了“美丽南宁 · 清洁水源”专项活动，保障农村水环境安全。经过综合整治，乡镇村（屯）中垃圾围河堵塘、污水乱排、养殖粪污乱堆的乱象明显改变；以实施农村环境连片整治为重点，进一步加强农村环境保护，切实改善农村生态环境质量；以生态示范创建为载体，积极推进生态文明示范区建设，农村生态文明建设工作取得新成效。全年建成生态示范村生活污水治理设施284套，处理率达到60%以上，生活垃圾定点存放清运率达到100%，关闭乡村污染严重小企业380个，清理、取缔影响水源地各类污染源、排污口1811个。

### （五）以加强基础建设为依托，环境监测能力和预警体系建设进一步提升和完善

一是在硬件建设方面。完成五个新区环境空气自动监测站项目建设，实施了环境空气流动监测车改造，南宁市首台环境空气流动监测车于第45届世界体操锦标赛期间投入使用；加强对县级环境监测站的指导，横县环境监

测站通过了西部三级标准化建设达标验收，成为自治区第四家通过西部三级标准化建设达标验收的县级监测站，也是南宁市第一家通过标准化建设达标验收的县级监测站；按照国家环境保护部下发的《关于开展第一阶段大气颗粒物来源解析研究工作的通知》的要求，开展了在线源解析工作，取得初步成果。

二是在软件建设方面。建设了南宁市环境数据与气象数据共享资源平台，开发完成了南宁市环境空气预警预报会商平台，落实南宁市环保与气象部门监测数据共享机制，在全区率先打破了两部门之间历史上的壁垒，实现了环境空气监测数据与气象数据无缝对接；初步建立起环境空气质量预测预报系统，可预测未来48小时环境空气质量，并从2014年8月起发送未来48小时预警预报信息。

## （六）以落实基层建设年为主导，加强环保体制机制建设工作

成立行政审批办公室，实现了环评审批一站式服务；通过强化规划环评，举办重大项目环评专题会、现场会、上门服务等形式，积极服务自治区及南宁市重大项目建设，实行环评再提速；通过开展“未批先建”“久试不验”项目清理，理清了历史旧账；通过做好环评政务信息公开，加强对环评机构监督管理。

启动“十三五”规划前期研究；受理128个建设项目环评文件技术评估；开展大气颗粒物源解析；获得宾阳制革含铬废渣无害化处置工程等7个中央及自治区重金属专项补助项目；在全区率先完成土壤环境质量监测，按时完成国控重点源监督性监测及各项监测任务。

2014年南宁市环保局制定规范性文件4份。如修订完成的《南宁市郁江流域水污染防治条例》于2014年9月1日起施行；完成起草《南宁市节能减排工作行政过错问责暂行办法》规范文件；与14个委办局联合制定《南宁市城市管理领域失信联合惩戒办法（试行）》；与公安局共同起草发布《关于加强社会生活环境噪声污染防治的通告》。开展行政执法案卷评查，及时纠正县区环保部门执法中存在的问题。

同时，多举措做好新《环保法》学习宣传，邀请国家环保部政策法规司法规处副处长李静云博士作新《环保法》专题讲座，全市环保委成员单位均组织参加了听课。组织购买新《环保法》单行本和学习读本，发放给环保系统及环保委成员单位；组织开展了南宁市环保系统环保知识考试及业务知识大赛竞赛活动；开展《南宁市饮用水水源保护条例》宣传活动以及环保知识进社区宣传活动，向市民普及环保法律法规知识，增强市民的环境法治意识。

## 二　南宁市环境执法工作存在的问题

### （一）全社会的环保意识有待提高

企业违法成本低、守法意识薄弱，导致环境执法检查难、送达难、执行难等现象时有发生。同时，一些企业社会责任感不强，不建、缓建环保设施，或不正常使用环保设施，使建成的环保设施不能充分发挥应有效益，一旦被查处，就以各种借口搪塞、拖延。有些违法者还以“首次不罚”为由，拒绝履行处罚。个别县区政府存在重经济轻环保观念，一旦环境违法企业被查处则充当保护伞。这些行为严重影响了环境执法的效能，致使环境违法行为难以得到及时纠正。

### （二）减排任务仍然艰巨

一是工业企业减排余地少，城镇污水管网建设滞后，农村污染减排工作基础薄弱，制约完成“十二五”减排任务。二是由于制浆造纸企业污水排放标准执行更为严格的新标准限值，国家不断制定严于综合标准的行业排放标准，以及南宁市重金属企业污染整治基础差、资金缺口大、整治措施进展缓慢等，需要环境监察部门投入更多的执法力量加大现场检查和督促指导，减排任务十分艰巨。三是环境监管任务增加，但是环境执法人员没有增加，环境监管的人员压力增大。

### （三）南宁市区环境空气质量保障压力大

一方面全市环境风险防范管理基础仍然薄弱，产业结构调整压力大，环境风险防范和环境安全保障形势还很严峻。另一方面，环保部门欠缺环境执法强制手段，影响行政执法效率，法律赋予环境行政执法的权限不足，没有行政强制权，对拒不履行环境行政处罚决定的行为，环保部门缺乏必要的查封、冻结、扣押、没收等行政强制手段，只能申请人民法院强制执行，造成环境行政执法疲软，有法难依，环境行政处罚力度不够。

### （四）环境执法队伍建设亟待加强

环境执法工作的高要求和执法队伍素质偏低的矛盾仍然突出，环境监察执法人员的环境执法能力和业务水平还不能完全适应新时期环境执法工作的需要，在法律的适用、文书的制作、证据的搜集等方面存在不少问题和不足，环境行政执法工作还有待进一步规范。

## 三　南宁市加强环境执法工作的对策

### （一）加强环境法制宣传

一是加强对新修订的《环境保护法》等法律法规的法制宣传，切实提高政府部门、企业法人的环保意识，做到自觉遵守环境保护法律法规。二是宣传《南宁市城市管理领域失信联合惩戒办法（试行）》规范性文件精神，培育和践行社会主义核心价值观，加强对个人和单位的信用管理，倡导诚实守信，建立对失信个人、单位联合惩戒机制，纳入企业环境信用体系，对环境违法行为纳入诚信“黑名单”予以公布，有效制止环境违法行为。

### （二）加大污染减排力度

一是狠抓工业污染防治，坚决取缔设备水平低、环保设施差的小型工业企业。专项整治制糖造纸、淀粉酒精、农副食品加工、制革、电镀等行业，实施清洁化改造。新建、改建、扩建上述行业建设项目实行主要污染物排放等量或减量置换。造纸行业全部完成纸浆无元素氯漂白改造或采取其他低污染制浆技术。

二是强化开发区污染治理，开发区内工业废水必须经预处理达到集中处理要求，方可进入污水集中处理设施。开发区应同步规划、建设污水、垃圾集中处理等污染治理设施。

三是加强配套管网建设。强化城中村、老旧城区和城乡结合部污水截流、收集。现有合流制排水系统应实施雨污分流改造，对于难以改造的，应采取截流、调蓄和治理等措施。新建污水处理设施的配套管网应同步设计、同步建设、同步投运。有条件的地区要推进初期雨水收集、处理和资源化利用。

四是科学划定畜禽养殖禁养区，按照《南宁市人民政府关于划定畜禽养殖禁养区和限养区的通告》依法关闭或搬迁禁养区内的畜禽养殖场（小区）和养殖专业户。现有规模化畜禽养殖场（小区）要根据污染防治需要，配套建设粪便污水贮存、处理、利用设施。新建、改建、扩建规模化畜禽养殖场（小区）要实施雨污分流、粪便污水资源化利用。

### （三）强化执法培训，提升执法人员素质

一是根据国家环境监察标准化建设新标准和南宁市“十二五”环境监管能力建设规划，分期分批加强市级环境监察标准化建设，指导县区开展环境监察标准化建设；二是加大对环境执法人员的业务培训力度，提高环境执法人员对新《环保法》等法律法规和规章的学习理解能力，对环境违法行为的调查取证和分析判断能力，对环境执法文书的制作运用能力等，不断提升环境执法人员素质，全面提高环境执法水平。

### （四）注重协调配合，提高执法效能

主动加强部门间的联系、联动以及联合执法，按照《南宁市城市管理领域失信联合惩戒办法（试行）》，加强对个人和单位的信用管理，倡导诚

实守信，建立对失信个人、单位联合惩戒机制，下功夫解决检查难、查处难、送达难和执行难等执法中的棘手问题，通过解决问题，积累工作经验，提高执法效能。

### （五）提高执法与服务的质量和水平

一是自觉把科学发展观和构建和谐社会的要求贯彻落实到工作中，按照法治政府、服务政府、责任政府建设的要求，积极转变行政观念，把执法与服务有机结合起来，寓执法于服务之中。二是进一步健全工作制度，狠抓责任落实，把向社会承诺的各项服务落实到具体工作中，依法、便捷、高效地为群众服务。

### （六）加强环境违法问题执法后督察

一是强化环保行政执法的回访督查，加强对区市环保信访案件、挂牌督办案件、突出环境问题整治落实情况的执法后督查，对屡查屡犯的企业，采取“高限处罚”措施、进行媒体曝光，切实取信于民。二是充分利用新闻媒体、环保投诉热线、环境信访等渠道，掌握企业违法排污线索，做到有诉必有查、有查必有果，维护人民群众环境权益。三是加大对各类环境信访矛盾纠纷的排查工作力度，做到尽早发现、主动出击、及时化解，维护社会和谐稳定。

### （七）进一步完善环保行政执法效能监察制度

在设置投诉举报电话、实行网上在线投诉、聘请人大代表等组成专门监督队伍的基础上，建立电子信息监察系统，对环保行政许可和行政处罚实施过程中的行为、运转状态、效率等方面的情况进行及时、全程和自动监控，切实规范环保行政执法行为，提高行政服务效能。

# B.5
# 2014年南宁市交通法治建设分析报告

江 山*

摘 要： 2014年，南宁市交通法治建设取得一定成效，通过保障道路畅通、交通法制宣传和教育引导、执法规范化建设等措施，为自治区首府南宁建设区域性国际城市提供了有力的交通服务保障，与此同时，报告论述了南宁公安道路交通管理工作存在的不足和问题，从体制改革、提高交通违法成本、强化执法监督等五个方面分析给出解决问题的对策思路。

关键词： 交通法治 工作措施 问题 对策建议

2014年，南宁市公安交通法治工作以服务第四十五届世界体操锦标赛为契机，以深化"美丽南宁·整洁畅通有序大行动"为抓手，以开展党的群众路线教育实践活动为主线，大力实施城市交通畅通工程，全力预防道路交通事故发生，为将南宁建设成高水准的区域性国际城市提供了强有力的交通服务保障。

## 一 南宁市道路交通管理基本情况

### （一）道路交通法治工作相关数据

#### 1. 道路交通事故处理方面

2014年，南宁市（含六县）道路交通事故立案835起，死亡373人，

---

* 江山，南宁市公安局交通警察支队法制大队大队长。

受伤863人，直接财产损失426万元，较上年分别上升15.17%、持平、上升6.02%和下降5.66%。其中生产经营性交通事故死亡121人（含自治区公安厅直管的高速公路交警支队辖区11人），发生一次死亡3人（含）以上的较大交通事故4起，死亡19人，较上年分别持平和上升26.67%。全年未发生一起死亡10人（含）以上的重大交通事故。

2. 查处交通违法方面

2014年，南宁市共查处各类交通违法行为147.4万起，扣留车辆7.9万辆，行政拘留91人，其中行人和非机动车交通违法54.6万起，违法乱停放车辆32.2万起，拖移车辆2.2万辆，超速行驶57万起、无证驾驶1.3万起、饮酒驾驶337起、醉酒驾驶107起，其他22556起。

3. 车辆和驾驶人管理方面

2014年，全市机动车保有量为165.2万辆（其中，汽车89万辆，摩托车75.7万辆，其他0.5万辆），持证机动车驾驶人162万人；城区登记在册的电动自行车总量为127万辆。全年共办理机动车注册登记18.9万辆、机动车年检56.7万辆；核发初次申领的机动车驾驶证20.3万本，增驾驾驶证3.5万本，换发驾驶证14.8万本，开展科目一考试25万人（次）、科目二考试44万人（次）、科目三实际道路考试32万人（次），科目三安全文明驾驶考试20万人（次）。

4. 办理交通刑事案件方面

2014年共办理交通类刑事案件302起（不含六县）。其中，道路交通肇事案件133起，危险驾驶案167起；刑拘犯罪嫌疑人120人，逮捕109人，起诉159人。此外，全市（含六县）共发生交通肇事逃逸案件71起，侦破69起，侦破率为97.2%，其中死亡逃逸案件21起，侦破20起，侦破率为95.2%。

## （二）道路交通管理主要工作措施

### 1. 多渠道多手段保障道路畅通

南宁市为解决交通拥堵问题，通过多种渠道，多种手段，为道路交通进行保驾护航。除了依靠公安交通执法队伍进行交通秩序整治、实施“单行”“限行”“小手术”改造路口等规划调整外，更多的是借助法治的力量，指导实施交通疏导。一是在持续开展的道路交通秩序大整治中，充分利用法律手段打击交通违法行为。对严重影响南宁交通秩序的交通违法行为，公安机关交通管理部门除依法按上限处罚外，还加大了教育力度，先后在市区友爱秀厢、东葛园湖等20余个主要路口设置了电动自行车安全学习点，对交通违法当事人进行交规学习或者协助交警站路口执勤，平均每天参加交规学习的电动自行车违法者超过3000人（次）。从2014年7月份起，全市每天拖移违法停放车辆300辆（次）以上，提高了交通违法者的违法成本，形成了强大的震慑力。二是依法制定管理政策。通过法定程序，出台了一批交通秩序管理的规范性文件，从全局的角度实施交通管理的调整。例如出台《关于加强南宁市城市道路交通管理的通告》，进一步扩大了南宁市客货运车辆的限行区域、时段，有效减轻了快速环路和中心城区交通压力。三是全面推行轻微财损交通事故快处快赔工作。从2014年7月1日起，凡是不涉及人伤的财损道路交通事故，对车辆定损金额不设上限，交警部门在法律程序的框架内，直接指引当事人前往事故快速处理网点进行处理。同时，交警部门通过值班电话、官方微信平台等渠道对事故当事人的自行协商处理进行引导，极大地提高了轻微事故处理效率。2014年南宁市区快速理赔点共受理交通事故2.9万起，定损金额2109万元。四是加强和改进机动车检验工作，强力推进车检改革18项措施。在法律许可的范围内，南宁市公安机关交通管理部门按期完成了与检验机构、驾校脱钩清退，开通汽车异地互检业务，对非营运轿车等车辆实施6年内免于检测，并建立机动车检测站分级管理制度，加强对检验工作的监管，以规范检验行为。五是加强车辆和驾驶人管理。在机动车驾驶人考试业务上，市车管所按照国家新标准改建了南宁市宾阳桂安机动车驾驶人科目三实际道路电子智能考场，扩建了三塘机动车驾驶人考试基地的小车和大车考场，极大地提升了为机动车驾驶人考试的服务能力和水平；在汽车尾气排放治理方面，交警支队配合环保部门共淘汰报废黄标车及老旧车2.3万辆；电动自行车源头管理方面，从2014年8月份起，对新注册登记的电动自行车，组织车主参加基础交规学习；校车使用许可方面，严把校车使用许可审查和校车驾驶资格审批关，全年共办理校车使用许可审核52辆，校车驾驶人资格审查88人，办理校车注册登记56辆，发放校车标牌51块。

### 2. 加大交通法制宣传和教育引导

一是开展主题宣传教育活动。在组织实施“文明交通行动计划”和文明有序提升工程中，南宁市公安机关交通管理部门联合团市委、市文明办、交通运输局、教育局等部门，组织开展了“交通安全新课堂”、文明交通进校园进驾校、“122全国交通安全日”、“尊重行人，礼让斑马线”、万名党员和青年志愿者文明劝导交通、准驾人员体验教学等一系列的主题宣传教育活动，极大地增强了广大市民的文明交通意识。二是加大媒体宣传力度。公安机关交通管理部门与南宁电视台开办了“文明·交通大看台”栏目，参加《向人民承诺——电视问政》直播节目，在《南宁日报》和《南宁晚报》开辟了“美丽南宁·整洁畅通有序大行动”交通整治专栏，并邀请中央、自治区和市属新闻媒体记者对交管工作进行集中采访报道，营造了浓厚的宣传氛围和有利的舆论环境。三是加强交通信息提示服务。通过交通广播、微博、微信、互联网、交通诱导屏等多种形式发布交通法律法规、交通管控措施、交通流量、交通拥堵、交通路况、道路施工等提示信息，既进行了交通法制宣传，也为群众提供出行服务。据统计，公安机关交通管理部门的官方微博“南宁交警”“南宁路况”“南宁车管”等公众服务平台全年共发布交管信息4万余条，“粉丝”突破20万人，其中，“南宁路况”荣获了新浪网2014年度广西政务微博“最佳实用奖”。

### 3. 加强执法队伍正规化和执法规范化建设

一是建立了执法队伍内部三级管理制度。结合“纪律作风建设年”活动，公安机关交通管理部门在内部建立了大队长、教导员管中队长与指导员，中队长、指导员管民警，民警管协警的三级队伍管理制度，层层签订廉政建设责任状和遵纪守法承诺书。同时坚持以基层窗口单位和一线执勤执法岗位为重点，深化纪律作风大整顿，坚决纠正吃拿卡要、庸懒散慢、冷硬横推等不良风气以及乱收乱扣乱罚等侵害群众利益的行为。二是全力开展创先争优活动。2014 年，南宁市车管所被公安部评为全国一等车管所，车驾管服务水平跻身全国先进行列。此外，交管部门还与媒体合作，由广大市民评选出了首府“十大最美交警”，因冒雨坚守在脱落的下水井盖旁而被网友亲切称为“航标哥”的二大队大队长苏文欢等一批优秀交通民警代表光荣当选，展示了交警执法队伍的良好形象。三是加强执法教育培训。市交警支队年内先后组织举办了科所队长培训班，交通秩序管理、事故处理、车驾管等业务技能培训班，交警执勤执法安全防护培训、武器警械使用规范培训班等各类培训活动，并分期分批完成了对交通协管员的“大轮训”，全面提升了交通民警和协警的综合素质。四是加强执法监督体系建设。通过开展规范使用办案区“四个一律”专项检查及执法检查“回头看”活动，交管部门在 5 个城区交警大队建立了执法办案中心，并完成了新型“警务通”和执法记录仪的采购配备，提高了基层民警的规范执法水平。此外，严格执法过错责任追究制和内部监督问责办法，截至目前共有 22 人因执法过错或工作失职被追责。五是加强信访工作。深入开展信访积案排查治理，推进社会矛盾化解，提高交警执法公信力。年内，共接到中央巡视组交办的信访案件 22 起，全部按时办结，群众满意率达 100%。六是完善配套交通管理政策法规。制定发布了《关于加强南宁市城市道路交通管理的通告》，并积极配合立法机关出台《南宁市道路交通安全条例》。同时，由南宁市委、市政府牵头，将无证驾驶机动车、车辆违法停放、酒后驾驶等 16 种交通违法行为纳入城市治理重点领域，通过南宁市失信惩戒制度予以惩戒，增强了对交通违法行为的震慑作用。

## 二　南宁市交通法治建设存在的问题和不足

2014 年南宁市公安交通法治各项工作进展顺利，取得了一定的成效，但是也存在一些问题和不足，同时面临新的形势和挑战，主要表现在以下方面。

### （一）警力不足影响队伍执法质量

随着南宁市建成区的不断延伸，道路里长、车辆及驾驶人数量逐年增加，交通管理压力日益增大。但作为道路交通管理的主要力量，公安交警队伍的警力却一直无法得到增强。执法工作量与警力的不对等，严重制约了执法质量的提升。与此同时，作为辅助力量的协警，其法律地位依然没有得到进一步的落实，协警职责范围含糊，也导致这一有力的交通管理辅助力量无法发挥应有的作用。

### （二）交通违法成本偏低

作为发展迅速的自治区首府南宁，交通违法乱象屡禁不止的一个重要原因，在于违法成本过低。机动车违法大多集中在100至200元的罚款上，非机动车的违法更是在50元罚款以下，除财产罚外，资格罚、人身罚在交通违法中比例过小，这些都是交通违法者被处罚后没有得到有效震慑而二次违法的原因。此外，虽然人们已意识到交通问题不仅仅是交警管理的问题，更是与全社会每个部门、每个机构、每个团体，乃至每个人息息相关的问题，但对违法人的惩戒只能限制在有限的交警部门处罚之中，而未能提升到社会共管、社会共惩的高度，这也是交通违法成本偏低的体现。

### （三）依法管理意识尚未到位

交通执法所面临的是一个社会性的交通管理问题，其中涉及的方方面面矛盾错综复杂，既有历史遗留的各类问题，也有不同群体的交通利益需求之争。要妥善解决，就只有真正依靠依法管理这个法宝。但在执法中，往往出现管理者急功近利，治标不治本的现象。例如，为解决违法停车现象严重的问题，个别基层地方既不从增强执法力量入手，也不从改进停车服务出发，而是盲目将道路全部划上停车泊位，貌似所有停放的车辆都进入了停车泊位，但实际上却加大了交通通行压力，增加了交通安全隐患。

### （四）部分法律规定滞后与社会现状脱节等问题突出

随着交通形势的发展，新的交通问题不断涌现，但已有的交通法律法规却无法解决现实中的新问题。首先突出的问题是电动自行车纳入登记管理后，相伴出台的管理制度却只是粗线条地对注册登记的条件、流程进行规定，而日常的使用监管，以及许可变更、延续、注销等内容却几乎没有，使得这项市民热盼，千呼万唤始出来的许可制度残缺不全，这也导致了南宁市电动自行车数量有增无减，电动自行车交通违法及事故层出不穷。此外，随着交通违法记分的提高，非法买卖、借用、盗用驾驶证分值的市场需求急剧上升，这方面的法律规定却近乎空白，为非法中介、买卖人留下了管理空间和法律的漏洞。与之类似，辅助交通警察工作的协警，一旦出现职务类犯罪行为，也同样因法律地位不明，给司法部门在对其定罪中带来困扰。

### （五）少数执法人员法治观念淡薄，执法犯法

2014 年，南宁市的公安交通执法队伍有十余名民警因犯罪而被追究刑事责任，或因违纪被追究行政责任，这其中，他们所犯罪行，全部属于职务犯罪。这说明，执法队伍中权力寻租问题不容忽视，须警钟长鸣，少数罔顾法律的害群之马依然心存侥幸，执法犯法。

## 三　南宁市交通法治建设的对策建议

综上所述，解决当前交通法治问题，建议应从下列途径进行。

### （一）从体制上进行改革，解决警力问题

中央已审议通过了《关于全面深化公安改革若干重大问题的框架意见》及相关改革方案，其中，就包括公安行政管理改革。在全面调查摸底的基础上，对交管的各个部门职责分工进行重新整合与划分，一方面应彻底摈弃非法定职责，明确依法行政就是行政部门只能从事法定职责范围内的工作，既

要杜绝法外施法，也要减轻部门法定工作之外的压力，使警力得到解放。另一方面，在财政保障方面进行调整，形成中央财政与地方财政相结合的互补模式，以管理的工作量作为编制人数的标准，用实事求是的精神进行编制确认。

## （二）提高交通违法成本

从南宁市2014年的交通执法经验看，交通违法处罚的力度固然需要提高，但单纯的以罚代管并不能解决问题。从实践看，交通安全教育及诚信制度，对交通秩序的影响，有着越来越大的作用。从英国、美国等发达国家的先进经验看，仅靠法律的惩治手段有较大的局限性。因为交通违法在未造成事故等严重后果时，惩治过重会违反过罚相当原则，惩治过轻则难以收到震慑与预防效果。因此，在严格依照法定较轻的惩罚手段的同时，通过诚信制度，借用社会的力量，对包括交通违法在内的违反社会秩序的行为，进行社会性的孤立与排斥，其效果比单纯的法律惩罚明显要好。至于安全教育制度，本就应成为公民的终身教育，通过不断的学习与培训，提高、增强公民的交通安全意识，但目前的教育模式，仅在许可前和部分违法后存在强制教育，教育变成了惩罚，这就使得教育的目的很难实现。通过法律的途径，完善及规范交通安全教育及诚信制度，是保障交通参与者自觉遵守交通安全法律的有力护盾，这也是下一步公安机关交通管理部门乃至政府、社会亟须实施的工作。

## （三）将依法治国、依法行政落到实处

作为交通管理的决策部门，关键还是真正依法决策。交通管理有微观，也有宏观，诸如限制车辆注册登记、通行、增加驾驶人或车辆许可条件等行为，都是与群众切身利益息息相关的。一方面，交通管理政策会使群众的部分利益得到保障，部分利益受到损害，而在没有法律依据的情况下，这样的损害就不是奉献而是侵犯，政策必然失去其正义性；另一方面，程序是实体正确的唯一保障，即使制定的管理政策具有法律依据，如不按法律程序实

施，也同样无法保证制定出的政策是正确的。因此，无论出台任何管理政策，制定任何管理方案，都应当通过法定程序去完成，在法律程序中听取人民的意见，接受上级政府和群众的监督，确保决策不偏离法律的轨道，不触犯群众的利益。

### （四）探索交通安全法律改革

从交通安全法律长达十年的实施经验看，大一统的交通安全法虽然发挥出了巨大的作用，但内容滞后等问题却无法避免。对交通安全法律，应当进行深入分析研究，尝试新的立法途径。例如，可以探讨将交通安全法进行拆分，把大一统的交通法律，改为若干短小的交通法律，一部小法规范一个领域，如道路通行法、交通事故处理法、机动车登记许可法、交通违法处罚法等，众多的小法可以组成全面、系统的交通安全法系，短小精悍的独立性又便于针对不同的交通问题进行独立修改而不至影响全局。此外，现行的道路交通安全法中有大量原则性条款，其制定原因是我国地域宽广，各地经济、交通环境差异较大，因此不作过于具体的规定。但这些原则性条款却没有给予地方立法部门更多的立法空间，导致了地方立法部门在立法上的局限性。如应当注册登记的非机动车的管理，上位法仅简单地赋予了地方立法部门制定登记制度，后续的管理制度却未进一步授权，而后续的管理制度又涉及强制措施、行政许可等事项，致使地方难以立法，如电动自行车等应当注册登记的非机动车在建立了登记制度后陷入后续乏力的局面。因此，赋予地方立法机关更大的立法空间，也是补充完善交通安全法律的一个有效手段。

### （五）强化执法监督

针对执法队伍中出现的腐败问题，单凭对执法人员的廉政教育是远远不够的。执法人员进行权力寻租，其行为的实施归根结底是对执法案件的违法办理，因此，加强对执法案件的监督就成为关键的着眼点。一方面，应当加强法制部门的监督力量，既要配备更多高水平和有能力的法治人才，还要提高法治部门的监督权力，保障监督能够有效进行；另一方面，针对交通管理案件数量巨大的特点，应强化和改进案件办理计算机化，通过科技进行把关，提高监管率与准确率，进而对执法人员产生“不能要”的效果。此外，通过科学、合理的奖惩制度，提高民警待遇，重惩执法过错，最终实现执法人员的“不想要”和“不敢要”。

# B.6
# 2014年南宁市卫生计生综合监督执法分析报告

韩 伟　张德艳　蒋 莉*

摘　要：报告分析了南宁市设立卫生和计划生育委员会后2014年的行政执法工作取得的成效，指出仍存在卫生计生机构合并产生的新问题及卫生监督机构人员不足，执法机构在队伍建设、经费保障、装备配备等方面需要进一步加强等问题，从机构调整、人员整合、创新管理机制、规范行政执法等方面给出了完善的建议。

关键词：卫生计生　综合监督　行政执法

2014年7月，根据南宁市委、市政府《关于印发南宁市人民政府职能转变和机构改革的实施意见及南宁市人民政府机构设置的通知》要求，设立南宁市卫生和计划生育委员会，为市人民政府工作部门。卫生、计生部门的合并，实现了优势资源互补，提高了卫生和计生公共管理服务能力，满足了群众不断增长的医疗、公共卫生和计划生育等的服务需求。在行政执法方面，根据《国家卫生计生委关于切实加强综合监督执法工作的指导意见》，南宁市稳步推进整合卫生计生综合监督执法资源，优化结构，全面落实医疗卫生和计划生育的综合监督工作，为深化医药卫生

* 韩伟，南宁市卫生和计划生育委员会副主任；张德艳，南宁市卫生和计划生育委员会综合监督科副主任科员；蒋莉，南宁市卫生监督所案件审查科科长。

体制改革、落实计划生育基本国策和维护人民群众健康权益提供有力保障。

## 一　2014年南宁市卫生计生监督执法工作基本情况

### （一）机构设置基本情况

2014年9月11日，南宁市人民政府办公厅印发《南宁市卫生和计划生育委员会主要职责内设机构和人员编制规定》，明确了南宁市卫生和计划生育委员会的主要职责和内设机构，组建后的南宁市卫生计生委大体保留原业务相对独立科室，对存在职能交叉、职能相同的部门进行调整，设办公室、财务科、法制科、体制改革科、综合监督科、行政审批办公室等26个内设机构，人员编制81名。主要承担公共卫生、医疗卫生，职责范围内职业卫生、放射卫生、环境卫生、学校卫生，以及计划生育等的管理工作。组织开展公共场所、饮用水安全、传染病防治、出生人口性别比综合治理工作的监督检查，整顿和规范医疗服务市场，组织查处重大卫生和计生违法案件。

卫生监督机构是卫生行政部门依照法律、法规和规章行使卫生计生监督职责的执行机构，目前南宁市卫生监督机构16个，市级卫生监督机构1个，县级卫生监督机构6个，城区卫生监督机构6个，开发区卫生监督机构3个。目前，全市12个县区，以及三个开发区均顺利完成卫生计生整合组建工作。县级（包含城区、开发区）卫生监督机构人员编制共160人，在岗在编人员分别为126人和121人（见下表）。

### （二）卫生计生法律法规情况

机构改革后的南宁市卫生和计划生育委员会承担《执业医师法》《人口和计划生育法》等10部法律、《医疗机构管理条例》《计划生育技术服务管理条例》等39部行政法规、《生活饮用水卫生监督管理办法》《计划生育技

**南宁市基层卫生监督所人员情况一览表**

| 序号 | 项目<br>城区 | 人员情况 | | | | | | | | | | | | | | | |
|---|---|---|---|---|---|---|---|---|---|---|---|---|---|---|---|---|---|
| | | 人员编制 | 在编人员 | 实际在岗人员 | 执法证件持有情况 | 人员结构 | | | | | | | | | |
| | | | | | | 年龄 | | | | 学历 | | | | 性别 | |
| | | | | | | 20~29 | 30~39 | 40~49 | 50以上 | 高中 | 专科 | 本科 | 研究生 | 男 | 女 |
| 1 | 青秀区 | 7 | 7 | 7 | 23 | 0 | 2 | 1 | 4 | 1 | 3 | 3 | 0 | 5 | 2 |
| 2 | 兴宁区 | 6 | 6 | 5 | 3 | 0 | 2 | 2 | 2 | 0 | 1 | 5 | 0 | 4 | 2 |
| 3 | 西乡塘区 | 9 | 9 | 6 | 8 | 0 | 3 | 5 | 1 | 1 | 3 | 4 | 0 | 7 | 2 |
| 4 | 江南区 | 7 | 7 | 7 | 7 | 0 | 2 | 2 | 2 | 1 | 3 | 3 | 0 | 3 | 4 |
| 5 | 良庆区 | 5 | 3 | 3 | 2 | 0 | 0 | 1 | 2 | 1 | 1 | 1 | 0 | 2 | 1 |
| 6 | 邕宁区 | 7 | 7 | 6 | 6 | 0 | 5 | 0 | 1 | 0 | 6 | 4 | 0 | 3 | 3 |
| 7 | 武鸣县 | 22 | 15 | 15 | 12 | 0 | 2 | 7 | 6 | 2 | 6 | 7 | 0 | 9 | 6 |
| 8 | 隆安县 | 13 | 12 | 12 | 12 | 2 | 2 | 4 | 4 | 0 | 5 | 6 | 1 | 8 | 4 |
| 9 | 马山县 | 11 | 10 | 10 | 10 | 2 | 0 | 7 | 1 | 1 | 5 | 4 | 0 | 8 | 2 |
| 10 | 宾阳县 | 22 | 14 | 14 | 13 | 0 | 4 | 5 | 5 | 0 | 5 | 9 | 0 | 9 | 5 |
| 11 | 横　县 | 17 | 13 | 13 | 13 | 4 | 4 | 5 | 0 | 1 | 8 | 4 | 0 | 5 | 8 |
| 12 | 上林县 | 17 | 12 | 12 | 11 | 0 | 4 | 3 | 5 | 1 | 6 | 4 | 0 | 6 | 6 |
| 13 | 高新区 | 9 | 7 | 7 | 5 | 1 | 5 | 1 | 0 | 0 | 0 | 6 | 1 | 4 | 3 |
| 14 | 经开区 | 2 | 2 | 2 | 2 | 0 | 0 | 1 | 1 | 0 | 0 | 2 | 0 | 2 | 0 |
| 15 | 东盟经济开发区 | 6 | 2 | 2 | 1 | 0 | 1 | 1 | 0 | 0 | 0 | 2 | 0 | 0 | 2 |

术服务机构执业管理办法》等137部部门规章所规定的行政职责以及监督执法职责。此外，还有《广西艾滋病防治条例》、《广西人口和计划生育条例》等6部地方性法规，以及《南宁市公共用品清洗消毒服务管理办法》、《南宁市控制吸烟规定》等5部地方政府规章所规定的行政职责以及监督执法职责。南宁市卫生计生委作为南宁市卫生计生法律法规的执行主体，坚持依法行政的理念，履行法定义务，加强卫生计生相关领域监督检查，强化事前、事中及事后的日常监督，加大对违法行为的查处力度。

### （三）进一步完善行政决策机制情况

2014 年，南宁市卫生计生监管部门按照《广西壮族自治区重大行政决策程序规定》，进一步明确纳入卫生计生重大行政决策的重大事项范围，所有重大决策严格按照决策调研、咨询论证、公众参与、合法性审查、集体讨论决定等程序进行，严格执行重大决策程序规定，对重大行政处罚，召开听证会，听取当事人陈述申辩，对违法事实认定、法律适用等进行仔细研究。其中，对《南宁区域卫生规划》《南宁市医疗机构设置规划》《南宁市救护车管理办法》等重大事项进行决策时，共征求意见或召开座谈会 20 余次，并进行了充分调研和论证，广泛征求意见，保障了南宁市卫生计生重大决策的合法性，提高了公众参与度。

### （四）监督执法情况及工作成效

#### 1. 日常监管扎实开展，重点领域专项整治，全面提升综合监督执法工作效能

（1）强化医疗卫生日常监管，全面履行监督职能

一是加大对医疗机构、医疗美容机构、计生服务机构的监督检查力度。加大对非法行医、非法采供血和非医学需要胎儿性别鉴定及终止妊娠手术等违法行为的查处力度。2014 年南宁市对全市 5030 家医疗机构进行重点监督检查，共检查 14815 家次，保障了医疗卫生的良好秩序。

二是开展医疗卫生专项检查，提高医疗行业自律意识。针对医疗卫生重点领域，开展了医疗机构母婴保健技术执业专项整治、医疗美容机构专项整治等专项检查行动，严格规范医疗机构执业行为，及时查处医疗违法行为，提高行业自律。同时以城中村、城乡结合部为重点区域实行巡回检查和实施联合打击非法行医、非法进行胎儿性别鉴定和选择性别的终止妊娠手术的专项行动。专项整治的开展有效地整顿了医疗服务市场，对违法违规行为形成一定的震慑作用。分别组织开展对辖区内的 4 家单采血浆站进行监督检查。共抽查核实各单采血浆站前来排卡供浆及正在供血浆的供血浆员共 267 名的

个人信息，随机抽查40名供血浆员档案并入户调查核对。对血浆站冷库或包装间共109份原料血浆进行抽查，每份原料血浆的重量均不超过600克。对个别单采血浆站重要岗位人员培训和管理不符合要求、医疗废物处置不够规范等问题，下达《卫生监督意见书》要求整改规范。根据《中华人民共和国献血法》、《医疗机构临床用血管理办法》及《临床输血技术规范》等法律法规，开展对医疗机构临床输血质量检查，共检查医疗机构75家次，主要对临床用血管理、血液储存和发放、用血科室、紧急用血等方面进行专项检查，督促指导辖区内各医疗机构加强血液管理，及时发现血液安全隐患，加强临床安全输血质量管理。开展医疗广告监测和医疗广告整治，净化医疗广告。针对医疗广告发布存在的突出问题，创新监管模式，实行医疗广告自查报备制度，要求医疗机构定期将本机构发布医疗广告情况报监督部门存档备查，逐步强化医疗机构对医疗广告自主管理意识。同时采取巡回监测与监督执法相结合方式，严肃查处医疗机构违规发布医疗广告的行为，共监测各类平面媒体（报纸、彩页、杂志、小广告）发布医疗广告897条次。加大医疗广告整治力度，2014年以来，共查处违法发布医疗广告案件19起。实行医疗广告违法约谈制度，增强医疗机构负责人的法律意识和守法执业意识，违法发布的医疗广告明显减少。

（2）加强公共场所监管，保证公共场所卫生安全

一是加强对管辖公共场所的巡查，2014年共对全市4538家公共场所（住宿业1707家、沐浴场所38家、游泳场所87家、美容美发2620家、商场58家、影剧院4家、饭馆24家）开展监督检查，重点对各单位卫生制度落实情况进行检查，4161家单位能够按照要求设立卫生管理部门或配备专（兼）职卫生管理人员、建立完整的卫生管理档案、设置醒目的禁止吸烟警语和标识，并按规定定期对空气、微小气候、水质、采光、照明、噪声、顾客用品用具进行卫生检测。对不符合要求的377家单位下达《卫生监督意见书》责令其限期整改。同时开展游泳场所水质、顾客用品用具消毒效果、室内空气质量和集中空调通风系统监测。二是加强对公共场所艾滋病防控的督导检查，在对公共场所的日常检查中，继续加强推行“两证一套”（健康

证、培训证、安全套)。举办了公共场所艾滋病防控暨卫生管理培训会，逾1300名公共场所负责人参加了培训。使公共场所负责人和从业人员艾滋病防控意识不断增强，防控措施不断完善，安全套摆放率不断提高，遏制公共场所艾滋病传播初见成效。

（3）关注社会热点，全面加强饮用水卫生监督

2014年对监管的38家城市、120家农村日设计供水量百吨以上水厂和188家居民住宅区二次供水单位进行了卫生监督检查。重点检查各类供水单位的卫生许可证、供管水人员健康证明和卫生知识培训证明；水源取水点的卫生防护状况；水污染事件应急处置预案的制定和措施的落实情况；用于饮用水净化消毒产品的卫生许可批件等情况。对38家城市水厂出厂水、管网末梢水现场快速检测消毒剂余量，达标率94.73%；对19家住宿场所二次供水水质抽样检测，达标率100%。

（4）采取多项措施，加强职业卫生和放射卫生监管

一是加强日常监督，督促机构履职。检查市本级开展放射诊疗活动医疗卫生机构216家，放射工作人员688人，检查放射诊疗设备62台均能按规定开展性能检测和放射工作场所防护检测，放射工作人员和受检者个人防护用品配备率达100%，完成了建设项目职业病危害放射防护竣工验收7项。二是开展职业病报告核查工作，开展对市本级辖区存在职业病危害因素的27家医疗卫生机构和15家企业开展职业病报告核查工作。核查接触职业病危害因素人员2704名，已进行职业健康检查2682名；检出职业禁忌证者57名、职业病疑似病人22名。三是开展职业病防治法宣传周活动，活动周期间全市共发放各类宣传资料29913份，指导用人单位制作宣传板报113板和横幅250多条。接受各类咨询9295人次，开展职业健康义诊检查9次，接受职业健康检查人数达835人。

（5）加强学校卫生监管，保障师生健康安全

一是对全市487所中小学校开展教学环境卫生重点监督检查。经检查，学校教室课桌椅指标、采光建设指标、灯管垂直黑板等指标的合格率均达到98%以上；控照式灯具合格率达到86.4%；每间教室课桌椅合格率72.5%。

进一步规范了学校教室标准，改善了师生教学环境。二是对115所使用自备集中式供水学校进行监督检查，其中106所水源卫生防护合格，合格率92.2%；三是对39所二次供水学校进行检查，各学校均能重视饮用水卫生管理，学校周围无污染源，学校能定期对用水设备进行清洗消毒。针对重点检查中存在的问题，均已下达《卫生监督意见书》督促学校整改落实。

（6）强化管理，加大消毒卫生监管力度

一是加强餐具、公共用品集中消毒服务机构的监督，每半年监督覆盖率达100%；对消毒剂、卫生用品、抗抑菌剂等消毒产品企业监督检查96家次、覆盖率100%；对消毒产品经营使用单位监督检查108家次，覆盖率达200%。二是开展监督抽检工作，重点对市辖区20家单位消毒餐饮具抽检，抽检样品400份，经检测合格400份，合格率100%；对于集中清洗消毒公共用品：重点对市辖区24家公共用品清洗消毒服务机构的公共用品抽检，抽检样品240份，合格200份，合格率83.3%。对监督抽检结果不符合国家卫生标准和要求的单位均进行立案处罚，同时向有关部门通报监督抽检结果，确保提供顾客使用的餐具、公共用品符合卫生要求。

（7）全面深入开展传染病卫生监督专项检查

一是加强传染病疫情报告和疫情控制专项检查。对驻市医疗机构（含自治区直属医疗机构及驻市部队医疗机构）的传染病报告管理制度、流程及有关记录进行全面的检查，通过检查发现，一级以上医院疫情报告基本规范，有专（兼）职疫情报告人员，传染病报告卡填写项目也基本齐全。但个体诊所、门诊部仍存在门诊日志登记项目登记不全的现象。二是医院感染管理专项执法检查。结合手足口病、麻疹和登革热疫情特点，共检查市辖区范围内的医疗卫生单位240家次。对医院感染管理不符合要求的23家机构在卫生系统内进行了通报。进一步督促各医疗机构执行院感控制制度，科学确定预检诊疗流程，加强医务和工勤人员防护，强化消毒措施有效落实。三是医疗废物处置等专项监督执法检查。共检查包括一级以上医院、医疗废物集中处置单位、采供血机构和市、县（区）两级疾病预防控制中心510家次，经检查，各级医疗卫生机构所产生的医疗废物都能集中进行无害化处置，未发生医疗废物流失、泄露和扩散。

2. 强化部门联动，加大卫生计生重案、要案查处力度

（1）加强部门联动，开展打击“两非”专项行动

加强部门间协作配合，建立工作联席会议机制，与公安、药监等部门开展集中整治“两非”联合执法行动，形成监管合力。建立信息互通机制，对重点区域、重点路段、重点单位实施联合打击。2014 年 4 ~ 10 月，南宁市卫生计生监管部门与市公安局联合开展“猎狐行动”，成功破获南宁市两个非法进行胎儿性别鉴定和终止妊娠手术犯罪团伙，捣毁 4 个地下窝点，现场查扣一批用于终止妊娠的药品、医疗器械和账册，当场抓获犯罪嫌疑人 12 人。司法机关依据《刑法》有关规定，以涉嫌非法进行节育手术罪追究韦秀英等犯罪嫌疑人的刑事责任。南宁市卫生和计划生育委员会依据《人口与计划生育法》等有关规定，取缔位于人民西路方洲丽景小区的 B 超检查点；吊销了周家勤诊所、南岭诊所《医疗机构执业许可证》；吊销了张湘桂、罗雪等人《医师执业证书》；吊销了黄燕华《护士执业证书》，累计罚没金额达 125 万元。本案涉案人员之多、违法金额之大，在全国也属罕见。打击两非“猎狐行动”的成功开展，有效打击了“两非”违法犯罪行为，震慑了“两非”违法犯罪分子，对保护妇女儿童健康权益、综合治理出生人口性别比偏高、维护社会和谐稳定、为人民群众创造良好的医疗秩序都具有重要意义。

（2）开展服务世锦赛、“两会一节”卫生监督保障活动

在“两会一节一赛”期间，面对埃博拉和登革热疫情防控的双重考验，通过制定联防联控机制和卫生安全保障工作机制，对各接待宾馆、医疗机构、病媒生物防控机构、活动场馆及周边环境开展高强度、全方位的卫生监督保障工作。赛会期间，检查接待酒店、生活饮用水单位等 1196 家次，监测样品 6562 份，对重点接待单位、重点场所和重点人群开展驻点监督及巡回监督，实行卫生监督员 24 小时值守，对 1200 多名来自 72 个国家的运动员、国际体联官员及媒体记者开展体温检测、健康宣教，把好埃博拉出血热和登革热疫情防控的第一关。

## 二　南宁市卫生计生综合监督执法工作存在的主要问题

经过多年的卫生体制改革，南宁市现已建立了较为完善的卫生执法体系，特别是在关系民生的医疗市场、母婴保健市场、公共场所卫生、消毒卫生等方面，起到很好的保障作用，促进了首府精神文明建设的发展，尤其是对市委、市政府开展的“美丽南宁·整洁畅通有序大行动”“两会一节一赛”等活动做出了不少的贡献。但行政执法工作中仍然存在一些问题。

一是卫生计生机构合并，综合监督执法面临新的执法监管领域，仍需在具体的工作中不断理顺、完善、融合，以适应机构改革后的新形势、新挑战。卫生计生合并之后，监督执法工作增加了计划生育监督执法工作，关于计划生育监督执法范畴，以及相关法律法规解读与法律适用问题，对于各级卫生执法人员都是新的挑战，都需要不断地去学习和探索。

二是卫生监督机构人员不足，特别是县、区、开发区，基层卫生监督队伍人员编制不足现象尤为突出，核定编制数少、人员老龄化、活力不足、素质受限等因素，导致其监督能力不足。虽然有卫生监督协管服务的方式作为补充，由于监督协管员的兼职性质、监督业务素质不高，基层待遇低，难以留住有专业知识、素质高的人员，流动性大，监督协管力量依旧相对薄弱。

三是执法机构在队伍建设、经费保障、装备配备等方面需要进一步加强。各县、区基层监督队伍建设、经费保障、装备配置力度参差不齐，行政执法人员的行政执法能力和水平仍有待进一步提高。随着广西扩权强县工作的推进，行政职责逐渐向基层倾斜。而基层监督执法机构人员相对不足，人员老龄化等问题也较为突出。部分基层监督机构工作经费无法保障，装备以及执法车辆等的配备不足，且装备老化不能得到及时补充或更新，严重影响了基层监督执法工作的开展。

## 三 加强南宁市卫生计生综合监督执法工作的对策建议

“天下之事，不难于立法，而难于法之必行”，法律的生命力在于执行，法律的权威在于实施。卫生计生综合监督执法机构应当更好地承担起法律赋予的监管职责，严厉打击违法违规行为，维护良好的医疗卫生服务环境，保护广大人民群众的健康权益。

第一，积极克服机构调整、人员整合等因素影响，始终保持对卫生计生工作的高度责任感和使命感，不断加强学习和交流，主动适应职能调整带来的新任务、新要求。优化基层卫生监督执法力量，充分发挥卫生监督协管员的网底和前哨的作用，同时加大对监督协管发现问题的整治力度，提高卫生监督协管的有效作用，最大限度保障基层人民群众公共卫生安全。

第二，创新监督管理机制，提高行政执法效能。着力推动卫生计生监督管理工作机制、工作理念的突破。经过不断地简政放权，监管模式也发生了改变，应重点激发卫生单位、医疗机构潜力以及自觉性，在法律规定的范畴内，给行业发展以最大的自由空间。建立新的监管模式与工作制度，不断适应社会发展的新变化和人民群众的新要求。

第三，进一步规范行政执法行为，促进依法行政、文明执法，争创优质高效的卫生监督执法服务环境。同时，进一步完善行政执法程序和行政处罚自由裁量的具体标准，对行政执法环节、步骤进行具体规范，杜绝行政执法随意性。全面规范卫生监督执法程序，提升卫生监督执法人员素质，树立卫生监督员规范专业的职业形象。

第四，进一步加强卫生监督机构党风廉政和行风建设，构建和谐监督与被监督主体的关系。把反腐倡廉建设贯穿行政执法工作的全过程，经常性地进行反腐倡廉教育学习，抓好廉政警示教育工作，增强党员干部廉洁意识，提高拒腐防变能力，使卫生计生综合监督工作更加公开透明，更加经得起政府和群众的检验。

# B.7 2014年南宁市房产管理行政执法分析报告

李鸿兵　丰河珍*

摘　要：随着南宁市房地产行业的兴起，南宁市房产管理行政执法日益成为公众关注的焦点，因此，南宁市房产管理行政执法部门肩负着重要职责。本报告阐述了南宁市房产管理行政执法的主要情况，分析了南宁市房产管理行政执法过程中存在的问题，并在此基础上提出了进一步加强南宁市房产管理行政执法的对策。

关键词：房产管理　行政执法　依法行政

2014年，南宁市认真贯彻中央依法治国决策部署，以建设法治房产为目标，以加强房产管理行政执法队伍建设为主要抓手，以高度的政治责任感、务实的工作作风、有力的工作措施，全面推进南宁市房产管理行政执法工作，使行政执法能力不断提升，文明执法水平有了新的提高。

## 一　2014年南宁市房产管理行政执法主要情况

### （一）制度建设不断完善，行政执法行为得到规范

为保证和配合行政法律、法规、规章的全面施行，南宁市房产管理部门

* 李鸿兵，南宁市住房保障和房产管理局副调研员；丰河珍，南宁市住房保障和房产管理局工作人员。

把建立健全制度作为行政执法的最主要措施，相继出台了一系列规范性文件和保障性制度，建立健全了执法责任制和与行政执法工作相关的制度，增强了法律、法规、规章的操作性。如制定了《行政执法文明规范制度》《行政执法情况报告制度》《违法行政责任追究制度》《行政执法监督检查制度》等多项制度。全面规定了行政执法的具体要求、工作责任，制定了立案查处行政处罚案件的公示办法，建立了评议考核的监督体系，形成了以制度管人，用章程规范办案程序的管理机制，为推行执法责任制和全面推进行政执法提供了制度保证。

### （二）队伍建设不断加强，人员整体素质有所提高

为提高南宁市房产管理行政执法人员的整体水平，坚持把加强对行政执法人员的培训作为一项重要而长期的工作，定期开展房地产管理相关法律法规和业务知识的学习。通过定期或不定期的开展辅导、参加上级主管部门的集体轮训、业务考试等方式，使南宁市房产行政执法队伍在政治、法律、业务素质上有了进一步提高的同时，行政执法人员遵纪守法和严格、公正、文明执法的意识也得到了进一步增强。截至2014年，南宁市房产管理行政执法人员共有28人取得行政执法证，29人取得委托行政执法证，10人取得协助行政执法证，做到了执证上岗、亮证执法。

### （三）加强行政执法案卷评查工作，提高案卷质量

根据南宁市政府《关于开展南宁市2014年度行政执法案卷评查工作的通知》（南府办函〔2014〕229号）要求，南宁市房产管理局成立了行政执法案卷评查小组，对房产管理行政处罚、行政许可、非行政许可审批案卷进行了抽查，并对抽查过程中出现的问题，如有的行政处罚案卷的调查笔录执法人员未签名或只有一名执法人员签名；有的行政许可案卷履行了法定送达程序但无送达文书；有的非行政许可案卷无卷内目录，卷内材料未按要求编写页码等制定了整改措施。

## （四）积极开展部门联席会议工作，提升执行效率

为加强司法审判与行政执法之间的良性互动，有效提升南宁市房产管理行政执法强制执行案件的执行率，2014 年，南宁市房产管理局与市中级人民法院召开司法审判与行政执法联席会议。主要针对南宁市房产管理行政处罚强制执行案件的现状和难题等内容进行了广泛的交流，进一步提高了南宁市房产管理行政执法人员的行政执法水平，大力推进了南宁市房产管理行政处罚案件强制执行的进度。

## （五）积极配合部门联合执法工作，拓宽执法范围

根据市政府的有关工作部署，一是按照《南宁市人民政府关于印发建立制止和查处违法用地违法建设联动工作机制意见的通知》（南府发〔2014〕69 号）要求，南宁市房产管理部门与城市管理部门建立了违法用地违法建设联动工作制度，及时提供“两违”房产登记档案信息查询服务，并配合暂缓办理房屋登记手续，同时要求所有权人到房屋所在地城管部门接受处理；二是根据《关于开展 2014 年建设领域年中清欠检查工作的通知》（南建解协〔2014〕5 号）要求，成立房地产开发项目清欠大检查工作领导小组，开展房地产开发项目清欠专项检查，配合市清欠办做好建设领域拖欠工程款问题，协调解决房地产开发项目的清欠工作，加快工程款结算；三是结合南宁市“美丽南宁·整洁畅通有序大行动”居住区综合整治要求以及服务第四十五届世界体操锦标赛工作实际，对南宁三级（暂定三级）资质的物业服务企业进行了专项检查，同时加强对物业小区的日常检查、巡查等，进一步规范了房地产市场管理的经营行为。

## （六）行政执法成效显著，提高依法行政水平

### 1. 行政处罚职权行使情况

2014 年，南宁市房产管理部门日常检查房地产开发预售项目共 175 个，物业服务企业共 43 家，受理投诉案件共 24 件，做出行政处罚决定 12 件，

办结11件。其中，对住宅物业的建设单位不按规定选聘物业服务企业的违法行为受理投诉1件，立案处罚1件；对建设单位擅自处分属于业主的物业共用部位、共用设施设备的所有权或者使用权的违法行为受理投诉2件，立案处罚1件，办结1件；对单位或个人擅自改变物业管理区域内按照规划建设的公共建筑和共用设施用途的违法行为受理投诉3件，立案处罚1件，办结1件；对单位或个人擅自利用物业共用部位、共用设施设备进行经营的违法行为受理投诉6件，立案处罚3件，办结3件；对物业服务企业擅自许可或者默许他人利用共用部位进行广告宣传的违法行为受理投诉4件，立案处罚2件，办结2件；对外地物业服务企业进入本市承接物业未报备案的违法行为受理投诉2件，立案处罚1件，办结1件；对房地产经纪服务合同未由从事该业务的一名房地产经纪人或者两名房地产经纪人协理签名的违法行为受理投诉5件，立案处罚2件，办结2件；对房屋所有人、使用人或建设单位逾期未申请房屋安全鉴定的违法行为受理投诉1件，立案处罚1件，办结1件。

2. 行政许可职责行使情况

2014年，南宁市房产管理部门受理行政许可审批共452件，办结行政许可审批429件。其中商品房预售许可受理业务186件，办结163件；三级物业服务企业（暂定）资质申报业务受理36件，办结36件；受理三级物业资质申报36件，办结36件；房地产开发企业资质审批共受理194件，办结194件。

3. 非行政许可审批执行情况

2014年，除公共租赁住房资格审核、物业专项维修资金划转业主大会管理的使用资金备案、房地产开发项目性质和规划设计变更备案、自行完成开发项目前期工作完成情况备案、房地产开发项目转让合同备案以及房地产开发项目转让价格和商品房销售价格备案等6项无业务受理外，南宁市房产管理部门对其余23项非行政许可审批项目共受理490468件，共办结517639件。

## 二 南宁市房产管理行政执法工作存在的问题及原因分析

### （一）法治观念淡薄

一是执法人员的服务观念淡薄。由于受封建思想和官本位意识的影响，凡事按领导意见办的习惯和作风根深蒂固，一些执法人员的法治观念还比较淡薄，自觉不自觉地被动应付行政执法工作，还有一些执法工作人员认为“执法就是处罚”，服务意识不强，执法态度生硬，使得个人权力利益化。二是人民群众的法律观念淡薄。对涉及房地产市场管理相关法律法规方面的工作，虽然南宁市房产管理部门已经投入了大量的人力物力去做了大量的宣传，但是仍有不少市民不了解、不支持执法人员的工作，法制宣传现场只见执法人员不见群众的状况时有发生。

### （二）执法过程对证据的收集不够重视

虽然执法人员在依法履行行政执法职权的过程中，已经十分注重对实质问题的认定，把防止错案摆在最重要的位置，但在具体操作时，仍然显得不够认真，对“以事实为根据，以法律为准绳”的办案准则理解得不够透彻。主要表现在：一方面行政执法人员在办案过程中对证据的收集、整理、归纳显得不够认真，多数行政处罚案件只有当事人的供述，却不见当事人现场签字画押的现场勘验笔录；另一方面行政执法人员在收集证据时工作做得不够全面、细致，缺乏以理服人和让事实说话的意识。

### （三）行政处罚自由裁量权不够规范

南宁市房产管理《行政处罚自由裁量权执行标准细化表》自 2012 年 9 月 25 日实施以来，对规范其行使行政处罚裁量权发挥了较好的作用，但在实际操作过程中，仍存在制订不完善的地方。第一，未明确可以从轻或免除处罚的情形。实际操作中如行政相对人有主动改正违法行为，消除危害后果或配合调查处理等从轻或免除处罚的情况时，无衡量标准。第二，对违法情节的划分不够合理，且标准单一。如房地产经纪机构签订房地产经纪服务合同前，不向交易当事人说明和书面告知规定事项的，裁量标准的考量依据是合同的标的物金额。又如对物业企业的违规行为的情节，多以其物业服务区域大小来考量。此外，由于对物业服务企业、房地产开发企业违法行为进行处罚时所依据的法律层级不一样，例如对物业企业的处罚，设定处罚的是行政法规或地方性法规，违法时受到处罚的额度高、幅度大，违法成本高；而对房地产开发企业的处罚，设定处罚依据的多为部门规章，处罚额度低、幅度小、违法成本极低，违法获利却极大，这一处罚依据上的先天硬伤也是造成对物业服务企业和房地产开发企业违法行为进行行政处罚时难以公平行使裁量权的原因之一。

### （四）重处罚、轻教育

行政处罚的基本原则是以“教育为主、处罚为辅”，行政处罚的本质在于制止违法行为和防止违法行为的再度发生。但在南宁市房产管理行政执法过程中，一些行政执法人员过度的关注对当事人处以罚款数额的大小，却忽略了其行为可能造成的危害后果及如何采取有效措施去避免这个后果的发生。出现了只罚不纠、处罚单一，对违法行为不分情况一味给予罚款，即不会综合运用警告、限期改正等措施。

### （五）执法文书制作不够规范

从所查看的行政执法案卷来看，存在文书中预先设定的栏目填写不认真、不全面、不准确的问题：一是现场勘验笔录不详细，没有全面、客观反映违法现场的全貌；二是归档装订的案卷不合格，卷宗编号、卷皮制作、目录填写、文书排列、页码编序不规范等。

### （六）保障性住房行政执法法律依据缺乏

随着国家对保障性住房建设和管理的加强，陆续出台了保障不同层次住房困难家庭的文件，对违反规定的行为也做了相应规定，例如，《南宁市经济适用住房管理办法》第五十七条规定："对提供虚假情况，骗购经济适用住房的，取消其购房资格，五年内不得申请购买经济适用住房"，此规定对相对人来说处理较轻，对管理部门来说操作性不强，且由于文件不能设定行政处罚，因此行政执法缺乏足够的法律依据，监管力度大大削弱，使保障性住房违规行为难以得到有效遏制。

## 三　加强南宁市房产管理行政执法工作的对策建议

### （一）牢固树立法治观念

一是彻底摒弃传统的"官本位"观念，树立"民本位"的观念，既要按规定办事，又要履行法定职责，提高认识，切实保障行政执法工作的顺利开展。二是认真学习房产管理相关法律法规规章，并熟练运用到房产管理行政执法的实践中。三是加大媒体宣传力度，要让行政执法人员和广大公民、法人、其他组织都明白自己的权利义务。四是结合查处的行政处罚案件，以案示法，尤其是对当前行政执法领域暴露和存在的突出问题，如建设单位擅自处分属于业主的物业共用部位、共用设施设备的所有权或者使用权的问题，物业服务企业擅自许可或者默许他人利用共用部位进行广告宣传的问题以及行政执法人员在执法的过程中出现的执法程序不规范的问题等，可到发案单位和重点执法领域进行个案剖析，举行一次案发原因分析会，上一堂法治课，提一份建议。五是举办培训班、电视讲座、图片展、报告会等，对行政执法单位进行执法理念的教育，引导和规范行政执法行为。

### （二）提高行政执法效率

认真学习房地产管理相关行政法律、法规以及按照《广西壮族自治区行政执法程序》的规定，针对不同的违法情形在制作笔录或收集证据的过程中应该运用不同的执法手段，对每一个行政处罚案件在准确运用法律、法规的基础上，应严格按照规定对行政处罚案件各类证据进行收集，对已经收集完善的证据材料且认为依法应当给予处罚的，要充分听取当事人的陈述和申辩，说明应当处罚的依据和理由。杜绝野蛮执法、粗暴执法，努力树立文明执法形象。通过提高行政执法水平，严格执行执法程序，促进公正执法、文明执法。

### （三）建全执法裁量制度

为了进一步规范行使行政自由裁量权，结合南宁市房产管理工作实际以及《行政处罚法》《物业管理条例》《城市房地产开发经营管理条例》《商品房销售管理办法》等相关法律法规的规定，对南宁市房产管理部门内部执行的行政自由裁量标准做进一步的调整，重点调整的是房地产管理领域内的物业服务企业、房地产开发企业等处罚的事实情节、裁量标准，在适用处罚标准时，除根据实际情况修改了量化指标外，对较轻的处罚标准，还考虑了是否初次违法、是否及时纠正违法行为未造成危害后果、是否主动消除或者减轻危害后果、是否配合查处等情形；对较重的处罚标准，考虑了是否拒不整改、是否配合查处、是否多次违法等情形，使裁量权的行使更为合理及可操作。同时，根据新颁布实施的《公共租赁住房管理办法》增补有关内容；根据新修订的《广西壮族自治区物业管理条例》《南宁市房屋安全使用管理规定》修改了原有内容；因国家关于房地产经纪人资格管理制度的变化，删减《房地产经纪管理办法》的相关内容。

### （四）改变行政执法方式

本着全心全意为人民服务的宗旨，端正对人民群众的根本态度，坚决不视行政执法职权为特权、强权，不忽略法律法规本身的人本关怀。既然行政执法的手段是行政处罚与法律法规的宣传教育相结合，那么，就要求南宁市房产管理行政执法人员在日常执法过程中，要做到以情感人、以理服人、以法律人，做到行政处罚与法律法规的宣传教育相结合。虽然在实践中行政执法人员在加强对违法者的教育培训的同时，也在探索新的执法思路，包括违法前对广大市民的教育培训，调查处理违法行为的过程中执法人员的执法方式，以及作出行政处罚后对违法行政相对人的教育等，但是如何对南宁市房地产管理过程中出现的违法行为进行有效的宣传教育，是行政执法人员应该慎重思考的课题。

### （五）规范执法文书的制作

在日常管理中，严格按照《广西壮族自治区住房和城乡建设行政执法处罚文书制作规范》规定的标准制作行政处罚文书并经过严格审查，例如：除了自行组织开展的一年一度行政执法案卷评查之外，对于每一个行政处罚案件，从立案到下发处罚决定，其中涉及的每一份文书都要经过四个不同等级的审查，待逐级审查并全部通过之后才能作为证据材料保存或向行政相对人签发，确保了行政法律文书制作的规范性。进一步规范行政执法文书的制作，根据案卷评查的结果以及日常审批中发现的问题，有针对性地组织行政执法人员参加局内部举办的规范行政执法文书制作培训班。

### （六）增强立法工作力度

紧密结合国家、自治区和南宁市房地产发展形势，全面加强南宁市房产管理规范性文件的行政立法工作，科学制定年度立法计划，建立多元化立法起草工作体制，健全公布政府规章草案征求意见和公众意见采纳情况反馈机制以及政府立法后评价机制，对关系公众切身利益和公众关注度高的立法进行“跟问效”。完善与国家法律和法规相配套、与南宁市经济社会相适应、与地方特色相结合的政府立法，例如：结合南宁市住房保障的实际情况，进一步完善南宁市保障性住房建设和后续管理的配套政策，修改完善《南宁市廉租住房保障办法》《南宁市经济适用住房管理办法》等，通过建立完善的保障制度来加大南宁市对保障性住房的监管力度，以确保保障性住房违规行为得到必要的处罚，使得违法、违规行为得到有效遏制。

## （七）健全执法监督机制

根据《中共中央关于全面推进依法治国若干重大问题的决定》中关于“深入推进依法行政，加快建设法治政府”的精神，坚持推行严格公正文明执法，加强对南宁市房产管理行政权力制约和监督，建立健全行政执法监督机制。一是实行执法过程全记录制度；二是实行重大执法决定法制审核制度；三是实行行政执法公示制度；四是实行行政执法投诉举报制度；五是实行行政执法过错责任追究制度；六是实行行政执法监督员制度。确保行政权力公开透明运行，有效推进政府依法行政，加快推进建设法治政府的步伐。

## （八）规范行使行政权力

根据《南宁市人民政府办公厅关于印发南宁市推行政府部门权力清单制度实施方案的通知》要求，对现有行政权力事项进行全面梳理，逐项列出权力名称、行使主体和实施依据等，形成部门行政权力目录。在此基础上，按照推进简政放权、加快政府职能转变的要求，结合行政审批制度改革，对权力事项进行全面清理，形成权力清单；同时按照权责一致、法定职责必须为的要求，编制部门责任清单。经政府审定后，及时、准确、完整地向社会公开，接受监督。在房产管理过程中严格依据清单行使权力、履行职责，切实做到不越位、不缺位、不错位。

## （九）加强信用体系建设

一是重点将实施物业管理小区的物业服务企业失信行为纳入《南宁市城市管理领域失信联合惩戒办法》中，通过加强对物业服务企业的监管、约束，有效促使物业服务企业严格按照房产管理相关法律法规的规定提供服务；二是将在办理行政审批事项中，隐瞒真实情况，弄虚作假，例如开发企业在办理资质审批或预售许可时提供虚假材料、申请人在办理房屋登记或保障资格审核时隐瞒真实情况等行为，记入个人或单位的诚信档案。与此同时，抓紧建立和完善房地产从业主体（包括房地产开发企业、物业服务企业、房地产中介机构、房产测绘机构等）信用体系建设，制订信用评价标准，通过信用管理这一辅助手段，促进房地产行业自律，规范房地产从业主体经营行为，从而实现全面监管的目的。

B.8

# 2014年南宁市法治工商建设分析报告

李金建　吕敏　谢华波*

摘　要：法治工商建设是工商行政管理的一项根本性、全局性、系统性、长期性建设。本报告主要阐述了在面临职能转换背景下，2014年南宁市法治工商建设取得的成绩及做法的情况，分析查找南宁市法治工商建设工作面临的行政强制措施不足、信息化建设水平不高、行政执法各部门执法责任不明确等问题，给出了加强南宁市法治工商建设工作的对策措施。

关键词：法治工商建设　体制改革　对策建议

2014年，南宁市工商行政管理部门在面临职能转换、体制改革的背景下，以党的十八届三中、四中全会精神为指引，立足职能、优化服务、强化执法、勇于创新、注重实效，大力推进法治工商建设，全面助推地方经济发展。

## 一　南宁市法治工商建设取得的成绩及做法

### （一）加强基础建设，法治工商建设工作有序推进

#### 1. 组织领导到位

根据法治工商建设工作需要，南宁市工商局设立了由局长任组长的依法

* 李金健，南宁市工商行政管理局副局长；吕敏，南宁市工商行政管理局法制科科长；谢华波，南宁市工商行政管理局法制科科员。

行政（法治工商）工作领导小组，统领全局法治工商建设工作，多次召开依法行政（法治工商）专题工作会议，总结、部署法治工商建设工作任务，研究解决实际工作中出现的问题，切实促进各项工作顺利推进。结合实际，制定了《南宁市工商局关于加快推进法治工商建设的实施方案》，对法治工商建设工作作出了总体规划；同时，按年度细化法治工商建设工作任务，做到法治工商建设总体有规划，年度有计划，从而使法治工商建设工作得到稳步推进。

2. 强化法制业务培训

南宁市工商管理部门建立健全学法用法工作制度，先后制定了《南宁市工商行政管理局领导干部学法用法制度》《南宁市工商局党组中心组带机关干部理论学习计划》等工作制度，每周由相关业务科室、局领导进行专题授课，深入开展领导干部学法用法和理论学习，切实提高了全局领导干部法律业务能力和理论水平。扎实开展年度培训工作，除了抓好常规业务培训外，还以提高业务素质、岗位技能为重点，以培训专业化人才队伍为目标，开展一些特色专题培训，全方位多角度地提高广大执法人员法律素质。通过集中脱产培训、网络培训、在岗自学、业务研讨、案例交流讨论等多种教育培训方式，强化基层干部业务培训，注重培训实效。结合普法宣传教育“六进”和工作实际，全面开展依法行政法制宣传教育，重点加强对本部门使用的法律法规、规范性文件的宣传，组建南宁市消费维权宣讲队，积极开展消费维权知识宣讲，着力打造消费维权普法教育品牌，提升消费维权普法教育知名度。

3. 注重规范化工商建设

根据公司登记制度改革工作需要，南宁市工商管理部门及时组织完成了行政审批事项设定依据清理工作，并对外公开，接受社会监督。2014 年 9 月份，组织完成涉及工商行政管理机关行政执法依据梳理工作，共梳理行政许可类执法职权 25 项，非行政许可审批事项类执法职权 14 项，行政收费类执法职权 8 项，行政强制类执法职权 6 项，行政处罚类执法职权 225 项。梳理和完善了监管执法工作流程、《行政执法行为规范》等行政执法工作规范，全面规范基层行政执法行为、执法依据、执法程序，切实提高了行政执法效率。

4. 完善行政执法证管理

南宁市工商管理部门认真贯彻执行国家工商总局《工商行政管理执法证管理办法》和《广西壮族自治区工商行政管理机关实施〈工商行政管理执法证管理办法〉具体规定》，坚持执法人员执法资格考试制度和持证上岗制度，所有执法人员均依法取得《工商行政管理执法证》，并对行政执法证实行动态管理，切实加强对行政执法人员的监督，确保行政执法主体合法、规范。根据自治区工商局的部署，组织完成本年度全市工商系统公务员工商行政管理执法证续职培训考试和换发执法证工作，确保全体公务员持证执法。

（二）加强行政执法监管，行政执法履职到位

1. 全力推进注册资本登记改革

自2014年3月份开始推行商事制度改革以来，南宁市工商管理部门通过推行注册资本认缴制、企业年度报告公示制、简化企业住所和经营场所登记手续等一系列改革措施，有效降低了市场准入门槛，减轻了企业创业负担，引发了全民创业的热潮，市场主体数量出现持续的“井喷式”增长。全年全市新增各类市场主体83207户，比上年增长28.96%。其中内资企业30393户，较上年增长67.55%。新增外资企业153户、分支机构99户。外资投资总额20亿美元，比上年增长380%，注册资本6.16亿美元，增长246%。增幅和总量均居广西自治区首位，占自治区三分之一强。南宁市工商局经开分局在全区率先试点推行“三证合一”，办理“三证合一”营业执照83户，促使企业一证出生，为改革进入深水区积累了经验。2014年南宁市投资环境监测报告显示企业对南宁市45个部门行政效率满意度均在80分以上，南宁市工商局以满意度83.22分的成绩排在第一位。

2. 扎实开展依法行政示范点创建工作

行政指导作为自治区和南宁市两级依法行政示范点建设项目之一，南宁市工商管理部门进一步完善行政指导工作规范和文书，加大对行政指导工作

监督检查的力度，积极开展行政指导业务培训，创建行政指导工作交流群，切实转变执法人员对行政指导工作的认识，提高了行政指导工作质量，充分发挥了行政指导工作的示范性作用。2014 年 3 月 13 日，组织召开了主题为“餐饮行业落实新《消法》”座谈会，消费者代表、律师志愿团、餐饮协会和餐饮经营者代表等 60 多人参加，对新《消法》中废除“霸王条款”的规定发表了意见和看法，引导企业开展“守合同、重信用”活动，加强信用自律建设，增强诚信意识，取得了较好的效果。

3. 强化农贸市场专项整治

南宁市工商局作为农贸市场整治的牵头单位，以全面提升南宁市农贸市场“洁齐美”指数为抓手，服务好“两会一节”和“第 45 届世界体操世锦赛”。先后投入整治经费 477 万元，定点帮扶经费 25 万多元，共开展市场整治行动 6862 次，联合执法 2018 次，纠正各类违法违章行为 7140 起，整治包干街区 641 个次，发放活动宣传资料 3.6 万册，组织 9660 多人次开展临街、乡村卫生清洁活动。在整治工作中，全系统工商干部忘我奉献、不懈奋斗，实行“5 +2”“白 + 黑”工作法，体现了敢担当、讲奉献、善创新的作风。

4. 依法开展消费维权工作

以宣传新《消法》为契机，南宁市工商管理部门开展了集中宣传、企业座谈、假冒伪劣展示销毁、领导大接访等活动，得到上级部门通报表扬。针对青少年、老年人、农村消费者等消费维权弱势群体，开展分类引导，促进消费教育常态化，设立区级消费教育基地示范点 10 个。大力开设“消费纠纷先行和解绿色通道”，促进行业自律，维护消费者合法权益。目前，全市已有 35 家大型企业、商场建立了“绿色通道”，全市超 3 成的投诉通过“绿色通道”解决，与行政调解相比，时间上缩短了一半，和解率高达 83%。发布消费警示 12 期，“12315 中心”接到各类来电、来函、来访、语音留言共计 54310 件，比上年同期增加 49.7%，为消费者挽回经济损失 911.1 万元。

5. 积极开展商标广告帮扶

南宁市大力实施商标强企，扎实开展“商标兴桂”战略，指导企业创立自主品牌，争创知名、著名、驰名商标；指导涉农企业和农民专业合作社积极注册农产品商标和地理标志；引导支持企业质押商标权融资入股；鼓励支持企业注册国际商标，创建有影响力的民族品牌，不断提升品牌形象。2014 年成功培育中国驰名商标 1 件、广西著名商标 41 件，同时进一步加强商标注册权保护，共办结商标违法案件 417 件，案值 160.74 万元。积极主动与市委、市政府沟通协调，积极配合市政府做好南宁园区规划及相关政策的制定实施，推进了广告园建设，目前园区进驻广告以及与之相关联企业 780 家，并顺利通过了国家工商总局的年度绩效测评。南宁市工商局全年监测广告 140727 条次，查处违法广告案件 317 起，被评为全国工商系统广告监管先进单位。

#### 6. 集中开展执法专项行动

南宁市工商管理部门高度重视行政执法工作，先后开展了儿童用品质量、服装质量、不合格纸制品、电源插头插座和装饰装修材料等专项整治，有力打击了销售假冒伪劣商品违法行为；积极配合城区政府开展打击传销联合行动 7 次，联合公安等部门捣毁取缔传销窝点 875 个，教育遣散涉传人员 2516 人，独立查办涉传案件 10 起，有效遏制了传销在南宁市传播和蔓延的势头。近年执法办案工作呈现出“案件数量增加、案件质量提高、办案领域拓宽”的良好局面，全市工商系统共查处一般程序案件 5547 件，罚没款 1008.31 万元，有力地维护了公平竞争有序的市场秩序。

### （三）加强行政执法监督，行政执法公平公正

#### 1. 推行重点工作量化考评

南宁市工商管理部门率先在全区工商系统推行重点工作量化考评，根据工商职能，将重点工作任务指标化，较好地解决了工作目标不明、责任不清、标准不高、落实不力、动力不足等问题，有效地促进了工作的落实。通过半年考核、年度考核和平时抽查，促使各单位都能够较好地完成各项重点工作，执法办案、市场主体发展等方面均取得了新成绩，为全局工作带来了新局面，多次得到上级领导的肯定。

2. 开展行政执法专项督查和行政执法案卷评查

南宁市工商管理部门严格执行《广西壮族自治区行政执法监督办法》，制定了《南宁市工商局行政执法监督办法》，细化行政执法监督范围、程序、文书及督察处理方式等，切实防止和纠正违法、不当的行政执法行为，保证行政执法规范、公正、文明。2014 年 7 月，集中开展了一次行政执法专项督查和行政执法案卷评查工作，分别撰写督查评查报告和反馈意见，并按要求将督查评查报告报市全面推进依法行政工作领导小组办公室，全局各单位也严格按照反馈意见制定整改措施，确保督查评查效果落到实处。

3. 认真做好行政诉讼应诉工作

南宁市工商管理部门高度重视行政诉讼应诉工作，明确规定法规与行政执法督察科具体指导、承办行政诉讼案件，每起行政诉讼案件，均指派两名以上工作人员具体负责。案件具体承办人员均在法定的时间内提交答辩状和证据材料，依法出庭应诉。对于已经生效的法律文书，及时主动予以执行，全面主动接受司法监督。全年共发生行政诉讼案件 6 件，未发生一起未提交答辩状、证据材料或未出庭应诉的行为，未发生一起拒不执行法院生效判决的行为。

4. 严格履行行政复议职责

南宁市工商管理部门积极推行说理性行政复议决定书，行政复议听证制度，加强行政复议决定的说理性，增强其可理解性，从而真正实现定分止争。严格遵循行政复议程序规定，依法受理行政复议，指定两名以上的行政复议人员承办行政复议案件，及时向行政复议申请人送达法律文书，依法作出行政复议决定，积极化解行政争议。在作为行政复议被申请人案件中，及时履行向行政复议机构提交行政复议答复书、法律依据，据以作出具体行政行为的证据材料等职责，便于行政复议机构及时处理行政争议，维护社会和谐稳定。全年共受理行政复议申请 12 起，办结 12 起，组织开展行政复议听证会 2 起，未发生一起行政复议违法违规行为。

5. 全力做好政务信息公开和信访工作

为提高政府工作透明度，保障公民、法人和其他组织依法获取政府信息，有效发挥政府信息对人民群众生产、生活和经济社会活动的服务作用，南宁市工商管理部门把政务公开、政府信息公开和信访工作作为一把手工程来抓，实行一把手负总责、班子成员分管负责的工作领导机制，明确职责，落实责任。指定专人作为信息员负责本单位政务公开政府信息公开报送工作，形成职责分明、分工合理、各负其责、齐抓共管的工作局面。2014 年以来，共收到人大代表建议 2 件，政协委员提案 18 件，受理各类群众来信来访 630 件，其中，来访 20 件，市长热线 246 件，网上信访 11 件，普通信访 135 件，政务平台 201 件，政府信息公开申请 17 件，均做到了件件有登记，件件有落实，得到了各级领导的肯定和群众的好评。

## 二　南宁市法治工商建设面临的困难和存在的问题

### （一）行政执法强制措施不足

部分行政执法领域，因行政执法权限限制，工商行政管理机关行政执法强制措施不足，行政执法受阻情况时有发生。当前传销组织主要在民宅从事传销活动，工商行政管理机关无权擅自进入民宅，也无权直接查询、冻结涉案当事人银行账户、资金流水明细，在开展打击传销工作中，工商行政机关需要联合公安机关共同开展执法行动，但传销活动人员广、流动性大，若不及时采取相应强制措施，后续调查取证无法顺利开展，严重影响了打击传销活动的效率。

### （二）信息化建设水平不高

南宁市工商管理部门已全面推行无纸化办公和学法用法及普法考试无纸化，有效提高了公文处理速度，提升了学法用法和普法考试的时效性与便利性，节约了办公经费，信息化建设取得一定成绩。目前网络虚拟市场交易日益活跃，网络发布违法广告日趋增多，消费者网络购物投诉举报逐年递增，迫切需要工商行政管理部门加大对网络虚拟市场的监管力度，这对信息化建设提出了更高的要求，但南宁市工商管理部门仍未实现市场巡查结果即时上网、执法办案全面网络化、网上注册登记及企业查询系统网络化等，离全面实现信息化工商建设目标有一定的距离，一定程度上影响了行政执法效率。

### （三）行政部门间执法责任不明确

行政执法部门间执法责任不明确，未能形成有效执法合力。如在查处取缔无照经营方面，随着注册资本登记制度改革的逐步推进，许多前置性行政许可（审批）改为后置，因《无照经营查处取缔办法》规定工商行政管理部门负责查处取缔无照经营，其他行政执法部门负责查处取缔无证经营，实际中无证无照经营同时并存的情形大量存在，但《无照经营查处取缔办法》并未明确界定此种情况下各具体行政主管部门与工商行政管理部门的职责分工，造成实际工作中存在部分推诿现象，无法有效整治无照无证经营行为。又如《中华人民共和国消费者权益保护法》规定，工商行政管理部门为消费者权益保护的主要行政部门，其他行政管理部门在职责范围内负责消费者权益保护工作，随着流通领域食品安全监管职责划转食品药品监督管理部门，工商行政管理部门已不再具备流通领域食品监管职责。在处理有关食品安全的消费者投诉举报工作中，食品药品监督管理部门与工商行政管理部门对食品药品监督管理部门是否具备处理消费者申诉的问题存在一定分歧，迫切需要予以明确界定，以便更好地维护消费者合法权益。

## 三　加强南宁市法治工商建设的对策建议

### （一）实施政府部门权力清单，明确部门职责

全面推行政府权力清单工作，梳理行政职权，公开权力清单，编制责任清单和负面清单，理清政府部门间责任边界，明确部门职责；公布权力运行流程图，主动接受社会监督，规范行政执法行为，提高行政执法效率。

### （二）加强信息化建设投入，提高信息化水平

逐步加大信息化建设经费投入，完善充实信息化建设硬件设备；以南宁市全面推行“三证”合一登记制度改革为契机，全面推行网上办证和电子化营业执照，档案查询网络化，执法办案审核监督网络化；加强信息化知识培训，分部门、分岗位做好基层执法人员信息化培训工作，提升基层执法人员信息化应用操作能力，提高行政执法效率。

### （三）加强行政机关间协作，形成执法合力

加强行政机关间合作、沟通，进一步贯彻落实南宁市“无照经营查处取缔”部门联席会议制度，积极开展查处取缔无照经营联合执法行动，形成行政执法合力，确保行政执法活动顺利推进。

### （四）加强行政执法督查检查，提高执法质量

认真贯彻落实《广西壮族自治区行政执法监督办法》，严格开展行政执法专项督查和个案监督，完善执法过错责任制，坚决杜绝违法违纪行为发生，加强执法质量考评和依法行政考核工作，切实提高行政执法质量。

# B.9
# 2014年南宁市妇女儿童权益法治保障分析报告

谭靖　李永清*

摘　要：2014年南宁市妇女儿童权益保障工作重点加强信访分析，提高信访工作水平；热情接待来访，为妇女群众办好事；继续完善“妇女儿童维权岗”维权网络，有效维护妇女儿童合法权益；搭建宣传载体，营造维权氛围。当前南宁市妇女儿童权益保障诉求中，婚姻家庭问题仍居妇联信访首位，存在劳动和社会保障类纠纷，财产权益类信访案件依然突出。加强南宁市妇女儿童维权工作亟须转观念、借资源、强基础。

关键词：妇女权益　婚姻家庭　信访　维权　观念　协调　联动

2014年，南宁市坚持以党的十八大和十八届三中、四中全会精神为指导，不断加强妇女儿童合法权益保障工作，以最大限度地处理家庭纠纷为保障，以最大限度地维护社会秩序为目标，以最大限度地提高信访工作水平为重点，积极拓展工作思路，扩宽工作领域，创新工作机制，为促进社会的和谐稳定做出了积极的努力。

---

* 谭靖，南宁市妇女联合会副主席；李永清，南宁市妇女联合会权益部部长。

## 一 南宁市妇女儿童权益保障工作基本情况

### （一）加强信访分析，提高信访工作水平

一是根据信访数据，提高工作效率。根据信访数据分析，2014 年 1 月至 12 月，南宁市妇联共接待来信、来电、来访群众 1378 人次，其中婚姻家庭权益类问题 896 件，占信访总数的 65%；劳动和社会保障权益类问题 38 件，占信访总数的 2.8%；人身权益类问题 67 件，占信访总数的 4.9%；财产权益类问题 74 件，占信访总数的 5.4%；其他类问题 303 件，占信访总数的 22%。南宁市妇联加大对信访工作的处理力度，积极化解矛盾，对 99% 的信访案件都做了及时处理，1% 的信访案件正在处理当中。二是根据信访形式，拓宽工作渠道。信访中仍以来访为主，但采取电话咨询方式的上访逐渐增多。为多渠道接受妇女群众的信访，南宁市妇联大力推动 5503320 热线和县区妇联 12338 热线建设，让妇女可以通过电话解决的问题，不再上门上访，未能通过电话咨询解决的，再预约上访，节约了上访成本。三是根据信访主体和年龄特征，有针对性地处理问题。女性上访者占绝大多数，但在上访的 1378 人中，男性希望妇联帮助解决家庭纠纷和矛盾的数量也有所增加。信访者以中青年妇女为主，26～45 岁年龄段有 825 人，占总数的 59.9%，信访的妇女群众学历层次普遍偏低，高中以下学历的 1173 人，占 85.1%，具有大专本科以上学历的 107 人，占 7.8%，学历不详者 98 人，占 7.1%。这一年龄段和生活层次的妇女生活、职业上的压力都比较大，婚姻家庭易出现问题，针对这一情况，南宁市妇联在妇联系统大力开展婚姻家庭咨询师的培训，不断提升妇联干部的维权能力，切实增强接访工作的实效性和专业化水平，为妇女群众提供周到专业的维权服务奠定坚实的基础。

### （二）热情接待来访，为妇女群众办好事

一是文明接访，为妇女群众办实事解难事。充分发挥妇联组织“娘家

人”的作用，把服务妇女群众作为工作的出发点和落脚点，利用信访窗口，认真处理每一封群众来信，详细解答每一个咨询电话，热情接待每一位上访群众，对于妇女群众反映的问题能够现场解决的决不推迟，尽可能使来访者带着问题而来，得到满意答复而归。二是加强个案处理。坚持以处理个案为切入点，把妇女维权工作落到实处，让妇女群众合法权益真正得到维护。如信访妇女覃女士反映，其女儿黄顺患重型地中海贫血，每月需花费几千元治疗，覃女士在医科大一附院的帮助下，顺利怀二胎，期望用胎儿的脐带血给女儿黄顺做移植治疗，需手术费 25 万元，希望妇联组织给予帮助。市妇联积极向自治区妇联申请困难补助金 1 万元并募集救助资金 1.2 万元。三是注意做好“出嫁女”的来访接待，引导她们通过合法途径解决问题。耐心做好每一批“出嫁女”来访接待及说服、疏导工作，听取她们的呼声，关心她们的冷暖，做她们的思想工作，了解她们的诉求，并积极向市委、市人大、市政府反映“出嫁女”集体利益分配问题的情况和合理要求，推动有关部门解决“出嫁女”问题。

### （三）完善妇女儿童维权网络，维护妇女儿童权益

一是做大“岗”的范围。在公、检、法、司、劳动、教育等部门设立了 196 个“妇女儿童维权岗”，建立了相应的妇女儿童维权机制，明确创建单位创建职责，规定了开辟妇女儿童维权绿色通道、受理妇女儿童信访投诉、开展法制宣传教育、打击侵害妇女儿童权益的违法犯罪行为、提供法律援助和司法救济等维权岗职责，同时，延伸岗的创建臂膀，与公安局联合下发《关于在公安系统联合开展妇女儿童维权岗的创建工作的通知》，在 110 指挥中心、刑侦部门、治安部门、交警部门、禁毒部门、网安部门、派出所等七大主要部门共创“妇女儿童维权岗”，为全市妇女儿童群体提供强有力的保障与切实有效的服务。二是做强“站”的联动。依托“双维双促”工作平台，在市、12 个县区、124 个乡镇、1720 个村（社区）建立“妇女儿童维权服务工作站”，由妇联维权干部组成妇女信访代理员队伍，为妇女群众合理表达诉求提供更便捷的信访代理服务。2014 年，四级妇女

信访组织代理案件2.7万件，比上年同期减少25%，体现出妇联常年开展普法宣传的效果，提高了妇女群众学法懂法的意识，提升了用法律知识自我保护的能力。三是做深“线”的宣传。加大宣传，对外继续扩大“5503320”“12338”妇女儿童维权热线知名度，针对妇女维权重点难点问题，实行来电来访联接、矛盾纠纷联排、维权服务联动，为广大妇女提供便捷、高效的法律、心理、家庭教育服务咨询，防止矛盾激化，仅“5503320”妇女热线一年解答群众来电问题共1091条。四是做细“团”的服务。市妇联与市司法局联合招募了120多名女法官、女检察官、女律师、心理咨询专家成立了南宁市妇女儿童维权志愿团，为当事人提供专业咨询、法律服务和法律援助，截止到2014年年底，律师志愿者共解答1091条妇女儿童维权热线问题，到市妇联值班为327人次信访群众提供法律知识的解答。此外，市妇联还向司法局、法院、检察院招募了有公益心的律师、公职人员等骨干力量成立“妇女儿童维权宣讲团”，针对目前妇女维权突出的热点难点问题，结合志愿者的特长制作专业的PPT课程，深入基层开展法制宣传教育工作，切实提高妇女的法治观念。五是做实“室”的帮扶。大力打造婚姻家庭纠纷调解平台，2015年1月，南宁市妇联联合民政局在良庆区民政局婚姻登记处设立“惜缘工作室”，向社会广泛招募律师、心理咨询师、家庭教育专家等志愿者，每周固定到“惜缘工作室”执守服务，为离婚当事人提供咨询调解服务，为维护妇女合法权益、促进家庭和谐及社会稳定做出了积极贡献。

### （四）搭建宣传载体，营造维权氛围

一是以节日为契机，抓好集中宣传。充分利用每年“三八”妇女维权周、“6·26”国际禁毒日、“11·25”国际反家暴日、“12·1”世界防艾滋病日和“12·4”法制宣传日等特殊纪念日，深入乡镇、社区、村屯广泛开展普法宣传教育，营造法制教育的浓厚氛围。二是以活动为载体，抓好主题宣传。深入开展“平安家庭”创建活动。通过开展“百万妇女学法律，弘扬法治促和谐”“万家联动　送法到家”“巾帼普法讲堂”“以案说法话维

权”庭审观摩、“百区（社区）千村万户学法”妇女法制宣传行动等丰富多彩的活动，广泛组织发动妇女和家庭参与“平安家庭”创建，以家庭平安促进社会和谐稳定。同时，紧紧抓住实施男女平等20周年的契机，举办了“男女平等基本国策”漫画展览，展览分别从男女平等国策基本情况介绍、婚姻法主要条例释义、妇女儿童保护法主要条例释义、日常生活中男女不平等的现象故事四个方面，以新颖、生动的漫画形式，展示男女平等国策的相关内容，努力增强妇女儿童维权意识。三是以案件为导向，抓好重点宣传。针对近年来南宁市未成年人安全事故频发的状况，南宁市妇联联合公安、教育、卫生等部门开展“我身体　我保护”南宁市未成年人科学性别文化“进校园、进社区、进农村、进家庭”系列活动“123”工程：印制1万册《我身体　我保护未成年人自我保护安全常识宣传手册》；制作2部卡通宣传教育短片；创作3个情景剧，深入15个县（区）、开发区开展巡回展播和展演，通过图、文、影、戏的直观方式，教育未成年人如何预防性侵害，如何识毒、防毒，如何重视身边的安全隐患。近3万名师生、家长参加了活动，受到了教育。

## 二　当前南宁市妇女儿童权益保障诉求中存在的问题及原因分析

在寻求妇女利益保护中，因诉求主体、诉求内容及诉求形式多样性，妇女权益保障诉求存在以下几个方面的问题。

### （一）婚姻家庭问题仍居妇联信访首位

2014年，市妇联共接待婚姻家庭权益类纠纷896件，占信访总数的65%，其中，住房分割\其他财产纠纷\子女抚养等离婚咨询366件，恋爱\同居纠纷66件，财产\子女教育\婆媳关系等家庭纠纷124件，配偶有外遇112件，家庭暴力146件，遗弃\收养\婚姻干涉等其他纠纷82件，婚姻家庭问题仍然是妇女维权的重点。

1. 离婚纠纷居高不下

离婚案件呈现逐年攀升的趋势，究其原因可以归纳为以下几个方面。一是婚恋观念开放。随着工业化和知识经济的迅猛发展，老一辈的"嫁鸡随鸡、嫁狗随狗"的思想已经逐渐淡出年轻人的婚姻观，一旦双方的价值观不一致，感情出现裂痕，就会认为与对方无法沟通，对配偶产生抵触甚至厌恶等不良情绪，同时，女性敢于面对离婚带来的影响，不再害怕离婚后遭人诟病。二是配偶有外遇。配偶有外遇信访112件，占婚姻家庭类信访总数的12.5%。受"喜新厌旧"心理、感情基础薄弱、一方寻求婚外"刺激"等因素的影响，许多女性都称其配偶曾有过婚外情，无过错的女性一方要想获取证据相当困难，而且还存在证据合法性的问题。再者，受市场经济带来负面影响的冲击，人们的婚姻道德观念"滑坡"，对出轨、非法同居、"包二奶"等现象习以为常，只要事不关己，往往选择独善其身，使得这些行为很少遭到社会谴责，无形中也助长了男子的嚣张气焰。此外，法律没有对婚外情有明确的处罚，合法的婚姻遭受了破坏，对婚外情一方及第三者没有相应的处罚，导致离婚率持续上升。三是因不能正确处理家庭矛盾而导致离婚。夫妻之间生活琐事繁多，难免磕磕碰碰，许多夫妻因不能正确处理双方家庭成员之间的关系，从而导致离婚。四是双方感情基础薄弱。如今许多人因为工作和学业等原因，耽误了找对象的黄金时期，大部分人通过相亲认识对方，相处时间短，缺乏婚姻基础，婚后不久便因双方性格不合等而离婚。五是外出务工交流少。夫妻双方因一方外出务工长期处于分居状态，导致感情淡薄。务工一方长期在外，经不住外界的诱惑，另寻新欢，不履行家庭义务而导致离婚。

2. 家庭暴力问题不容忽视

一直以来，家暴问题是妇联信访的主要问题，2014年婚姻家庭信访中涉及家庭暴力内容的有146件，占信访总数的10.6%。施暴者多为男性，受暴者主要是妻子及子女，由于家庭暴力大多数发生在家中，取证比较困难，一些执法部门没有给予足够的重视和及时的调查取证处理；另外，部分女性遭受家庭暴力后，受到"家丑不外扬"传统观念的影响，不愿报案，导致家庭暴力多次发生。加之法律规定不健全，违法现象不能得到有效遏制，如《婚姻法》明确规定禁止家庭暴力，但对如何处罚家庭暴力行为没有具体可操作性的和行之有效的法律规定，面对依然存在的家庭暴力现象很难控制和打击。2014 年以来，广西区法院推动家庭暴力人身保护裁定的实施，南宁市西乡塘区法院向遭受丈夫的侮辱、打骂的妇女李某某发出了南宁市首份“人身安全保护令”，禁止其丈夫再施暴。司法保护的强化，为受暴妇女儿童提供了更为有力的保护。

### 3. 子女抚养问题

子女抚养问题共计 64 件，占婚姻家庭权益类的 7.1%。子女抚养问题主要集中在抚养权归属、探望、抚养费给付等方面。近年来，妇联接到多起夺子大战、跨省藏匿孩子的投诉。家长的这些行为，无论输赢，都严重影响孩子的正常生活，有的甚至导致孩子得不到正常的教育和医疗治疗，从而致使法院难以判决、判决后难以执行，究其原因，现在“80 后”“90 后”父母均为独生子女，承担意识、责任意识较差，自我意识较强，容易忽视孩子的感受，而多起夺子大战的发生，也从侧面反映了有些不成熟的父母自私地把孩子当作筹码或者“武器”来要挟对方，甚至把孩子变成自己的私有财产，完全割裂了另一方与孩子的情感，这对孩子而言是一种更大的伤害。

### 4. 恋爱同居引发纠纷呈上升趋势

2014 年，因恋爱同居关系而引发的投诉共计 66 件，占婚姻家庭权益类的 7.4%。主要反映在：女方当事人在恋爱、同居过程中因流产、引产等原因造成身体受损，希望男方给予一定赔偿；女方当事人在与男方尚未登记结婚情况下生育，男方为逃避责任拒不承认或抚养孩子。这类问题难以通过法律途径解决，也难以用道德标准来约束，妇联组织仅依靠调解手段，如遇对方不予配合，就难以强制对方承担责任。因此，需要提高妇女自我保护意识，树立正确的恋爱观婚姻观。

### 5. 老年人赡养成为维权热点问题

2014 年，市妇联共接待因子女赡养问题的纠纷 50 件，占婚姻家庭纠纷总数的 5.6%，从接待来访的案例看，老年妇女权益受侵害的现象主要表现为：

一是老年再婚妇女投诉得不到“应有赡养权”。这类老年夫妻中，往往是男方为企业退、离休职工，有固定工资收入，女方再婚时身体健康，为家庭操持家务，但待女方年老或生病时，男方及子女就会当成累赘，特别是男方去世之后，女方很快就被男方的子女赶出家门，生活出现很大困难。二是一些老年夫妇在年轻时为子女上学、结婚耗尽全部积蓄，老人年老体弱时没有经济来源，经济上完全受制于子女，致使有的子女视老人为负担，引发诸多家庭矛盾。因此，建立健全完善的社会保障体系，让老人安度晚年应引起重视。

6. 离婚时的财产分割成为弱势妇女维权难点

大多数家庭由男性占经济主导地位，女性对其夫妻共同财产不甚清楚，法律意识也很淡薄，在合法权益受到侵害时，不知道拿起法律武器保护自己，更不知道收集和保留对自己有利的证据，因此在离婚财产分割中，男方因隐匿财产、捏造债务等造成的分割不公的现象经常发生，尽管当前妇女儿童维权的立体化维权机制与维权网络构建较为齐全，有专门的机构，有专门的人员，但各机构之间缺乏联动性，相互间各自为政，在发挥作用上还需进一步加强，只有这样才能及时依法依规对涉及妇女群众切身利益的问题进行解决或调查取证。

### （二）劳动和社会保障类情况分析

2014 年，市妇联共接待劳动和社会保障权益类纠纷 38 件，占信访总数的 2.8%。主要诉求如下：一是社会保障类求助，主要是生活困难、疾病缠身来妇联要求救济的多，南宁市妇联尽其所能帮助她们，与有关部门协调，联系媒体，向社会呼吁捐赠资助。二是反映劳动纠纷案件增多，共 20 件。一些非公有制企业用工制度不够规范，不与女职工签订劳动合同，“五险”也得不到落实；还有一些企业以结婚、怀孕、产假、哺乳为由辞退女职工、单方解除劳动合同；等等。此外，哺乳期应享受的时间、晚婚晚育假期等咨询增加，从中也反映出女职工法律意识增强。究其原因，主要是社会保障、医疗、就业、教育等方面制度的不完善，给部分群体带来了很大的生活压力，其中尤以城市下岗职工、残疾人、孤寡老人、农村贫困群体等反应较为强烈。

### （三）财产权益类信访案件依然突出

近年来，随着南宁市工业化和城镇化进程加快，南宁市良庆区、邕宁区、高新区开发征地，新一批“出嫁女”涌现出来，农村妇女在土地承包权、土地流转、土地补偿金以及宅基地、房屋拆迁补偿中的权益问题依然凸显。2014 年，市妇联共接待“出嫁女”信访 26 件，占信访总数的 1.9%。由于村组滥用职权，基层政府组织调解不下，法院拒绝受理，导致监督监管的缺失，致使多年来南宁市仍有部分“出嫁女”的利益得不到维护。

## 三　加强南宁市妇女儿童维权工作的对策建议

妇女问题是社会问题，必须依靠社会各方力量，形成党委领导、人大监督、政府实施，基层组织、群众团体、有关部门和司法机关协调配合的社会化维权大格局，共同关注社会热点问题、难点问题，从源头上根本上解决妇女维权问题。

### （一）转观念，加大源头维权力度，创新妇女利益协调机制

一是建议政府充分发挥在提高妇女地位中的宏观调控职能。将男女平等的基本国策、《妇女权益保障法》纳入各级党校培训课程，强化领导者和决策者对男女平等和妇女维权的认识，同时，各级妇女组织要加强调查研究，形成有数据、有分析、有对策建议的调研报告，为有关部门制定法律法规提供参考，切实制定有利于社会经济发展与妇女发展相协调的政策，促进“男女平等”基本国策融入政府工作的各项决策中。二是推动政府建立妇女维权工作的绩效评估和责任机制。建议按照建立公共服务型政府的目标要求，把妇女儿童权益保障工作纳入职能部门的一级目标，纳入部门年度工作的目标考核，把不同行业妇女的满意度、妇女诉求反映的问题处理效能作为对部门、干部考核的主要内容，奖优罚劣，同时，合理配置职能和资源，支持群团组织依法参与社会事务管理，将妇女儿童维权公共服务纳入政府购买

项目中，使广大城乡妇女从中获益，真正形成党政领导、妇联推动、各方参与、群众实践、社会关注的工作格局。三是完善各项社会保障制度。各级党委和政府加快城镇职工养老、医疗、工伤、失业、生育等各项社会保险制度的建立和完善，不断完善由农村养老保险、医疗保险和最低生活保障组成的农村社会保障体系等，使广大城乡妇女从中获益。四是加大基层政府纠正村民自治规范的力度。2010 年 10 月修订的村民委员会组织法在内容上设置了对村规民约等自治规范的行政纠错机制，各级基层政府应切实履行职能，加强监督管理，从源头上防止和杜绝侵害“出嫁女”权益的现象，重点加强对村规民约的监督管理，确保村规民约在法律和国家政策下运行，从源头上减少或避免侵害妇女土地权益事件出现。五是加大预防和制止家庭暴力的执行力度。认真贯彻执行最高人民法院、最高人民检察院、公安部、司法部印发的《关于依法办理家庭暴力犯罪案件的意见》的通知和《广西区实施〈妇女权益保障法〉办法》的有关规定。公安机关严格按照接处警规则的有关规定接到求助投诉后及时处理，详细填写出警记录，为家庭暴力案件的后续处理提供第一手资料。人民检察院对罪行较重、社会影响较大、依法应当追究刑事责任的家庭暴力事件的施暴者应予以严肃查处。人民法院应成立反家暴合议庭，对家暴受害者提起的离婚诉讼案件，应查清事实，公正审理，调解不成的应当及时判决；受害者同时提起民事赔偿责任，应当依法予以支持；同时，应当积极受理人身安全保护裁定申请，依法向施暴者发出裁定，切实保护受暴妇女人身权利。各有关部门要积极帮助受害妇女入住家庭暴力庇护站，为因暴力致伤、致残的妇女儿童提供紧急医疗救助和心理辅导，要有力地维护妇女儿童的生命健康权。

### （二）借资源，加大宣传力度，创新普法教育机制

一是创新宣传手段。通过组织开展妇女群众喜闻乐见的文化活动，面向广大妇女和全社会广泛宣传男女平等基本国策，宣传《妇女权益保障法》及维护妇女儿童权益的相关法律、法规和政策，普及法律知识，增强人们的维权意识，注重发挥新媒体优势，加强以尊老爱幼、男女平等、夫妻和睦、勤

俭持家等为主要内容的家庭美德教育宣传，鼓励夫妻双方在家庭生活中互谅互让，积极主动承担家庭责任，尽责尽力赡养老人，履行家庭义务。二是开展婚姻家庭纠纷辅导工作。联合民政部门大力打造婚姻家庭纠纷调解平台，聘请法律工作者、专职人民调解员、心理咨询师等人组成专业调解队伍到婚姻登记机关开展义务调解，加大调解力度，坚持“抓早、抓小、抓苗头”，对婚姻纠纷当事人做好说服教育、疏导劝慰，使婚姻当事人树立正确的婚姻观和家庭观。此外，法院在诉讼过程中，强化庭审法制宣传，针对不同婚姻纠纷审判实践中出现的新情况、新问题，主审法官要突出对婚姻法律常识宣讲，教育当事人树立正确的婚姻道德观，明确婚姻双方权利、义务和操守。

### （三）强基础，加大联动力度，创新妇女矛盾调处机制

努力健全维权网络和社会化工作机制，进一步加强阵地、工作、人员的联动，不断提升妇联的维权能力，预防和减少侵害妇女儿童合法权益的行为发生。一是加强阵地联动。发挥现有维权阵地作用，进一步完善以“妇女儿童维权岗”、基层妇女服务维权站、妇女维权热线、妇女儿童法律服务宣传和法律宣讲团、“惜缘”婚姻家庭工作室等“岗站线团室”为主的咨询投诉网络，有效连接妇联信访窗口和法律服务工作，创新集信访受理、普法咨询、法律援助、心理疏导、人民调解、帮扶救助为一体的维权模式。二是加强工作联动。积极融入社会大调解格局中，主动协同综治、法院、公安、司法、信访等相关部门的“妇女儿童维权岗”，加强妇联群团调解与人民调解、诉讼调解、行政调解的对接，构建社会化、多元化的婚姻家庭矛盾纠纷调解工作格局。三是加强人员联动。广泛发动熟悉法律政策、善于协调沟通、热心为妇女服务的基层妇联干部、法律工作者、退休党员干部、妇女骨干加入妇女维权志愿者队伍，引导广大志愿者发挥各自优势，开展形式多样、各具特色的维权服务，积极依托社会力量，延伸维权工作手臂。四是加强资源联动。认真做好维护妇女权益的法律援助工作，结合法律援助项目进一步扩大法律援助覆盖面，积极运用和解、调解等非诉讼方式解决婚姻家庭纠纷问题，帮助更多的妇女依法维护自身合法权益。

# B.10
# 2014年南宁市流动人口分析报告

班月生　韦　军　曾曲峰*

摘　要：随着南宁市经济社会各项事业快速发展，由外来流动人口引发的社会保障、教育、计划生育、治安、权益保障等一系列问题日渐凸显，已成为南宁市全面发展必须面对的重大民生课题。为深入贯彻落实《广西壮族自治区流动人口服务管理办法》，加强流动人口服务管理工作，切实维护流动人口权益，各级职能部门积极研究流动人口"同城化"待遇，推动流动人口向"市民化"转变，采取各种有效措施来引导、管理、服务好流动人口，为南宁市经济发展注入新的活力，为建设"美丽南宁"做出重要贡献。

关键词：流动人口　服务管理　管理模式

随着南宁市经济的快速发展，大量流动人口的进入，为南宁市经济社会发展提供了新的发展机遇，但流动人口的涌入也给南宁市带来较大压力，因此如何进一步加强流动人口服务管理，是关系到南宁市社会发展稳定的大问题。

* 班月生，南宁市流动人口管理领导小组办公室副主任；韦军，南宁市流动人口管理领导小组办公室流动人口管理科科长；曾曲峰，南宁市流动人口管理领导小组办公室流动人口管理科科员。

## 一　南宁市流动人口概况及服务管理情况

### （一）南宁市流动人口概况

根据南宁市流动人口服务管理信息系统统计，截止到2014年12月月末，南宁市登记在册的流动人口约143万人，其中流入约90万人，外来流动人口已占市城区总人口的三分之一以上。从性别结构看，男性占56%，女性占44%；从年龄结构看，以青壮年为主，其中16～59周岁占91.85%，16周岁以下占5.52%，60周岁以上占2.73%，平均年龄在30～35周岁；从民族结构看，汉族占65.9%，壮族占30.8%，其他少数民族占3.3%；从居住类别看，居住在各类出租屋的占70.40%，居住在单位和工地的占20.96%，居住在自购房的占6.39%，居住在亲友家的占2.25%。总体上看，南宁市外来流动人口呈现以下几个特点。

#### 1. 流动人口呈现逐年增长趋势

据统计，1995年全市登记在册外来人口总数为29.89万人，2010年达到79万人，十五年间平均增速为6.7%，2000～2010年十年间平均增速为15.6%，2005～2010年五年间平均增速为17.7%，2010～2014年平均增速为19%。

#### 2. 以本自治区内流入为主

外来流动人口中属本自治区籍的占78%，属外省籍的占22%，外省籍的主要来自湖南（4.1%）、广东（2.5%）、四川（1.6%）、湖北（1.5%）、福建（1.4%）、江西（1.3%）、河南（1.3%）、安徽（0.95%）、浙江（0.94%）等。他们当中85.5%的人口主要居住在西乡塘、青秀、兴宁等城区“城中村”，其中，西乡塘区29.6%、青秀区24.3%、江南区12.0%、兴宁区8.18%、良庆区9.84%、邕宁区1.58%。

#### 3. 文化素质普遍不高

根据南宁市流动人口服务管理信息系统统计，从整体素质看，流动人口的文化素质和职业技能水平整体偏低，在南宁的外来流动人口中具有初中文化的占45.3%，高中占16.2%，专科占10.5%，本科占4.18%，研究生及以上学历占比不到0.15%。南宁市外来流动人口从事的职业主要集中在第二、第三产业，其中第一产业占0.65%，第二产业占67.54%，第三产业占31.81%，务工比例高达73.7%。

4. “身份”融入较难

从南宁市流动人口服务管理信息网站民意调查结果和各城区流动人口办统计看，70%的本地居民和80%的外来流动人口在居住小区（村）基本上不进行交流，外来流动人口也一般不参加从业单位或居住地村（居）委会举办的社会文化等活动，主要以家族式、同乡式交流为主，小群体意识较强，在权益受到侵害时，选择消极抵抗的较多，选择进行维权的不多且方式相对极端。

5. 流动人口给南宁带来的影响

一方面，流动人口为南宁市经济发展，提供了大量的劳动力，优化了南宁市的劳动力年龄结构，而部分高素质专业人才带来了先进科学技术经验，也为南宁市发展提供了有力的支持，成为南宁市经济社会建设不可或缺的力量。另一方面，流动人口促进社会和经济发展的同时也带来了一系列的社会问题，给南宁市综治、计划生育、教育等带来诸多影响。一是外来流动人口构成复杂，一些外来流窜犯罪分子混迹其中，由此出现的违法犯罪现象已成为社会的焦点；二是对计划生育工作方面的影响，部分外来育龄妇女的目的就是为了躲避计划生育检查，分散居住、不断流动，造成对其日常计生管理和服务工作难度日益加大；三是对当地教育资源带来巨大的压力，目前流动人口子女在本市公办学校就学的人数已占到当地在校义务教育学生数的50%以上，造成教育资源配置严重不足，对本市户籍学生入学冲击很大。

### （二）南宁市流动人口服务管理工作情况

1. 基层基础工作不断夯实

2014年，南宁市流动人口服务管理工作坚持以目标管理责任制为引领，切实加强对流动人口服务管理工作的统一领导，流动人口服务管理体制、机制和服务管理网络建设不断得到巩固和加强。全市成立流动人口服务管理中心43个，服务管理站289个，配备专职流动人口协管员1697人（其中2014年新增181名），管理服务中心和专职流动人口协管员数分别比2013年同比增长7.5%和28.4%。各管理服务中心（站）工作制度不断规范，“一站式”服务管理模式不断完善。

2. 信息化建设得到加强

一是继续加强现有流动人口和出租屋服务管理信息平台建设，通过信息化、科学化手段提高流动人口和出租屋的信息采集、录入、统计、分析、研判等效率。通过配合“智慧南宁”等综合信息共享平台建设，提升南宁市流动人口和出租屋服务管理工作信息化整体水平。二是充分发挥信息化管理手段，运用南宁市流动人口服务管理信息系统，实现流动人口及出租屋信息化管理，提高对流动人口及出租屋动态管控能力。2014年通报相关职能部门信息177条，新录入涉传人员信息614条。

3. 全力促进平安建设

一是加大出租屋排查整治力度。南宁市各级流动人口服务管理系统紧紧围绕工作大局，配合做好维护社会稳定和社会治安综合治理、打击传销工作。2014年，县区、开发区组织相关职能部门，对出租屋开展专项清查108次，排查出租屋22213套，为相关职能部门提供疑似传销信息820条，涉传出租屋信息642条、涉传人员信息1498条。二是做好出租屋税收代征工作。目前南宁市登记在册的出租屋已达34万套，2014年在营业税起征点提高到10000元、税收征收难度加大的情况下，全市各级流动人口办系统与地税部门共同努力，进一步规范出租税费征收工作，年内代征出租屋税费3000多万元。

4. 积极开展“推居”工作

为贯彻落实广西壮族自治区流动人口服务管理办法，南宁市各级流动人口服务管理部门始终围绕流动人口最为关心的“权益保护”“子女入学”“户口迁移”“居住证办理”等热点难点问题尽力尽责展开工作。公安机关认真实施《南宁市推行流动人口居住证制度工作方案》，市推居办出台了《居住证年度签注、项目变更、补（换）领及注销工作规范》《关于进一步加强和完善居住证绿色通道审核工作的通知》等文件，参照现行二代身份证绿色通道申办模式，与邮政速递公司合作推出居住证 EMS 特快专递寄递服务，帮助流动人口快速领证，2014 年共办理居住证 28.21 万张，已累计办理 87.97 万张。教育主管部门重点研究探索流动人口子女入学积分制管理政策，并针对流动人口入学积分制与市流动人口办、计生、公安等部门就统一各项流动人口及出租屋服务管理指标形成初步共识。计生部门贯彻落实《南宁市创新流动人口服务管理体制推进流动人口计划生育基本公共服务均等化实施方案》，为广大流动人口提供计划生育均等化服务。人社部门将流动人口就业管理服务纳入统筹城乡就业工作，扎实开展各项公共就业服务活动。住房和房产管理部门认真实施《南宁市人民政府关于印发限价普通商品住房管理办法的通知》，为外来务工人员解决住房困难提供了新渠道。市住房局对《南宁市城市房屋租赁管理办法》提出了修订意见并报市法制办审查。

5. 创新服务模式初见成效

着力在创新体制机制、搭建管理服务平台、破解管理难题等方面取得新突破，在“一县两城区三企业”试行流动人口管理服务创新试点工作模式，即在武鸣县开展流动人口及出租屋管理试点工作，对流动人口和出租屋实行分层次和分类别管理；在江南区试行出租屋主主动申报流动人口信息机制，破解信息采集难题，切实解决“情况不明、底数不清”的问题；在兴宁区三塘镇开展城镇化流动人口试点工作，通过设立流动人口服务管理观察站，为市委市政府统筹谋划、综合研究城镇居民和外来流动人口管理服务体制改革和政策调整提供资料参考；在高新区、经开区、广西—东盟开发区流动人口较集中的用工单位（企业），设立“一站式”服务平台。通过以上措施，完善“以房管人”“以业管人”“以证管人”等长效管理措施，破解流动人口服务管理难问题。在西乡塘区网格化示范点，市流动人口办积极参与创建“平安万秀”试点工作，以“小网格”提供“大服务”促进“大平安”，将全村按500户或1500人为单元划分为50个网格，并建立相应网格治理工作室，形成“村委—组队—网格”三级社会治理服务平台，整合公安、流动人口、司法、教育等各类服务管理资源，为5万多流动人口提供便捷服务，流动人口网格化管理初显成效。通过总结试点成功经验，在全市推广“网格化管理、信息化支撑、便民化服务、立体化防控”的社会治理工作模式，切实解决了平安建设工作中遇到的难题，为进一步提升社会公众安全感和满意度做出了贡献。

### 6. 营造良好舆论氛围

2014年，全市流动人口管理系统继续深化“南宁是我家，和谐你我他”主题宣传活动，并重点在5月启动了“开门纳谏，问计新市民”主题宣传月活动，9月启动了“迎世锦、保平安——《南宁新市民的故事》”、《南宁新市民服务手册》赠书仪式暨流动人口服务管理宣传月活动，形成全社会共同参与、共同尊重、关心支持流动人口管理服务工作的良好氛围。2014年全年，区、市报刊和媒体共刊登南宁市开展流动人口服务管理工作报道30多篇，“政法在线”和“政法之声”栏目播放流动人口服务管理短片13条、录音2条，编印《南宁市流动人口和出租屋服务管理简报》20期。同时积极开展形式多样的关爱活动，有力地促进了社会和谐发展。2014年，南宁市各县区流动人口办会同有关部门，依托全市117个流动人口之家、152个流动党员之家、73个法律援助工作站及农民工夜校、农民工工会等群体组织，在五一国际劳动节、六一儿童节、中秋节、国庆节和春节期间，组织开展以“南宁是我家，和谐你我他”为主题的系列关爱活动，为农民工送温暖、送电影、送书籍，慰问流动人口及其子女608人，开展法制宣传活动30多次，发放宣传资料10余万份，投入慰问资金约20万元。

## 二　南宁市流动人口服务管理工作存在的主要问题

### 1. 基础信息采集困难

流动人口和出租屋信息采集是做好服务管理工作之本，而流动人口和出租屋登记核查是一项繁杂而细致的基础工作，目前南宁市主要依靠数量有限的协管员来完成此项工作，各有关部门因人员不足，参与少、投入少，导致登记核查力量的不足，人口基数逐年增大，封闭式住宅小区逐年增加，“入户难”的问题始终无法有效解决；另外，由于各部门间信息尚未实现互通和共享，统计口径不一，造成了人口信息的重登、漏登现象。

### 2. 出租屋管理难度增大

由于出租屋数量庞大，“城中村”出租屋居住密度高，流动人口更换频繁，商住小区入户登记难。一些新建成的住宅小区未及时纳入社区管理范围，一些物业服务企业以保护业主隐私为由不配合政府实施管理等，使得全市出租屋纳管率仍然不高；一些出租屋为传销等违法活动提供场所而没有受到及时查处等。

### 3. 违法犯罪活动难以有效遏制

外来流动人口构成复杂，历来是实施违法犯罪的高发人群，大部分从事的职业为体力劳动，收入不高，且有些外来流窜犯罪分子混迹其中，从事各类违法犯罪活动；有些外来流动人口好逸恶劳、不务正业，当个人意愿得不到满足和实现时，往往容易做出违法行为。南宁市在一些城郊接合部位，由于对流动人口和出租屋的监管不力，一些违法犯罪活动仍然难以有效遏制。

### 4. “市民化”“均等化”服务仍有多方面不到位

流动人口在办理居住证后，应当享有与当地户籍人口同等的中等职业教育资助、就业扶持、住房保障、养老服务、社会福利、社会救助、居民委员会选举、人民调解员选聘、随迁子女在当地参加中考和高考的资格等权利，但各级各部门在实施上还有很多方面存在困难，如在流动人口普遍关心的子女入学问题上，南宁市市区内52所公办初中学校中，有27所学校招收的流动人口子女人数超过本市常住户口居民子女，人口倒挂现象明显。除公办教育资源远不能满足流动人口子女增长需要外，民办学校还多存在师资力量薄弱、教学质量相对较低、管理不规范等突出问题。

## 三 南宁市加强流动人口服务管理工作的对策

### （一）加强各级组织机构建设

#### 1. 不断加强服务管理机制建设

以网格化管理、社会化服务为方向，健全基层综合服务管理平台。推进全市社区（村）“网格化”管理，推动“网格化”管理与社会化服务有效结合。进一步健全基层流动人口服务管理机构，整合县区、街道、社区（村）流动人口三级公共服务和社会管理力量，真正发挥流动人口及出租屋服务管理中心（站）一站式服务功能，实现“一平台”受理、“一站式”服务、“一条龙”办理，基本实现“办事不出社区（村）”。

#### 2. 加强基层队伍建设

建立全市统一的“网格员”队伍，按照外来流动人口 500∶1 或出租屋 200∶1 的比例配齐配强“网格员”队伍，有计划、分批次，多途径、多形式开展流动人口服务管理工作者的集中培训与分级分类培训，加大对“网格员”队伍政策法规、信息网络知识培训力度，将培训合格情况与个人绩效考核相结合。鼓励各级各类流动人口工作者加强专业学习，提高服务能力。

#### 3. 强化保障机制建设

按照“分级管理、分级分担”的原则，认真贯彻落实市政府将各级流动人口服务管理办公经费、“网格员”工资和居住证成本性开支纳入同级财政预算的要求，保障流动人口服务管理工作经费。

#### 4. 完善考核督导制度

层层签订目标管理责任书，做到年初有布置，年中有检查，年底有考核。按照综治平安建设考核要求，加强对机构设置、人员配备、配套政策制定、经费保障、基础信息等情况的督导和考核。进一步改进考核方式方法，适时组织相关部门开展专项督导检查和明察暗访，力求考核结果真实反映各地工作实绩，进一步推动各项工作的落实。

### （二）健全流动人口服务管理政策机制

认真贯彻落实中央、自治区、市有关户籍制度改革的决策部署，通过积极稳妥的户籍制度改革，完善流动人口就业、教育、医疗、住房等社会保障制度，将公共服务资源更多地延伸至流动人口，进一步扩大流动人口享有的基本公共服务范畴，为流动人口提供更多、更实在、更便捷的服务。一是公安部门继续以居住证制度为抓手，进一步拓展居住证的功能，不断完善居住证相关配套政策。二是人社部门要健全完善公共就业服务机构设置和职责，加强机构职能整合和完善基础平台服务功能，推动落实《社会保险法》和新修订的《工伤保险条例》，努力扩大进城务工人员参加社会保险的覆盖面，提高外来务工人员参保率。三是教育部门继续将流动人口子女接受义务教育纳入当地教育整体发展规划，并将经费纳入公共财政预算予以保障；继续坚持以流入地政府管理为主、以全日制公办中小学接纳为主的原则，保障流动人口子女与当地学生平等接受义务教育，并按规定在收费、管理等方面与当地学生同等对待。四是卫计委要改善流动人口医疗卫生条件，为流动人口提供与当地居民同等的公共卫生服务；大力推进流动人口计划生育基本公共服务均等化，深入推动人口计划生育服务管理区域协作。五是住房部门要积极改善进城务工人员生活居住条件，逐步扩大政府保障性住房覆盖范围，为进城务工人员提供更多的基本住房保障选择。六是其他成员单位应当根据各自职责，做好居住证持有人的权益保障和服务管理工作。

### （三）探索流动人口服务管理新模式

以从“一站式”服务模式向“市民化”的服务模式转变、从“以房管人”的服务模式向“数字化”服务模式转变两条主线为指引，在各县区通过推行流动人口及出租屋网格化管理、分类管理、出租屋编码管理等新型管理模式，打造不同特色的创新模式。

#### 1. 探索智能化信息采集

通过试点带动的办法，进一步拓展和探索使用警务通、移动采集终端、智能门禁、微信、短信、自助申报 APP 等多种渠道科技采集方法，及时、准确地采集流动人口基础信息，切实做到底数清、情况明。推行信息采集运用与网格服务管理一体化，采取有效措施强化对各类基础信息的实时采集、动态录入，提升基础信息采集、录入、查询的时效和质量，为信息共享、研判预警、主动防范、整体管控提供“源头活水”。

### 2. 改革出租房屋租赁登记备案制度

进一步提高出租房屋登记备案率和出租屋综合管理责任书签订率。强化现有法律法规文件精神的贯彻实施力度，充分运用法律手段，加大对违法、违规行为的查处力度，推动用工单位、房屋出租人、业主申报信息等社会责任落实。适时组织开展对重点区域出租房屋管理专项行动，强化管控措施，加强基础工作，规范使用“两册两书”（《外来流动人员〈租住人员〉登记交换册》《出租房主信息登记册》《南宁市出租房屋综合管理责任书》《检查出租屋及租住人员情况催办通知书》），做好相关服务管理工作，研究制定吸引更多出租屋主主动登记备案的有效方法。

### 3. 建立健全部门联动机制

加强信息资源互通共享和深度应用，提高系统互联、信息互通和资源共享程度。整合流动人口、综治、公安、计生、城管、民政、人社等信息平台资源，纳入智慧城市建设总体规划，建立信息的互通、共享机制，及时传递数据并反馈各部门，同时定期交流、传递工作中掌握的流动人口、出租房屋等信息。在综合研判的基础上，依据各自职责，依法依规有效处理管理工作中的突出问题，组织相关职能部门对涉及全局的、综合性的问题，组织开展联合治理。

## （四）加强宣传引导和调研信息报送

### 1. 加强宣传报道

加强与宣传部门和电视台、新闻网、报刊等各类新闻媒体的联系沟通，大力宣传中央、自治区、南宁市有关流动人口管理服务方面的方针政策和规章制度；宣传流动人口在南宁市经济社会发展中的贡献；宣传流动人口服务管理工作中涌现的先进典型人物和突出工作成效，形成全社会尊重、关心流动人口的良好氛围。

2. 健全舆情监测机制

及时发现、引导和妥善处置涉及流动人口服务管理工作的各类舆情，强化信息报送工作，督促各县区、开发区定期上报流动人口服务管理工作信息，以利于及时开展分析研判等工作。

3. 积极开展调查研究

充分考虑人口变化对经济社会发展的长期性、基础性影响，加强对人口发展规律、城市人口承载能力等的研究，每年形成1篇以上流动人口服务管理调研文章，把握人口流动状况和趋势，为引导人口有序流动与合理分布系统性地提出意见建议，为具体政策措施的提出提供思路和方向，为进一步探索南宁市流动人口服务管理创新打下坚实的基础。

# B.11 南宁市文化市场综合执法分析报告

廖斌　张启敏*

近年来南宁市文化市场综合执法各级各部门在市委、市政府的领导下，坚决贯彻中央和自治区的工作部署，凝心聚力，开拓创新，真抓实干，切实抓好各项重点工作的落实，为保障社会稳定和文化领域安全，实现南宁文化市场综合管理首位度提升，打造全区文化市场综合执法精品工程，加快建设中国面向东盟开放合作的区域性国际城市做出了应有贡献。

## 一　南宁市文化市场综合执法基本情况

### （一）文化市场概况

作为自治区的政治、经济、文化中心，自改革开放以来，南宁市文化市场得到了蓬勃发展，已经逐步建立起各方位全面发展的现代文化市场体系，形成了网吧、娱乐场所、演艺、美术品经营、出版物经营和印刷复制行业全面发展的良好格局，全市各类文化市场经营场所数量、规模在全区排名第一，占全区总量的18.9%，文化市场发展始终走在全区的前列。据不完全统计，截至2015年3月，全市共有各类文化经营场所3131家，其中，互联网上网服务营业场所（网吧）583家、歌舞娱乐场所302家、游戏游艺娱乐场所111家、文艺表演团体15家、演出场所经营单位4家、演出经纪机构

* 廖斌，南宁市文化新闻出版广电局版权科科长；张启敏，南宁市文化市场综合执法支队科员。

24 家、美术品经营单位 10 家、音像制品经营单位 282 家、出版物发行单位 816 家、印刷复制企业 984 家。

## （二）文化市场管理及执法机构情况

### 1. 文化新闻出版广电行政部门

根据国家有关法律法规的规定，各级文化、新闻出版、广电等行政部门负责文化（文物）、出版物和广播影视等领域的行政执法工作。南宁市各级文化、新闻出版、广播影视等行政部门设置情况如下：

2010 年，根据《中共南宁市委、南宁市人民政府关于南宁市人民政府机构设置的通知》，设立南宁市文化新闻出版局，为市人民政府工作部门，将原市文化局、原市新闻出版局（市版权局）的职责整合，划入市文化新闻出版局。2014 年 11 月，根据南宁市人民政府办公厅《关于印发南宁市文化新闻出版广电局主要职责内设机构和人员编制规定的通知》文件，设立南宁市文化新闻出版广电局，为南宁市人民政府工作部门，将原市文化新闻出版局、原市广播电影电视局的职责整合，划入市文化新闻出版广电局。

目前，南宁市所辖各县文化新闻出版广电和体育局、各区文化新闻出版体育局和各开发区文体局（卫教文体局）均含有文化、新闻出版、文物、广电和体育等行政管理职能，个别县区还含有旅游行政管理职能。

### 2. 文化市场综合执法机构

（1）市级文化市场综合执法机构

南宁市文化市场综合执法支队前身为 1984 年 12 月成立的南宁市社会文化管理办公室，1997 年 4 月更名为南宁市文化市场管理办公室，2001 年 12 月更名为南宁市文化市场稽查队，2003 年 9 月更名为南宁市文化市场稽查支队，2007 年 7 月自治区人事厅批准为参照公务员法管理单位，2010 年 5 月更名为南宁市文化市场综合执法支队，隶属于原南宁市文化新闻出版局。2014 年 11 月，原南宁市文化新闻出版局与原南宁市广播电影电视局合并成立南宁市文化新闻出版广电局，南宁市文化市场综合执法支队隶属于南宁市文化新闻出版广电局。2014 年，南宁市文化市场综合执法支队编制 15 人，为副处级全额拨款事业单位，参照公务员法管理，外聘人员 3 人。

受南宁市文化新闻出版广电局委托，南宁市文化市场综合执法支队行使文化、新闻出版、广播影视等领域的行政执法职能。

（2）县（区）级执法部门

2011 年 8 月，南宁市全面完成文化市场综合执法改革工作，市属 6 县 6 城区全部组建文化市场综合执法大队，为副科级全额事业单位，其人员参照公务员法管理，隶属于当地文化新闻出版广电行政部门。目前，全市各县（区）文化市场综合执法机构编制人数共 142 人，在编在岗执法人员 125 人（县 50 人，城区 75 人），部分县（区）聘用协管员（共 44 人）。市属高新、经开、东盟 3 个开发区尚未组建文化市场综合执法机构。

### （三）文化市场综合执法方式

南宁市文化市场综合执法支队受南宁市文化新闻出版广电局委托，以市文化新闻出版广电局的名义进行综合执法，对南宁市文化新闻出版广电局负责。

市属 6 县 6 城区文化市场综合执法大队受当地文化广播影视和体育局、文化新闻出版体育局委托执法。

### （四）文化市场综合执法范围

南宁市文化市场综合执法支队执法范围包括文化、广电、新闻出版、版权以及文物保护执法，不涉及教育、旅游、体育等领域。市属 6 县 6 城区文化市场综合执法大队的执法范围主要是文化、广电、新闻出版、文物和体育执法。

### （五）文化市场综合执法经费来源

南宁市、县（区）两级文化市场综合执法专项经费全部纳入当地财政预算。

## 二　南宁市文化市场综合执法主要做法及成绩

长期以来，南宁市各级党委、政府重视文化市场综合执法工作，不断加强文化市场管理和“扫黄打非”工作，各级文化新闻出版广电行政部门坚持“一手抓管理，一手抓繁荣”的方针，深入开展文化市场综合执法改革，不断建立健全文化市场管理和“扫黄打非”工作的体制机制，加大对文化市场的监管力度，规范文化市场经营秩序，有力地促进了南宁市文化事业繁荣和文化产业发展。

### （一）加强组织领导，基本构建起良好的工作机制

目前，市、县（区）都已成立了文化市场管理工作领导小组、“扫黄打非”工作小组，由当地党委常委、宣传部部长、副县（区）长担任两个领导小组的组长，成员单位包括宣传、综治、编制、文化新闻出版广电、公安、工商、财政等20余个部门，并在文化新闻出版广电行政部门内增设领导小组的日常办事机构，从而逐步建立起由市委、市政府统一领导，全市各级各有关部门齐抓共管、综合治理的良好工作机制。

### （二）深化文化市场综合执法改革，基本建立市、县（区）两级执法机构

2011年，根据自治区党委宣传部、自治区编办、自治区文化厅、自治区广电局、自治区新闻出版局《关于加快推进全区市、县（市、区）文化市场综合执法改革的实施意见》的部署和要求，南宁市委、市政府及时成立文化市场综合执法改革领导小组，统筹宣传、编制、文化新闻出版、广电、法制等部门，迅速推进全市文化市场综合执法改革工作。2011年8月底，南宁市、县（区）两级全面完成文化市场综合执法改革各项任务。经过改革，南宁市、县（区）全部成立文化市场综合执法机构，集中对文化、广电、新闻出版等行业实行综合执法；全市文化市场综合执法人员共140

名，执法人员实行参公管理，经费全部纳入同级人民政府预算。自2012年以来，南宁市西乡塘区、青秀区、兴宁区、良庆区、横县、高新区等文化新闻出版广电行政部门通过积极争取，获得城区政府领导的重视和支持，分别由城区政府出资招聘少量协管员（共44名），文化市场综合执法队伍得到进一步充实和壮大。

深化文化市场综合执法改革，主要取得以下成效：一是整合了执法资源，组建了与行政许可相对分离的综合执法机构，使文化市场综合执法工作更加具体、更有针对性、更有权威性；二是改革凸显关口前移、重心向下、属地管理这一原则，使县（区）一级执法机构的监管功能更加突出，职能更加明确；三是实现综合执法，统一行使文化、广电、新闻出版、文物和体育等执法职能，拓宽了监管层面；四是增加了执法频度和力度，文化市场秩序有了明显改善。

## （三）加强市场监管，社会文化环境得到有效净化

### 1. 坚持日常监管与专项行动相结合，整顿和规范文化市场秩序取得显著成效

长期以来，全市各级文化新闻出版广电行政部门和综合执法机构牢固树立政治责任感和使命感，守土有责、守土尽责，紧紧围绕维护国家政治稳定、文化安全和保护未成年人健康成长等主要内容，切实加大文化市场监管力度，深入开展平安文化市场建设，始终保持对文化市场监管的高压态势，强化日常监管，结合实际组织开展各类各阶段专项整治行动，在规范文化市场、净化社会文化环境等方面取得了显著成效。

### 2. 重视查办大案要案，推动文化市场管理和“扫黄打非”工作深入开展

南宁市文化新闻出版广电和“扫黄打非”有关部门密切配合，深挖案件线索，强化办案手段，查办了一系列文化市场和“扫黄打非”大案要案，主要有：2011年“4·21”制售淫秽盗版光盘案、2011年“1·07”销售六合彩非法出版物案、2012年“3·15”擅自从事网络虚拟货币交易服务案、2012年“8·31”农某侵犯著作权案、2012年“8·31”利某侵权著作权案

等，有力地震慑了不法分子。

### 3. 加强监管平台建设，文化市场管理规范化、信息化水平得到不断提高

一是在全区率先建成并投入使用“12318 文化市场举报电话”，并建立健全了接听制度、办理程序、反馈制度、管理责任制度等举报电话管理制度，并在部门网页和全市各文化市场经营场所宣传和公开“12318 举报电话”，为社会监督文化市场经营行为创造了便捷途径。二是在全区率先建成并投入使用网吧技术监管平台，实现对网吧的游戏内容、营业时间、经营状况等进行监控，并与全区网吧技术监管平台实现互联互通，初步建立起技防（应用计算机进行远程实时监控）与人防（执法人员现场实地监督检查）相结合的科学监管方式。三是在全区率先启动使用文化市场技术监管与服务平台，将文化市场行政许可、基础信息编制统计和执法检查、行政处罚、执法信息等数字化信息纳入系统管理，提高了文化市场管理工作的透明度和数字化程度。

近年来南宁市文化市场综合执法取得的成绩：南宁市有关部门（单位）多次荣获全国“扫黄打非”先进集体、全国文化市场综合行政执法先进单位和全国文化市场重大案件办案单位等荣誉称号。自南宁市开展文化综合执法改革以来，南宁市文化市场综合执法支队充分发挥文化市场综合执法主力军作用，不断通过会议培训、暗访检查、交叉检查、督查督办等各种形式，对县（区）文化市场综合执法大队开展业务指导和监督工作，文化市场各领域办案数量和人均办案量呈逐步上升趋势。2012 年 248 件、人均办案数 1.7 件，2013 年 387 件、人均办案数 2.7 件，2014 年 449 件、人均办案数 3.5 件。与此同时，南宁市文化市场综合执法支队把大案要案放到中心位置，重拳出击查处大案要案，2012 年办理“‘3·15’擅自从事网络虚拟货币交易服务案”被文化部评为“2012 年度全国文化市场重大案件办案单位”“2012 年度全区十大文化市场综合执法案卷及办案单位”，2013 年办理“杨某擅自从事网络游戏虚拟货币交易服务案”被文化部评为“2013 年度全国文化市场重大案件办案单位”和“2013 年度全区十大文化

市场综合执法案卷及办案单位”，获“2012～2013年度全国优秀文化市场综合执法案卷”三等奖，2014年办理“广西南X印刷有限责任公司印刷非法出版物案”被文化部评为“2014年度全国文化市场重大案件办案单位”，“广西康X药业连锁有限公司未经批准伪造名称出版发行非法出版物案”案卷被自治区文管办、自治区新闻出版广电局评为2014年度优秀案卷一等奖。通过市、县（区）两级文化综合执法机构行政处罚案件的办理，有效地净化了文化市场，震慑了违法违规行为，保证了文化市场健康有序地发展。

## 三 南宁市文化市场综合执法存在的问题

### （一）各级文化市场综合执法机构的执法力量不足

一是执法人员编制数少，与不断增加的行政执法职能不相适应。以市文化市场综合执法支队情况为例，在2011年文化市场综合执法改革以前，该单位（前身为“市文化市场稽查支队”）人员编制数15人，承担网吧、歌舞娱乐、游戏游艺、艺术品、营业性演出、互联网文化等行业的行政执法职责，改革后，单位职能又增加了音像制品、图书报刊、电子出版物、印刷复制和广播影视等行业的行政执法职责，工作职责成倍增长，但人员编制仍保持改革前的15人。作为自治区政治、经济、文化中心和首府城市的南宁市文化市场综合执法机构，肩负着全区近20%的文化市场行政执法任务，任务量是自治区内各地市监管任务的2.4～7.5倍，但其执法人员编制数却仅在全区各地市中排名第6位，少于柳州、桂林、梧州、钦州、北海等执法任务较轻的兄弟城市（见表1）。桂林市文化市场经营场所数量仅为南宁市的1/3，但执法人员编制却是南宁的1.5倍。与市文化市场综合执法支队相比，各县、区文化市场综合执法大队不但同样面临着“小队伍、大市场”的困境，同时还普遍存在编制人员被挪用、借用，执法人员在编不在岗的难题（见表2），严重影响了文化市场管理和“扫黄打非”工作。

**表1　2014年广西各地市文化市场综合执法机构人员配备与文化市场经营场所数量对比**

| 地市 | 文化市场经营场所数量(家) | 占全区文化市场经营场所总量比重(%) | 市级文化市场综合执法机构人员编制(个) |
|---|---|---|---|
| 南宁市 | 3131 | 18.9 | 15 |
| 柳州市 | 1384 | 8.3 | 17 |
| 桂林市 | 1149 | 6.9 | 22 |
| 梧州市 | 1302 | 7.8 | 16 |
| 钦州市 | 452 | 2.7 | 16 |
| 北海市 | 443 | 2.7 | 16 |
| 防城港市 | 1361 | 8.2 | 8 |
| 贵港市 | 1027 | 6.2 | 14 |
| 玉林市 | 1643 | 9.9 | 15 |
| 百色市 | 1266 | 7.6 | 11 |
| 河池市 | 644 | 3.9 | 8 |
| 贺州市 | 1168 | 7.0 | 10 |
| 来宾市 | 972 | 5.9 | 8 |
| 崇左市 | 649 | 3.9 | 8 |

**表2　2014年南宁市文化市场综合执法人员在编在岗情况统计**

| 序号 | 单位 | 编制人数 | 在编在岗情况 | | | | 人员在岗率是否达标(70%) |
|---|---|---|---|---|---|---|---|
| | | | 在编人数 | 在编在岗人数 | 在编不在岗人数 | 人员在岗率(%) | |
| 1 | 上林县文化市场综合执法大队 | 8 | 8 | 8 | 0 | 100 | 是 |
| 2 | 青秀区文化市场综合执法大队 | 13 | 9 | 9 | 0 | 100 | 是 |
| 3 | 西乡塘区文化市场综合执法大队 | 23 | 19 | 18 | 1 | 94.7 | 是 |
| 4 | 武鸣县文化市场综合执法大队 | 11 | 10 | 9 | 1 | 90 | 是 |
| 5 | 良庆区文化市场综合执法大队 | 13 | 13 | 11 | 0 | 84.6 | 是 |
| 6 | 邕宁区文化市场综合执法大队 | 13 | 12 | 10 | 2 | 83.3 | 是 |
| 7 | 江南区文化市场综合执法大队 | 11 | 11 | 9 | 2 | 81.8 | 是 |
| 8 | 横县文化市场综合执法大队 | 12 | 9 | 7 | 2 | 77.8 | 是 |
| 9 | 宾阳县文化市场综合执法大队 | 11 | 9 | 7 | 2 | 77.8 | 是 |
| 10 | 兴宁区文化市场综合执法大队 | 10 | 10 | 7 | 3 | 70 | 是 |
| 11 | 马山县文化市场综合执法大队 | 8 | 6 | 4 | 2 | 66.6 | 否 |
| 12 | 隆安县文化市场综合执法大队 | 8 | 8 | 5 | 3 | 62.5 | 否 |

### （二）开发区不具备文化市场监管和执法的基本能力

2013 年，市政府决定对高新区、经开区、东盟经开区实行封闭式管理，3 个开发区都成立了相应的文化新闻出版广电行政管理部门（单位性质为开发区内设机构），同时还承担教育、卫生、体育、旅游等行政管理职能，人员编制为 5 ~6 个，都未组建文化市场综合执法机构。目前，各开发区文化新闻出版广电行政部门都存在“职能多、任务重、人员少”的困难，导致文化市场管理和“扫黄打非”工作难以到位。以高新区为例，该开发区范围内共有各类文化市场经营场所 269 家，除少于青秀、兴宁、西乡塘三城区场所数量外，文化市场经营场所数量在全市各县（区）中排名第 4 位，但高新区文体局（承担文化、新闻出版、广电、体育等行政职能）却仅有工作人员 5 名（在编工作人员 1 名，编外工作人员 4 名），面对庞大的文化市场，只能是心有余而力不足，文化市场管理和“扫黄打非”工作疲于应付。

### （三）执法人员整体素质不高

各级文化市场综合执法人员整体素质不高，不能适应文化市场综合执法工作的需要。一是执法队伍年龄结构老化。以南宁市文化市场综合执法支队为例，该单位现有执法人员多为 20 世纪 90 年代组建时招录，单位内执法人员的年龄结构（平均年龄 47. 5 岁）、专业知识（多为工人转换）等都严重老化，难以适应不断增加的行政执法职责和执法业务。各县区文化市场综合执法大队的情况与市支队基本相同，平均年龄在 45 岁及以上的有上林、横县、兴宁、良庆 4 个县区大队，平均年龄在 40 岁及以上的有武鸣、江南、青秀、西乡塘、邕宁 5 县区大队，平均年龄在 40 岁以下的仅有宾阳、隆安、马山 3 个县区大队。二是执法队伍整体文化水平较低。截至 2014 年 12 月，全市共到位执法人员 137 人，但到位执法人员中全日制教育程度达大专以上学历的仅有 41 人，占全市比例仅为 30%；其他 70% 均为高中及以下学历。三是法律专业人员少。据统计，截至 2014 年 12 月，全市已到位执法人员中，所学为法律专业的执法人员仅有 5 人，占全市执法人员的比例为 4%，全市执法人员整体专业素养较低（见表3）。因此，南宁市文化市场综合执法队伍急需补充一批年轻化、高知化、专业化的新鲜执法力量。

**表3 2014年南宁市文化市场综合执法人员年龄与教育文化程度统计**

| 序号 | 单位 | 人数 | 平均年龄（岁） | 全日制教育程度及专业 | |
|---|---|---|---|---|---|
| | | | | 大专及以上（人） | 法律专业（人） |
| 1 | 南宁市文化市场综合执法支队 | 15 | 47.5 | 2 | 0 |
| 2 | 武鸣县文化市场综合执法大队 | 9 | 41 | 2 | 0 |
| 3 | 横县文化市场综合执法大队 | 9 | 46 | 2 | 0 |
| 4 | 宾阳县文化市场综合执法大队 | 8 | 39 | 3 | 1 |
| 5 | 上林县文化市场综合执法大队 | 8 | 48 | 0 | 0 |
| 6 | 隆安县文化市场综合执法大队 | 7 | 37 | 2 | 0 |
| 7 | 马山县文化市场综合执法大队 | 5 | 38 | 2 | 1 |
| 8 | 兴宁区文化市场综合执法大队 | 8 | 46 | 2 | 0 |
| 9 | 江南区文化市场综合执法大队 | 9 | 42 | 3 | 1 |
| 10 | 青秀区文化市场综合执法大队 | 13 | 40 | 9 | 1 |
| 11 | 西乡塘区文化市场综合执法大队 | 20 | 42 | 7 | 0 |
| 12 | 良庆区文化市场综合执法大队 | 15 | 45 | 2 | 0 |
| 13 | 邕宁区文化市场综合执法大队 | 11 | 41 | 5 | 1 |

### （四）乡镇农村缺乏文化市场监管力量

县（区）执法力量少，执法装备落后，而乡镇农村又未建立起文化市场管理和“扫黄打非”工作机构，致使乡镇农村文化市场监管不够到位。

## 四 提升首府南宁文化市场综合执法水平的建议

### （一）加强文化市场综合执法机构的队伍建设

#### 1. 建议组建开发区文化市场综合执法机构

从加强和完善党对意识形态领导的高度，建立健全高新区、经开区、东盟经开区3个开发区统一的文化市场综合执法领导体制，按照《关于加快推进文化市场综合执法改革工作的意见》要求，成立开发区文化市场管理工作领导小组，统一领导本行政区域文化市场管理工作。领导小组由开发区管委会分管领导任组长，有关职能部门负责人任成员。开发区文化市场管理工作领导小组下设办公室，与各开发区原有的“扫黄打非”工作小组办公室合署办公，负责组织协调本开发区的文化市场管理和“扫黄打非”工作。各行政村设文化市场管理和“扫黄打非”联络员。

建议以市文化市场综合执法支队大队的形式，分别在高新区、经开区、东盟经开区3个开发区组建文化市场综合执法机构。市文化市场综合执法支队各开发区大队为市文化市场综合执法支队派出的副科级执法机构（事业单位、参公管理），实行市文化新闻出版广电局、开发区管委会双重管理，对开发区辖区文化市场实施综合执法。

### 2. 增加文化市场综合执法机构的人员编制数量或财政供养编外工作人员

在市、县（区）文化市场综合执法机构增设网络文化、文物和非物质文化遗产、新闻出版、广电等内设机构，适当增加人员编制数量，或参照青秀区、西乡塘区现行经验做法，由各级政府分别出资为市、县（区）文化市场综合执法机构各录用5～10名编外工作人员，以满足不断增加的网络文化、文物、新闻出版、广电等综合执法工作需要，缓解文化市场综合执法面临的“大市场、小队伍”状况。

### 3. 建立健全农村文化市场管理机制

在各乡镇成立文化市场管理工作领导小组和“扫黄打非”工作小组，统一领导本行政区域文化市场管理和“扫黄打非”工作。领导小组由乡镇党委或政府主要负责人任组长，有关职能部门负责人任成员。乡镇文化市场管理工作领导小组和“扫黄打非”工作小组下设办公室，负责组织协调本行政区域的文化市场管理和“扫黄打非”工作。

由县（区）文化行政管理部门委托乡镇综合文化站协助管理农村文化市场工作。受委托协管农村文化市场的乡镇综合文化站的主要职能和任务是：宣传文化市场管理的方针政策法规，按规定向上级文化部门报告本地农村文化市场发展和管理工作情况，对本地农村文化市场进行巡查，发现涉嫌违法违规经营重大问题或事故依法采取紧急措施，及时上报县（区）文化市场综合执法机构，并协助县（区）文化市场综合执法机构进行查处，保证农村文化市场规范有序，健康发展。

### （二）加强文化市场综合执法机构的装备配备建设

#### 1. 严格按照文化部规定标准配备文化市场综合执法装备

为了全面贯彻落实《文化部关于加强文化市场综合执法装备配备工作的指导意见》精神，进一步加强和规范市、县（区）文化市场综合执法装备配备工作，建议市政府设立专项资金，采取各级财政层层配套的办法为市、县（区）综合执法机构统一配置执法车辆和有关设备，促进文化市场综合执法队伍专业化、规范化、信息化建设。

#### 2. 改善市、县（区）两级文化市场综合执法机构的技术装备条件

一是进一步完善和升级南宁市文化市场管理系统，将现有的网吧计算机监控平台、文化市场综合执法办公系统等统一整合，并增加文化市场经营场所（主要涵盖网吧、歌舞娱乐、游戏游艺、演出、文化产品集中交易市场等）远程监控、文化市场经营场所信用登记、文化市场“黑名单”、非法文化产品识别鉴定、文化市场综合执法工作信息发布等功能。二是建立市、县（区）两级文化市场管理系统，并实现互联互通、实时监控的综合性文化市场管理平台功能。

### （三）加强文化市场综合执法机构工作经费保障

建议各级政府要进一步加大对文化市场综合执法工作经费的投入。各级文化市场综合执法机构的执法经费应予以保障，并视本级财力的情况，加大公共财政对文化市场管理和文化市场综合执法的投入。各级文化市场综合执法机构的执法经费应纳入年度财政预算，将文化市场日常监管、组织开展各类专项整治行动、案件查办、教育培训等工作经费纳入预算范围，并给予足额保障、专款专用。

### （四）加强对文化市场综合执法人员的教育培训

一是要加强与先进地区文化市场综合执法机构的学习交流，通过“请进来、走出去”等方式，学习先进地区的文化市场监管理念、执法经验，进一步拓宽执法人员的视野，提高执法水平。二是要加强依法行政培训，持续开展“岗位大练兵、技能大比武”活动，在不断强化法律法规知识培训的基础上，不断提升执法人员的依法行政水平和办案能力。

### （五）研究制定行政处罚裁量标准

按照依法行政工作的有关部署和要求，全面梳理文化（文物）、新闻出版、广电等领域的法律法规，研究制定文化市场综合执法行政处罚裁量标准，划分“轻微”“一般”“较重”“严重”“特别严重”等不同等次的违法情形，并分别量化不同程度的、不同情形的“处罚标准”，有效杜绝文化市场综合执法工作中存在的执法不严、违法不纠和处罚量刑畸轻畸重等现象，从而进一步提高文化市场综合执法工作的依法行政水平，提高行政处罚效能。

### （六）建立健全文化市场失信惩戒制度

研究制定对网吧、娱乐场所、演出单位、印刷复制企业、出版物经营单位等文化市场经营单位违法违规行为的失信惩戒管理办法，结合公布文明守法经营“红名单”、违法经营“黑名单”，形成行政部门监管、社会力量监督的文化市场失信惩戒工作机制。

### （七）加强行业自律管理

引导建立和完善全市印刷、发行、互联网上网服务、文化娱乐等领域的行业协会，加强对各行业协会的业务指导，帮助行业协会正常开展工作，增强行业内的联系和沟通，加强行业诚信建设和自律管理，构建起文化市场经营单位与相关管理部门之间的桥梁、纽带，协助主管部门加强行业管理。

### （八）进一步加大对文化市场的监管力度

一是要进一步加强对文化市场的日常监管，始终保持监管高压态势，严查重罚传播淫秽色情、侵权盗版、接纳未成年人等各类违法违规经营行为，做到有法必依、执法必严、违法必究，不断整顿和规范文化市场秩序。二是要根据上级部门的部署和要求，结合本地实际，有计划、分阶段地组织开展文化市场专项整治行动，有针对性地整治文化市场存在的突出问题。

# 专题报告

Special Reports

## B.12

# 南宁市法治环境研究报告

余光辉　钟　敬　吴金艳　黄旭文　周　青*

摘　要：良好的法治环境是经济社会持续健康稳定发展的重要保障，也是在新时期新常态下创新发展、跨越发展的核心竞争力。南宁市法治环境总体处于较高满意度区间，但由于法治环境涉及面广，关联性强，不可避免存在一些问题，因此优化法治环境是一项任重道远的系统工程。本研究报告旨在通过对南宁市法治环境调查数据的分析，客观评价南宁市法治环境现状，提出优化南宁市法治环境的一系列对策措施。

关键词：南宁市　法治　法治环境

* 余光辉，南宁金融投资集团有限责任公司董事、副总经理，研究员，法学博士；钟敬，南宁市法学会专职副会长兼秘书长；吴金艳，南宁市社会科学院东盟所所长，副研究员；黄旭文，南宁市社会科学院东盟所副所长；周青，南宁市社会科学院农村所副所长。

法治是现代文明的基本标志，也是经济社会发展的必然选择。法治环境是依法治国的基础性工程，是经济社会发展中最重要的软环境，也是一种宝贵的软实力。良好的法治环境是经济社会持续健康稳定发展的重要保障，也是在新时期新常态下创新发展、跨越发展的核心竞争力。党的十八届四中全会以“依法治国”为主题，提出全面推进依法治国的总目标和重大任务，这不仅为我国建设社会主义法治国家指明了方向，也为推动形成全社会良好的法治环境提供了坚强保障。

## 一 法治环境相关概述

### （一）法治环境的内涵

法治是相对于“人治”而言的，其基本的内涵是依良法而善治，其核心在于权力制约和权利保障，据此，法治应包含两重含义：已经成立的法律获得普遍认同和服从，而大家所服从的法律又应该是制定得良好的法律。

法治环境是全社会主张依良法而善治所形成的特定意义上的社会环境，它包括直接或间接影响法治建设、法治过程和法治效果的所有因素的总和，法治环境是法治建设的重要内容之一。法治环境的出发点与归宿点都是公民权利的维护与公民权利环境的不断改善。法治环境的优劣，体现了维护社会文明进步的制度化管理程度和水平的高低。

### （二）法治环境的特征

#### 1. 系统性

从内涵上讲，法治环境是一个由多因素、多子系统组成的大环境系统。从纵向看，法治环境包含立法、司法、执法、守法、护法等各环节的全过程环境。从要素看，法治环境包含各项法律法规、相关法治机构及其硬件设施构成的客观要素系统，还包含由法律思想、法律理论、法律意识、法律素养等构成的主观要素系统。从横向看，法治环境包括行政法治环境、司法法治环境、社会法治环境等。

2. 历史性

法治环境不是一成不变的，而是具有明显的时代和历史烙印，是在时代发展过程中随着时间、空间、制度等的变化不断变化发展的。环境因素是不断变化的，社会经济条件的变化也会影响上层建筑的变迁，政治环境、人文环境、人的素养等因素也会在很大程度上影响法治环境的变化。如党的十八届四中全会以“依法治国”为主题，这将是法治环境建设历史上一个具有重要意义的里程碑。

3. 现实性

法治环境具有客观现实性，法治环境的优劣，影响和制约着当地人们的思想和行为，往往在很大程度上决定企业或个人投资的成败，因此法治环境是一个地区投资环境中最重要的组成部分，也是一个地区软实力的体现。同时法治环境也会反作用于当地经济社会发展。

4. 关联性

法治环境的各组成要素或各子系统之间都不是相互独立的，而是具有很强的关联性，相互影响，相互促进，相辅相成。如社会法治环境中公民个人的法律素养需要良好的行政法治环境和司法法治环境来保障。法治环境的评价也不能局限于某一方面或某一个因素，而是应该全面把握各要素各子系统的关联性。

### （三）法治环境的评价标准

依据法治环境的内涵，评价法治环境的核心标准有两个方面，一方面是权力受到良法制约。只有一切权力受到制定良好的宪法和法律的制约，一切依法而行才是法治追求的目标。另一方面是确认与维护公民权利。公民的各项合法权利均受到良法的保护，实现对公民权利的保障是法治的最终目的，也是法治环境良好的重要体现。

目前，理论界和部分城市或地区政府都对法治环境评价指标体系开展了诸多探索，从不同的出发点和侧重点来看，评价指标有较大差异。如

《2014 全国文明城市测评体系》中文明城市的测评标准包括廉洁高效的政府环境、民主公正的法治环境、公平诚信的市场环境、健康向上的人文环境、舒适便利的生活环境、安全稳定的社会环境、可持续发展的生态环境等，其中，民主公正的法治环境包括法制宣传教育与法律援助、公民权益维护、基层民主政治三个方面。《成都市人民政府关于创建全国法治城市的意见》中对法治环境最佳的目标定位是：各级政府依法行政水平显著提高，司法公正高效权威，公共安全体系有效运转，社会组织依法有序参与，社会主体的合法权益得到充分保障和有效维护。深圳市福田区在《关于打造高品质综合环境 加快建设一流国际化中心城区的决定》中明确提出，着力打造依法行政、司法公正、全民用法的法治环境。综合各方观点，本文从行政法治环境、司法法治环境、社会法治环境三大方面来评价南宁市的法治环境。

## 二 南宁市法治环境现状

### （一）法治环境总体概况

国家统计局南宁调查队调查结果①显示，2014 年企业对南宁市法治环境满意度为 81.03 分（满分为 100，下同），2013 年为 82.17 分，2014 年比 2013 年下降 1.14 分。高出广西平均水平 0.38 分，在全区的排名由第二位下降到第五位。

分县区看，南宁市十五个县区（包括三个国家级开发区，分别是南宁高新技术产业开发区、南宁经济技术开发区、广西—东盟经济技术开发区）法治环境满意度与 2013 年相比有升有降，其中，广西—东盟经济技术开发区满意度最高，2014 年为 83.75 分，2013 年为 86.56 分，在 2013 年和 2014 年均排名第一。有六个县区满意度比 2013 年提高，一个与上年持平，八个比上年下降。南宁市 15 个县区（开发区）的法治环境满意度见表 1。

① 本文数据均来源于国家统计局南宁调查队《2014 年南宁市投资环境监测调查报告》。

**表1　南宁市十五个县区（开发区）法治环境满意度**

单位：分，位

| 地区 | 法治环境 | | 同比上升或下降 | 排名 | |
|---|---|---|---|---|---|
| | 2014 年 | 2013 年 | | 2014 年 | 2013 年 |
| 南宁市 | 81.03 | 82.17 | -1.14 | — | — |
| 东盟开发区 | 83.75 | 86.56 | -2.81 | 1 | 1 |
| 宾阳县 | 83.62 | 81.88 | 1.74 | 2 | 8 |
| 邕宁区 | 83.29 | 81.92 | 1.37 | 3 | 6 |
| 兴宁区 | 83.09 | 80.51 | 2.58 | 4 | 10 |
| 经开区 | 82.5 | 82.5 | 0 | 5 | 3 |
| 高新区 | 82.04 | 80.47 | 1.57 | 6 | 11 |
| 武鸣县 | 81.8 | 80.3 | 1.5 | 7 | 13 |
| 马山县 | 81.75 | 79.11 | 2.64 | 8 | 15 |
| 江南区 | 81.27 | 83.55 | -2.28 | 9 | 2 |
| 良庆区 | 81.1 | 82.15 | -1.05 | 10 | 5 |
| 青秀区 | 80.68 | 81.89 | -1.21 | 11 | 7 |
| 隆安县 | 80.31 | 82.23 | -1.92 | 12 | 4 |
| 上林县 | 79.79 | 79.9 | -0.11 | 13 | 14 |
| 横　县 | 79.11 | 80.42 | -1.31 | 14 | 12 |
| 西乡塘区 | 78.78 | 81.26 | -2.48 | 15 | 9 |

## （二）法治环境分项指标满意度

法治环境是一个复杂的环境系统，其内涵丰富，本文依据调查数据可得性原则，从行政法治环境、司法法治环境、社会法治环境三个子系统来评价法治环境，三个环境子系统又分为若干分项指标，具体指标体系见表2。

### 1. 行政法治环境

营造良好的法治环境，依法行政是核心，因此行政法治环境也就尤为重要。相比其他普通个体，政府行政机关是实施或遵循法律法规的重要主体，在依法治国中起着重要示范作用。现代社会中，政府各项服务不可避免地深入到社会各个领域、各个层面，没有政府行政的法治化，就不可能有整个社会良好的法治环境。

**表 2　法治环境指标体系**

| | | |
|---|---|---|
| 法治环境 | 行政法治环境 | 行政政策与国家行政政策的一致性程度 |
| | | 行政机关贯彻落实《行政许可法》的情况 |
| | | 行政机关办事程序公开情况 |
| | | 政府政策的透明度 |
| | | 政府政策的稳定性 |
| | | 政府落实环保政策法规的情况 |
| | 司法法治环境 | 法规条例与国家法律法规一致性程度 |
| | | 政府与执法机构秉持公正的执法态度 |
| | | 解决纠纷的渠道完善程度 |
| | | 司法环境体现公正、公平、公开的程度 |
| | | 在投资经营过程中合法权益得到法律保障 |
| | 社会法治环境 | 社会治安状况 |
| | | 社会风气状况 |
| | | 民众的文化素质及文明程度 |
| | | 对知识产权保护的情况 |
| | | 民众的道德诚信程度 |

从分项指标来看，调查数据显示，对南宁市行政政策与国家行政政策的一致性程度的满意度为 84.05 分，其中满意度最高的县区为东盟开发区 87.13 分，最低的为宾阳县 77.7 分；对行政机关贯彻落实《行政许可法》的情况满意度为 83.14 分，其中最高满意度的县区为隆安县 87.44 分，最低的为西乡塘区 81.22 分；对行政机关办事程序公开的情况满意度为 81.54 分，其中最高满意度的县区为宾阳县 86.45 分，最低的为西乡塘区 79.63 分；对政府政策的稳定性满意度为 83 分，其中最高满意度的县区为东盟开发区 85.75 分，最低的为宾阳县 77.38 分；对政府政策的透明度满意度为 81.47 分，其中最高满意度的县区为东盟开发区 84.38 分，最低的为宾阳县 76.73 分；对政府落实环保政策法规的情况满意度为 82.24 分，其中最高满意度的县区为东盟开发区 86.13 分，最低的为江南区 80.27 分。具体各县区（开发区）的行政法治环境分项指标满意度见表 3。

**表3 南宁市十五个县区（开发区）行政法治环境满意度**

单位：分

| 地区 | 行政政策与国家行政政策的一致性程度 | 行政机关贯彻落实《行政许可法》的情况 | 行政机关办事程序公开的情况 | 政府政策的稳定性 | 政府政策的透明度 | 政府落实环保政策法规的情况 |
|---|---|---|---|---|---|---|
| 南宁市 | 84.05 | 83.14 | 81.54 | 83 | 81.47 | 82.24 |
| 兴宁区 | 85.13 | 83.65 | 83.04 | 84.35 | 82.39 | 83.13 |
| 青秀区 | 84.45 | 83.45 | 82.26 | 83.9 | 81.52 | 82 |
| 江南区 | 83.93 | 84.2 | 82.27 | 82.4 | 81.47 | 80.27 |
| 西乡塘区 | 82.74 | 81.22 | 79.63 | 80.41 | 77.89 | 80.33 |
| 良庆区 | 83.54 | 84.98 | 84.65 | 83.28 | 80.51 | 82.5 |
| 邕宁区 | 83.37 | 84.73 | 86.01 | 82.18 | 83.73 | 82.48 |
| 武鸣县 | 83.33 | 83.2 | 82.6 | 83.4 | 82.93 | 83.6 |
| 隆安县 | 80.08 | 87.44 | 80.28 | 80.41 | 80.31 | 80.31 |
| 马山县 | 85.08 | 82.3 | 83.55 | 82.86 | 81.75 | 81.71 |
| 上林县 | 81.31 | 83.08 | 85.11 | 78.2 | 82.9 | 83.16 |
| 宾阳县 | 77.7 | 85.9 | 86.45 | 77.38 | 76.73 | 85.34 |
| 横　县 | 80.4 | 82.18 | 81.53 | 81.53 | 79.92 | 80.4 |
| 高新区 | 85.14 | 85.4 | 83.11 | 85.56 | 82.53 | 82.54 |
| 经开区 | 85.67 | 85.08 | 84.17 | 84.83 | 83.83 | 84.42 |
| 东盟开发区 | 87.13 | 86.75 | 85.75 | 85.75 | 84.38 | 86.13 |

### 2. 司法法治环境

司法法治环境的核心是指人民法院在整个司法活动过程中是否能保持公开、公正、公平，其直接、间接影响因素也很多，包括其遵循的立法是否科学，执法是否公正，程序是否合法，司法人员是否“精其业重其责”等。因此，选取法规条例与国家法律法规的一致性程度，政府与执法机构秉持公正的执法态度，解决纠纷的渠道完善程度，司法环境体现公正、公平、公开的程度，在投资经营过程中合法权益得到法律保障程度等指标来反映司法法治环境。

从分项指标来看，调查数据显示，南宁市法规条例与国家法律法规的一致性满意度为84.68分，其中宾阳县最高为87.63分，最低为隆安县79.85分；政府与执法机构秉持公正的执法态度满意度为82.63分，其中最高满意度的县区为宾阳县85.38分，最低的为横县79.76分；对解决纠纷的渠道完善程度的满意度为80.71分，最高满意度县区为东盟开发区84.75分，最低为西乡塘区78.22分；对司法环境体现公正、公平、公开的程度满意度为82.17分，最高满意度的县区为宾阳县86.08分，最低的为西乡塘区79分；对在投资经营过程中合法权益得到法律保障的满意度为83.11分，其中最高满意度的县区为宾阳县86.95分，最低的为西乡塘区81.11分。具体各县区（开发区）的司法法治环境分项指标满意度见表4。

**表4　南宁市十五个县区（开发区）司法法治环境满意度**

单位：分

| 地区 | 法规条例与国家法律法规的一致性程度 | 政府与执法机构秉持公正的执法态度程度 | 解决纠纷的渠道完善程度 | 司法环境体现公正、公平、公开的程度 | 在投资经营过程中合法权益得到法律保障程度 |
|---|---|---|---|---|---|
| 南宁市 | 84.68 | 82.63 | 80.71 | 82.17 | 83.11 |
| 兴宁区 | 85.91 | 84.09 | 82.26 | 82.96 | 84.57 |
| 青秀区 | 84.9 | 82.55 | 80.87 | 81.26 | 83.19 |
| 江南区 | 85.33 | 82.2 | 79.33 | 83.13 | 83.27 |
| 西乡塘区 | 82.96 | 80.15 | 78.22 | 79 | 81.11 |
| 良庆区 | 85.02 | 82.56 | 79.84 | 83 | 82.41 |
| 邕宁区 | 87.2 | 85.31 | 80.98 | 83.98 | 83.98 |
| 武鸣县 | 83.87 | 82.87 | 82.87 | 83.6 | 83.13 |
| 隆安县 | 79.85 | 80.28 | 80.31 | 80.31 | 80.26 |
| 马山县 | 85.95 | 83.17 | 80.36 | 83.17 | 81.47 |
| 上林县 | 83.64 | 83.75 | 79.94 | 82.08 | 83.42 |
| 宾阳县 | 87.63 | 85.38 | 83.52 | 86.08 | 86.95 |
| 横　县 | 82.02 | 79.76 | 78.55 | 80.65 | 81.37 |
| 高新区 | 85.71 | 85.08 | 81.52 | 83.03 | 84.78 |
| 经开区 | 86.42 | 85.25 | 80.58 | 83.42 | 83.33 |
| 东盟开发区 | 87 | 85.25 | 84.75 | 85 | 86.25 |

### 3. 社会法治环境

社会法治环境是指整个社会的法治氛围、社会公众的法律意识、法律法规在社会公众行为中被遵循的程度等。社会公众的文化素质和文明程度、道德诚信程度等都是影响公众法律意识的因素，法律法规在社会公众的行为中得到普遍遵循，则社会治安状况良好、社会风气状况良好，对知识产权保护情况良好，这些也是社会法治环境优良的标志。因此，选取社会治安状况、社会风气状况、对知识产权保护的情况、民众的文化素质及文明程度、民众的道德诚信程度等指标来反映南宁市社会法治环境的状况。

从分项指标来看，调查数据显示，南宁市社会治安状况满意度为80.13分，其中东盟开发区社会治安状况满意度最高，为83.88分，宾阳县最低，为73.71分；社会风气状况满意度，为80.8分，其中江南区满意度最高，为82.47分，宾阳县最低，为74.86分；对知识产权保护的情况满意度，为82.42分，其中东盟开发区满意度最高，为85.75分，宾阳县最低，为76.16分；对南宁市民众的文化素质及文明程度满意度，为79.62分，其中东盟开发区最高，为82.75分，横县最低，为73.15分；对南宁市民众的道德诚信程度满意度，为81.59分，其中东盟开发区最高，为83.88分，宾阳县最低，为76.13分。具体各县区（开发区）的社会法治环境分项指标满意度见表5。

**表5　南宁市十五个县区（开发区）社会法治环境满意度**

单位：分

| 地区 | 社会治安状况 | 社会风气状况 | 对知识产权保护的情况 | 民众的文化素质及文明程度 | 民众的道德诚信程度 |
|---|---|---|---|---|---|
| 南宁市 | 80.13 | 80.8 | 82.42 | 79.62 | 81.59 |
| 兴宁区 | 81.57 | 81.7 | 83.87 | 79.57 | 81.78 |
| 青秀区 | 80.55 | 81.74 | 82.55 | 80.13 | 81.03 |
| 江南区 | 79.73 | 82.47 | 81.27 | 79.53 | 81.33 |
| 西乡塘区 | 78.96 | 79.41 | 80.67 | 77.41 | 79.96 |
| 良庆区 | 77.01 | 78.47 | 82.65 | 76.88 | 77.57 |
| 邕宁区 | 81.04 | 79.79 | 83.65 | 78.57 | 81.46 |
| 武鸣县 | 82 | 82.2 | 83.27 | 81.87 | 82.53 |
| 隆安县 | 78.28 | 78.24 | 80.72 | 78.77 | 78.72 |
| 马山县 | 78.8 | 76.45 | 82.62 | 75.57 | 78.07 |
| 上林县 | 77.72 | 78.02 | 79.05 | 78.2 | 80.98 |
| 宾阳县 | 73.71 | 74.86 | 76.16 | 75.64 | 76.13 |
| 横　县 | 74.44 | 75.24 | 80.4 | 73.15 | 79.52 |
| 高新区 | 79.25 | 80.04 | 83.82 | 77.69 | 81.7 |
| 经开区 | 80 | 80.5 | 83.25 | 78.25 | 82 |
| 东盟开发区 | 83.88 | 82.38 | 85.75 | 82.75 | 83.88 |

## （三）南宁市法治环境存在的主要问题

南宁市法治环境总体处于较高满意度区间，但由于法治环境涉及面广，关联性强，因此不可避免存在一些问题。

### 1. 行政法治环境存在的问题

在南宁市行政法治环境的六项指标中，虽然满意度都在 80 分以上，属于较高满意区间，但六项指标相比较，政府政策的透明度满意度最低，为 81.47 分，其次是行政机关办事程序公开的情况，满意度为 81.54 分，满意度最高的是行政政策与国家行政政策的一致性程度，为 84.05 分。可见，南宁市政府政策透明度和行政机关办事程序公开程度仍需进一步提升。

### 2. 司法法治环境存在的问题

在南宁市司法法治环境的五项指标中，解决纠纷的渠道完善程度满意度相对最低，为 80.71 分，可见进一步完善解决纠纷的渠道是社会公众和企业最为关注和迫切需要得到解决的问题。其次是司法环境体现公正、公平、公开的程度，满意度为 82.17 分，政府与执法机构秉持公正的执法态度满意度为 82.63 分，仍需要进一步提升。

### 3. 社会法治环境存在的问题

在南宁市社会法治环境的五项指标中，民众的文化素质及文明程度满意度最低，为 79.62 分，是唯一一个低于 80 分的指标，其次是社会治安状况和社会风气状况，说明民众的文化素质及文明程度在很大程度上影响其法律意识和法律素养，民众的行为是否遵纪守法，是否善于运用法律武器维护自身正当权益和处理纠纷，也影响社会治安和社会风气，全民文化素养及法律素养的提升是一项长期艰巨的工作。

南宁市法治环境除了上述三个子系统层面反映出的问题外，还存在一些比较突出的问题，具体表现在：一是促进产业发展和激发市场活力的立法较少、法规政策质量有待提高。一些已出台的政策法规强化行政权力的倾向比较普遍，且缺乏稳定性、全面性及全局性，为公民、企业的合法权益提供保障和服务的不多，存在重管理、轻服务，重权力、轻责任的倾向。二是营造良好法治环境的立法滞后，法规立改废任务艰巨。一些不适应新形势发展的法规，急需根据新情况和新标准进行修改和完善。三是综合执法体制有待进一步理顺，当出现问题时各职能部门相互推诿的现象依然存在。

## 三　进一步优化南宁市法治环境的对策建议

优化法治环境是一项系统性、长期性的工程，不仅需要相关制度的创新，更需要从思想认识、组织、领导、考核、监督等多方面、全方位保障法治环境的不断优化。

### （一）深刻认识优化法治环境的重要性

随着南宁市经济社会的快速发展，在深化改革不断推进的过程中，社会矛盾日益凸显，经济发展进入“新常态”，全面深化改革涉入“深水区”，社会发展跻入“转型期”，我们必须清醒地认识到不断优化法治环境是南宁市经济社会持续健康发展的现实需要，是提升南宁市软实力的重要途径，是提振改革信心，为经济社会发展提供持久动力的重要抓手。南宁市必须通过法治形成长远性、科学性的经济社会发展规划，克服经济社会发展的短期化、功利化倾向，避免一系列“面子工程”“帽子工程”；必须通过法治形成更加规范有序的全面深化改革的方式方法，避免改革政策方针的不稳定性；必须通过法治化解各类复杂的社会问题和矛盾，避免问题和矛盾激化。

### （二）加快建设法治政府，优化行政法治环境

#### 1. 深化行政管理体制改革

不断深化政府行政体制改革，规范政府行为，使政府由原来的经济建设型政府向法治服务型政府转变，为南宁市的社会经济发展不断营造出良好的政务环境。第一，应大力推进公共财政管理体制改革，调整南宁市财政的公共支出结构，减少并逐步取消财政资金对一般竞争性领域的投资，将公共财政用于政府具有比较优势事关民生的领域，如基础教育、公共医疗卫生、扩

大就业、环境保护、社会保障等。第二，明确市级、县区级、乡镇（街道）等不同层级政府的职能定位，建立分工合作机制，加强统筹协调，切实解决当前政府存在的“服务缺位”“角色错位”“职权越位”等问题，减少因定位不清、职责不明造成的不必要的行政资源的浪费。第三，加大机构整合的力度，强调顶层设计，推进机构、职能、权限、程序、责任法定化。依据精简、高效、权责一致的原则改革政府组织机构。对管理范围、行政职能重叠的部门单位进行整合、裁汰，对职能相近、业务范围雷同的事项，相对集中，由一个部门统一进行管理，避免政出多门和有限行政资源的无谓消耗。

2. 切实加强行政审批制度改革

当前，企业和公民个人对行政审批的诟病最多，要针对行政审批手续繁杂，服务质量差的问题，加大行政审批制度改革的力度，大力简政放权，实现审批制度的法制化。制定实施权力清单、责任清单、负面清单制度，着眼于理顺政府与市场、政府与社会的关系，减少政府对微观事务的管理，逐步减少不必要的行政审批项目，取消不必要的前置审批手续。推动各项行政审批减少环节、压缩时间、简化程序，最大限度减少和规范审批的自由裁量权，严禁变相审批，逐步建立公开透明、便利高效、程序严密、权责一致的行政审批制度。对已经取消、转移、下放的审批事项，建立后续监管制度，做好各职能部门间的衔接工作，增强改革的系统性和耦合性。

3. 完善政务公开和各领域办事公开制度

权力在阳光下行使，接受人民的监督，这是人民群众的迫切期待，这就要求政府部门依法推进决策公开、执行公开、管理公开、服务公开、结果公开。一是依法制定和公开权力清单，向社会全面公开政府职能、法律依据、实施主体、职责权限、管理流程、监督方式等事项，推进行政权力的透明化和公开化，加强对行政权力行使的程序和过程监管。二是重点推进财政预算、公共资源配置、重大建设项目批准和实施、社会公益事业建设等领域以及涉及群众切身利益的价格和收费、征地拆迁、食品药品安全、公共卫生事件、环境保护等领域的政务信息公开。三是将涉及公民、法人或其他组织权利和义务的规范性文件，按照政府信息公开要求和程序予以公布。四是推行行政执法公示制度，依法公开执法依据、执法程序、执法结果，强化对行政执法活动的监督，规范行政执法行为。五是加强政务公开信息化建设，加强互联网政务信息数据服务平台和便民服务平台建设，充分运用先进信息技术手段，丰富公开内容，创新公开方式，为人民群众提供便捷的政务服务。

4. 完善科学民主依法决策机制

政府的最主要功能之一是行使行政决策权，过去很长一段时间由于决策权领域没有相应的法律法规约束，所以导致经常出现“三拍式”决策（即决策拍脑袋、执行拍胸脯、执行完拍屁股走人），决策过程中违法、随意或滥用决策权的现象比较普遍。因此要把公众参与、专家论证、风险评估、合法性审查和集体讨论决定作为重大决策的法定程序，同时建立健全重大决策终身责任制和责任倒查机制。建立对重大决策的社情民意调查反馈制度，广泛开辟社情民意的反馈渠道，通过新闻媒体、政府网站、政府热线、信访部门以及调查机构等多种形式，了解群众对南宁市政府行政决策的意见和建议。建立和完善重大决策监督制度，政府重大决策要主动接受人大的依法监督和政协的民主监督，自觉接受司法监督、舆论监督和社会监督。

5. 切实规范行政执法行为

行政执法是行政机关最重要的职责，良好的地区经济发展环境和法治环境要求行政机关特别是基层行政执法人员要提高服务意识，增强自律意识，规范行政行为，避免乱检查、乱罚款、乱摊派等侵害市场主体利益的行为出现。因此，必须进一步健全相对集中行政处罚权和综合执法机制，通过职能的科学综合配置，减少执法层次和交叉重叠执法的矛盾，同时也可以使执法部门之间相互监督，提高执法效率和执法透明度。进一步完善行政执法程序，对所有行政执法行为实行程序化管理，同时推进行政处罚自由裁量基准制度，强化对行政执法环节、步骤的具体规范，切实做到流程清楚、要求具体、期限明确、裁量得当，维护行政执法的严肃性，坚决制止徇私枉法、权钱交易、办人情案、关系案等现象，杜绝行政执法随意性、不规范问题的发生。

### （三）打造公正高效权威的司法体系，优化司法法治环境

#### 1. 着力推进科学民主立法

适应南宁市经济社会不断发展的需要，尊重和体现社会发展的客观规律，尊重和体现法律所调整的社会关系的客观规律以及法律体系的内在规律，真正反映和保障广大人民群众的共同意愿和各项权利，继续大力推进科学立法，民主立法，以法立市。一方面要积极完善和出台“科学合理、行之有效”的法规规章；另一方面要主动清理过时的与上位法明显不一的或成效不明显的法规规章。要拓展公民有序参与立法的途径，健全法律法规草案公开征求意见和公众意见采纳情况反馈机制，广泛凝聚社会共识。

#### 2. 强化程序公开管理，增强司法透明度

司法涉及的环节和程序较多，从立案受理、调查取证，到开庭审理、依法裁判、执行等过程，都必须公开、规范、合法。通过系统化的管理，规范办案流程，使案件从立案时起就进入有序运作的轨道，提高司法质量和司法效率。一是强化立案公开。公开各类案件的立案条件、立案流程等重要内容，建立诉讼引导、风险告知、程序指导机制。二是强化庭审公开。积极组织庭审观摩活动，邀请人大代表、政协委员旁听庭审，增加人民陪审员参与庭审的比例，真正推行“阳光庭审”。三是强化裁判文书公开。除涉及国家秘密、未成年人犯罪、个人隐私以及其他不适宜公开的案件外，逐步推进其他裁判文书都公开。四是强化执行公开。公开执行案件的立案标准、执行风险、执行程序等相关信息以及执行人员的情况及联络方式等。采取查封、扣押、冻结、划拨等措施以及执行中的重大进展，及时告知当事人和利害关系人。五是强化司法鉴定公开。随机抽选的方式选定的鉴定、评估机构和拍卖机构，及时向社会公告选定的名单。对外委托鉴定、评估和拍卖的情况向当事人和利害关系人公开。真正做到权益保障更加有力，便民措施更加丰富，司法公开更加深入，民主参与更加有效，司法环境更加优化。

#### 3. 完善司法协调联动机制，努力形成高效司法合力

建立健全司法协调联动制度，加强政法部门与其他相关部门的沟通协调

与合作，整合社会各方面力量，多措并举，切实形成解决纠纷矛盾的高效合力，不断提高人民群众对解决纠纷渠道多样性、畅通性的满意度。建立审判与人民调解工作协调机制，构建和谐司法，促使矛盾纠纷化解在基层。建立健全劳动争议、交通事故、婚姻家庭、农民工追讨工资等涉及民生案件的联动联调机制，联合工会、人力资源与社会保障、公安、妇联等部门共同化解，切实做到涉民生案件化解在基层。建立法院与公安机关执行工作协调机制，确保清理积案和执行工作有效运行。

### （四）推进社会治理法治化，大力优化社会法治环境

#### 1. 深化“平安南宁”建设

平安是人民群众的最基本需求，也是最基本的发展环境。应以平安建设为载体，努力为南宁市经济社会持续健康发展创造良好的法治环境。紧紧围绕政治安全、治安安全、生产安全、公共安全、生态安全、信息安全等主题，不断加强和创新社会治理，努力建设水平更高和人民群众及投资者更加满意的“平安南宁”。要“跳出平安抓平安”，坚持把深化“平安南宁”建设长效化、制度化。一是多渠道化解矛盾纠纷。应该充分发挥政法部门联系面广、工作网络健全、基层组织接近群众的优势，坚持调处优先的原则，综合运用法律、政策、经济、行政等手段和教育、协商、疏导等办法化解社会矛盾。当前，应高度重视信访工作，畅通群众诉求渠道，及时回应群众诉求，给弱势群体更多的人文关怀和物质帮助。二是积极构建社会治安防控体系。继续扎实有效开展平安创建及打防控一体化建设活动，优化社会治安巡逻防控体系建设。重点强化人防物防技防，加强对主要路段、商业繁华区和治安复杂场所的监控系统和技防设施建设。

#### 2. 全面提升公民法律素养

只有提高公民法律素养，才能真正使公民积极主动参与立法、司法、执法等全过程监督，才能在全社会形成良好的法治氛围。一是加强法制宣传教育，增加和丰富公民的现代法律知识。二是培养和巩固公民对法律的信任、信赖和理性守法的精神，为提高公民法律素质奠定良好的思想基础。三是引

导全社会形成办事依法、遇事找法、解决问题用法的良好行为习惯，为提高公民法律素养营造广泛的社会基础。四是创新普法理念，丰富普法形式，重视不同对象人群的个性特征，使普法成为公众的内在需求，而不再是“走过场”和“走形式”。五是培养文明、诚信，遵纪守法的社会风气，遇到矛盾和问题，要顾全大局，依法解决，避免“想闹就闹，想堵就堵”的现象出现，真正把营造好的法治环境变成全市人民的自觉行动。

### 3. 加强法律援助服务

完善的法律援助服务是实现社会公平正义的重要基石。一是要深入学习贯彻习近平总书记重要指示精神，进一步扩大法律援助覆盖面，使法律援助惠及更多困难群众。逐步降低法律援助门槛，努力把劳动就业、社会保障、土地承包、征地拆迁等与民生问题紧密相关的权益保护事项纳入援助事项范围，及时满足困难群众法律援助需求，保障法律援助事业与经济社会协调发展。二是积极探索创新，寻求多种援助方式，努力提高法律援助质量。不断改进服务方式和手段，进一步拓宽、畅通法律援助申请渠道，简化法律援助受理审查程序，努力为困难群众提供便捷、高效的法律援助。坚持把调解优先原则贯穿到法律援助工作中，对于案情简单、事实清楚、争议不大的案件，更多地采用诉前调解或和解等非诉讼方式解决当事人之间的矛盾纠纷。三是建立和完善告知制度，强化监督，更好地增强法律援助服务民生的功能和作用。大力推进法律援助规范化建设、信息化建设和队伍职业化建设，广泛调动社会资源，强化服务能力，扩大社会影响力。

## （五）完善法治环境建设相关保障措施

法治环境建设是一项长期的任务，是一个不断实践、不断探索、不断提升的过程，应从组织领导、宣传教育、体制机制等多方面来保障法治环境建设的长效性。一是加强组织领导，法治环境涉及面广，应建立健全“党委领导，政府实施，人大、政协监督，全社会参与”的法治南宁建设领导体制，健全多部门协调配合的工作机制，积极稳妥推进法治环境建设。二是积极开展法治城市、法治县区等创建工作，通过创建活动丰富法治环境优化路径。三是大力推进法制宣传教育。以加强诚信建设、强化规则意识、倡导契约精神、弘扬公序良俗为出发点，开展法制宣传活动。通过各类媒体专栏专版，门户网站、微博微信等形式形成宣传互动平台，扩大法制宣传面，重点解读、宣传公民反映强烈的热点、难点法律问题和法律案例。通过印发法制宣传材料，送法律法规进企业、进机关、进学校、进公园等多种形式，引导各类市场主体和社会公众学法知法、懂法守法，着力培养诚信守法观念和社会责任意识。四是加强法制培训。重点对有关法律法规涉及的相关部门、经营行业的从业人员进行培训，提高其法治意识，增强守法自觉性和维权主动性。积极教育和引导公民、法人和其他组织通过法定渠道，以合法理性的方式反映诉求、解决问题，依靠法律维护自身合法权益，逐步形成良好的社会法治氛围。

B.13

# 南宁市城市治理执法成效调研报告

侯康顺　梁娟*

摘　要：本文分析了南宁市自开展“美丽南宁·整洁畅通有序大行动”以来，城市治理执法的主要做法及成效，总结梳理城市治理执法逐渐显现出来的重点与难点问题，结合党的十八大提出的“提高领导干部运用法治思维和法治方式深化改革、推动发展、化解矛盾、维护稳定能力”的命题，提出以法治思维和法治方式构建城市治理长效机制的对策建议。

关键词：南宁市　城市治理　行政执法

自2013年以来，南宁市在全市开展“美丽南宁·整洁畅通有序大行动”（以下简称“大行动”），“大行动”以实施“七大工程”（即基础设施建设和市政公用设施保障工程、市容环境整治提升工程、城市绿化美化彩化工程、城市交通畅通提升工程、城市环境质量保障工程、铁路沿线环境综合整治工程、文明有序提升工程）为抓手，统筹推进，强效整治，解决城市治理过程中长期存在的秩序混乱和管理难题。这无疑是城市治理领域的有益探索。作为一项城市综合整治工程，经过一年多时间，南宁市市容市貌明显改观，交通秩序明显改善，文明有序明显增强，获得了良好的社会效果。

---

* 侯康顺，南宁市法制办公室副主任；梁娟，南宁市法制办公室副主任科员。

## 一　创新城市治理执法的做法和成效

### （一）建章立制，完善城市治理政策法规体系

完善的政策法规体系是推进城市依法、高效治理的前提。为了确保城市治理顺利推进，首先要立法先行，使各项治理工作在法治轨道上运行。自2004年国务院印发《全面推进依法行政实施纲要》以来，南宁市注重发挥立法的引领和推动作用，加大了城市治理的政策法规制定工作力度，特别是“大行动”一开始就特别注重构建城市治理政策法规体系的制度框架，制定和修改了《南宁市违法建设查处条例》《南宁市“门前三包”责任制管理办法》等城市治理所急需的法规、规章和政策21件，使“大行动”做到有法可依、有章可循。

### （二）联合执法，实行城市治理领域严管重罚

为了彻底解决城市治理过程中长期存在的秩序混乱和管理难题，自2013年5月开展“大行动”以来，南宁市投入大量的人力物力，公安、城管、工商、建设、交通、食药、园林、住房、环保、交警等执法部门多支执法队伍近万名执法人员和协管员，全员上岗，并组成联合执法队，全方位、网格化深入各个重点领域，开展联合整治行动，对有关市容环境和交通秩序等方面的违法行为实行严管重罚。据统计，自2013年7月5日启动严管重罚以来，拆除违章高杆广告397杆；整治无物业管理小区632个，城中村46个，农贸市场145个；查处乱摆卖、跨门槛经营35.5万次；查处各类交通违法行为190万起，扣留车辆13.5万辆，行政拘留144人，拖移违法停放的机动车6.4万辆；查处电动自行车违法行为68万起，责令观看警示教育片22万人次、协助执勤10.5万人次；全市拆除违法建筑686.7万平方米。通过高压态势对城市乱象实行高强度整治，逐步清除各种城市乱象①。

① 该部分的有关数据均来源于“美丽南宁·整洁畅通有序大行动”相关工作总结和汇报材料。

### （三）加大投入，强化城市治理的执法保障

为进一步推进城市治理工作，南宁市加大了对城市治理的执法保障力度，如增加了 264 名城管综合执法人员和 400 名交警协管员，还为各执法队伍增加执法装备、设备。与此同时，为进一步提高行政执法人员和各级领导干部的依法行政水平，南宁市进一步加大依法行政知识的培训力度，如搭建了党校培训和网络培训平台，结合行政执法资格考试培训的开展，利用 3 ~ 5 年的时间，分期分批对全市所有行政执法人员以及协助执法人员进行行政执法业务和依法行政知识全员大培训，确保执法人员和协管员持证上岗；建立了领导干部任职前法律知识考试制度，要求全市所有新任处级、科级干部在任职前都要进行法律知识培训和考试，采取委托第三方机构组织网络学习培训和考试的做法。

### （四）多措并举，推进社会信用体系建设

诚信是社会主义核心价值观的重要内容，是公民的基本道德规范。加强诚信制度化建设，对推进城市治理体系和治理能力现代化具有重要意义。南宁市首先从公职人员入手，充分发挥公职人员践行诚实守信的带头表率作用，2014 年 3 月，出台了《南宁市机关事业单位及国有企业失信人员从业惩戒规定（试行）》，将城市治理重点领域易发、多发和市民反映强烈的 40 种违法违规失信行为纳入必须惩戒的范围，并划分三个等级实施信用惩戒措施；2014 年 4 月，出台了《南宁市市委管理干部失信行为惩戒暂行规定》，将市管干部在职务、道德伦理等范畴的 32 种失信行为以及 40 种社会诚信行为纳入惩戒范围，对失信严重的市管干部采取相应的惩戒措施。同时，强化联合惩戒，2014 年 10 月，出台了《南宁市城市管理领域失信联合惩戒办法（试行）》，该《办法》选取城市治理的 13 个重点领域，对不同性质的失信行为人分别实施由轻到重的联合惩戒措施。例如，企业或个人一旦失信被进入南宁市失信联合惩戒的"黑名单"，将会受到全市交警、城管、工商、城建等 13 个重点部门的联合惩戒，实现"一处失信、处处受限"的效果。截

至2014年年底，全市共查处各类失信案件51094起，2014年第四季度比实施前的第三季度机动车违法违规率降低了40.8%，公车违法违规率降低了30%①。

### （五）强化考评，严格督察问责

为了避免“大行动”陷入“运动式”管理的怪圈，南宁市着力研究建立常态化的城市治理体系，确保城市治理各项工作常态化、长效化。南宁市出台了《南宁市“美丽南宁·整洁畅通有序大行动”工作目标专项考评办法（试行）及配套考评细则》，委托第三方对各城区、开发区及市直重点部门开展考评，将城市管理监督评价中心从市城管局中剥离出来，独立参与考评工作，组织市纪检监察部门、市人大代表、政协委员、市属媒体、相关专业人员、各城区（开发区）人员、市民代表等参与考评，并依据考评结果对各城区、开发区及市直部门进行奖惩，对排名前两名的城区（开发区）予以奖励，对排名末位的城区予以处罚。同时对工作不力或造成不良影响的责任领导，采取全市通报、公开检讨、诫勉谈话直至免职等措施进行问责。“大行动”开展以来，共出动10850人次，发出督办、挂牌督办2366份，对658名履职不力、作风不正、为政不廉的党政领导干部进行责任追究，以铁的手腕、铁的纪律、铁的作风确保各项工作有效落实②。

### （六）强化监督，规范行政执法行为

为了确保城市治理工作沿着法治轨道实施，在加强城市治理严管重罚的同时，南宁市也加强对执法部门的行政执法行为的监督，初步建立了有效的执法监督体系。在外部监督方面，充分发挥社会各界的监督和媒体监督作用，市长热线、城管热线、环保热线等24小时开通，媒体曝

---

①② 该部分的有关数据均来源于“美丽南宁·整洁畅通有序大行动”相关工作总结和汇报材料。

光从未间断，南宁电台政风行风热线节目每周至少5期，南宁电视台“电视问政”节目让一把手“胆战心惊”，《南国早报》开设了“市政示警”栏目；市人大开展的执法检查活动、市政协开展的视察活动、人民法院受理的行政诉讼等，还有审计、监察等部门均对各行政执法部门的执法活动给予了有力的监督。在内部监督方面，成立了南宁市行政执法监督局，完善了行政执法监督机构，积极探索完善行政执法监督各项制度和法律文书，印发了《南宁市行政执法监督案件办理工作制度》等；积极探索和改进依法行政考核方式、方法，优化考核标准，将各被考核单位的依法行政考核成绩纳入绩效考核指标；通过行政执法个案监督、专项监督和行政执法案卷评查等方式，加大对城市治理重点领域的执法监督检查；通过完善行政复议配套制度，开展行政复议规范化建设，进一步加强对行政执法行为的层级监督。

### （七）广泛宣传，动员全民参与

组织开展声势浩大的宣传动员，确保“大行动”各项工作深入人心。一年多来《南宁日报》《南宁晚报》等市属媒体刊发专题版面1700多个，南宁电视台坚持每天制作2小时专题直播节目，目前累计播出时长达到980个小时，并从2014年3月起，创新播出《向人民承诺——大型电视问政》节目，已成功播出14期，市民问题反馈3000多个，直播期间接到热线电话700多个，节目中曝光的40多个方面90多个问题全部得到整改落实。同时广泛发动社会各种力量参与“大行动”，团市委、市妇联等群团组织在47个主要路口、112个公交站点，每天组织近500名青年志愿者、巾帼志愿者开展文明引导活动；各城区、开发区结合实际在社区大力组织“美丽妈妈巡逻队”“美丽大使”“社区五老志愿服务队”开展巡逻和劝阻活动①。

① 该部分的有关数据均来源于“美丽南宁·整洁畅通有序大行动”相关工作总结和汇报材料。

## 二 城市治理执法存在的主要问题分析

### （一）城市基础设施建设相对滞后

目前南宁市在市政公用设施、交通和城市绿化等基础设施建设方面仍相对滞后，交通拥堵，车辆乱停、垃圾乱扔、乱摆乱卖、广告乱贴等问题屡禁不止。比如，2013 年，南宁市汽车停车位总需求量约为 61 万个，停车泊位的供给总量现状约为 41 万个，缺口约为 20 万个，停车泊位供需矛盾突出，乱停乱放随处可见。[①] 又如农贸市场建设跟不上生产、生活的需要，已建成的农贸市场存在数量少、规模偏小、分布不均匀、设置不合理以及市场内部“脏、乱、差”等问题，新建成的农贸市场培育经营成本偏高，经营业主管理难度大，以致马路市场普遍存在，冲击正规市场。城市基础设施滞后这一源头性问题难以解决，整治过程只能“堵”却无处可“疏”，容易导致社会群众的争议和不满，甚至造成矛盾冲突。这势必增加城市治理的难度，也制约城市治理的质量和水平。

### （二）城市治理的政策法规体系仍待健全

城市治理涉及的领域多且繁杂。随着城市不断发展，规模不断扩大，对法律法规的需求也迅速增加，虽然近年来南宁市出台了多部地方性法规、政府规章和一批规范性文件，但仍不能适应城市治理的新形势、新要求，主要表现在：

第一，部分城市治理领域仍存在立法空白点，较为突出的领域主要有城中村、农贸市场、非法小广告和无物业服务企业或其他物业管理单位管理的小区等管理领域。比如城中村[②]领域，如今城中村已经成为城市的一个重要

---

① 数据来源于“美丽南宁·整洁畅通有序大行动”2013 年工作总结和 2014 年工作计划。

② 所谓城中村，是指在经济快速发展、城市化不断推进的过程中，位于城区边缘农村被划入城区，在区域上已经成为城市的一部分，但在土地权属、户籍、行政管理体制上仍然保留着农村模式的村落。来自《提升南宁市“城中村”社会管理科学化水平调研报告》，载于《中国南宁法治发展报告（2013）》，广西人民出版社，2014。

组成部分，但目前没有任何一部法律法规专门针对城中村的管理作出明确规定，且国家、自治区以及南宁市有关城市治理方面的法律法规规章规范的内容均侧重于城市标准，并未涉足城中村领域，导致城中村治理依据缺乏。又如，关于无物业管理的住宅小区管理问题，目前有关法律法规尚属空白，导致部门职责分工不清，小区自治陷入混乱，小区内的脏乱差（垃圾乱扔、管线乱拉、物品乱挂、车辆乱停等）无法得到彻底整治。

第二，现行城市治理立法的处置力度弱，罚款额度偏低，无法震慑违法行为人，反而因为违法成本低廉，更助长了违法行为人的违法行为。如对建筑施工单位在中午和夜间施工，产生建筑施工噪声影响居民正常生活的问题，根据《南宁市环境噪声污染防治条例》规定，对施工单位的处罚最高不能超过10000元；又如关于“小广告”治理问题，受限于地方政府立法权限问题，在缺乏上位法的情况下，地方立法未能赋予执法部门相应的强制手段，在电信运营商不予配合、对广告发布者没有约束规范、对广告内容的实施者没有管理依据的情况下，城管执法队员与“小广告”发布者之间“猫捉老鼠”式的较量，尽显“小广告”治理的尴尬与无奈。

## （三）科学高效行政执法体制尚未健全

第一，行政执法体制不顺畅。一是从纵向来看，分级执法，权责脱节，基层执法力量薄弱。南宁市和县（区）两级政府均有相应的行政执法机关，分级行使行政执法权，客观上导致行政执法层级多；此外，很多违法行为多发生在基层，需要基层及时处置，但多数行政执法力量仍集中在市一级，而基层政府却缺乏应有的执法力量，权责不匹配，使得基层政府难以履行监管职责。二是从横向来看，各执法部门之间各自为政，权力界限不清，权责交叉，缺少整合与协调，尚未形成很好的执法合力，当多个执法机关对同一行为进行管理时，往往会出现多头执法、权限冲突和相互推诿扯皮。

第二，执法缺位问题。主要体现在城市治理当中存在一些执法空白点，如城中村管理问题，执法主体不明，各有关部门均以法律法规没有明确管理要求为由，疏于管理；住宅小区管理问题，由于涉及多个执法主体，部门间互相推诿扯皮，特别是无物业管理的住宅小区，各执法部门均以不属本部门职责为由拒绝进行管理。

第三，执法不严问题。这在违法建设查处和“泥头车”整治方面表现得较为突出。在违法建设的查处方面，国土部门负责查处未按照用地许可内容及程序进行用地的违法行为，规划部门负责查处未按照规划许可内容和程序进行建设的违法行为，城管部门负责查处未依法取得用地审批手续非法占用土地及未依法取得规划许可进行建设的违法行为。但各执法部门却未做到严格执法，2014 年全市普查出的市区、近郊违法建设面积达 2500 万平方米，违法占地面积达 1337 万平方米，现状触目惊心。在“泥头车”整治方面，建筑垃圾处置一般有三个环节，即排放、运输和消纳环节，但执法部门对运输环节管得较多，对建设施工单位违规排放、违规交付运输鲜有处罚，即使对“泥头车”加大了整治力度，但仍未做到应罚尽罚，导致“泥头车”的整治依然是城市治理中的一大难点。

### （四）行政执法监督体系建设有待加强

虽然南宁市初步建立了群众、媒体、人大、政协、法院、审计、纪检以及行政执法监督机构等多方位、多角度的行政执法监督体系，但仍不完善，主要体现在：第一，报刊、电台、电视台等新闻媒体作为有效的外部监督载体，尚未发挥强有力的监督作用，媒体曝光的一些违法行为没有得到重视和及时处理。第二，当前“大行动”中建立的每月考评和奖惩机制虽然发挥了积极有效的督促作用，但如何确保考评监督机制制度化、长效化、法治化，还有待进一步探索。第三，行政执法监督机构的专门监督仍受制于机构不健全、人员编制不足等问题，行政执法监督工作未能在全市全面铺开，监督措施不足，监督的广度和深度还不够。第四，各种监督手段之间尚未形成合力，相互间的合作机制和监督信息共享机制也未建立，削弱了监督作用和效果的发挥。

### （五）行政执法保障尚有不足

第一，行政执法队伍建设有待加强。一是一线执法力量严重不足，难以确保全天候全覆盖执法；二是在执法投入方面仍需进一步加强，执法装备和设施设备仍无法满足执法工作需要，执法资源共享平台尚未建成，影响行政执法效率；三是行政执法手段与行政执法任务不相匹配，如行政执法尤其是城管执法机关承担着拆除违法建筑、整治市容市貌等执法重任，但现行法律法规赋予城管的强制手段却非常有限，面对违法当事人不履行行政义务的行为，执法机关往往束手无策。可见，行政强制措施的缺乏与繁重的执法任务严重失衡影响了城市治理工作的效率和效果。

第二，行政处罚执行效果不理想。据统计，自 2013 年开展“大行动”以来，行政机关加大了对违反市容环境和道路交通秩序等违法行为的查处力度，但实际上行政机关依法作出的行政处罚的执行效果并不理想，特别是罚款执行率最低，完全执行到位不足 50%。由于大部分行政机关无行政强制执行权，当事人不履行行政处罚决定时，行政机关只能申请人民法院强制执行，但据统计，2013 年 7 月至 2014 年 7 月期间，行政机关申请人民法院强制执行的执行率也仅为 49.8%。换言之，大部分行政机关申请法院强制执行的行政处罚决定未能得到有效执行。究其原因，大量非诉行政执行案件涌入法院，法院执行机构人手少、经费不足，往往不堪重负，而且法院在处理这类非诉行政执行案件时，需经过受理、审查、裁定、执行等一系列程序，当法院真正要执行时，往往已经错过了最佳执行时间，行政处罚决定成为一纸空文，影响了行政机关申请法院强制执行的积极性，甚至出现一些行政机关对当事人不履行行政处罚决定的行为放任不管，造成大量行政处罚决定无法执行，严重影响了行政管理的连续性和行政执法的权威性。

### （六）社会各界参与度不够高

城市市民群众是城市的主人，是城市治理的主力军，是城市治理的基础和依托。但现阶段社会主体参与城市治理仍存在不少问题，主要表现在：一是城市治理工作往往是行政管理部门跳“独舞”，广大市民参与的积极性不高，城中村的村民、住宅小区的业主、临街门店和单位等以及驻邕区直、中直单位，有的对南宁市行政管理部门开展的城市治理活动袖手旁观，有的甚至还予以抵制。二是社会各界参与城市治理的体制机制仍不完善，存在参与自主性不足、参与途径较狭窄、参与层次较低、参与流于形式等问题，尤其是没有充分发挥社会中的自治组织和行业协会在城市治理中的作用。实际上，“大行动”综合整治所取得的成效，大多是在严管重罚的高压之下，以行政机关为主导来推动的，许多市民虽然对“大行动”有所耳闻，但多秉持“事不关己，高高挂起”的消极态度，甚至有一些市民我行我素，长期以来形成的乱闯红灯、乱扔垃圾、随地吐痰等不良习惯一时难以改变，影响了“大行动”的整治效果。

## 三 以法治思维和法治方式构建城市治理长效机制的对策和建议

党的十八大报告指出，法治是治国理政的基本方式，因而要全面推进依法治国。十八大报告还首次提出“提高领导干部运用法治思维和法治方式深化改革、推动发展、化解矛盾、维护稳定能力”的命题。这意味着“在未来的发展中，法治思维将成为社会转型期的主流意识形态，而法治方式将成为主导社会治理的手段”。① 但值得注意的是，城市治理的法治化并不是城市治理与法治的简单结合，“城市管理与法治的简单结合并不能解决现今城市管理中的诸多问题，在这一问题上，法治是一个重要因素，但不是唯一的因素，法治最重要的功能是整合资源，以法律功能将各类资源进行有序的整合，以确定具有社会主导价值的行为规则，发挥其引导人们行为的功能，并使其他各类资源各得其所而效用最大化。”②

### （一）加快完善城市基础设施建设，为堵疏结合提供条件

城市基础设施配套建设滞后，城市服务功能不能满足经济社会发展和市

① 陈金钊：《“法治思维和法治方式”的意蕴》，《法学论坛》2013 年第 5 期。

② 顾长浩：《让生活更美好的城市管理与法治》，第六届“世博会与法治化”论坛演讲稿。

民生活需要，是产生城市治理顽症的重要原因。因此，政府要真正转变观念，在重经济建设的同时，更要加快完善城市各类基础设施，为变“堵”为“疏”提供条件。如可借鉴扬州市政府的做法，在城市规划建设中强力推行停车场、农贸市场、公共厕所、垃圾箱等城市基础设施与城市建设项目同步规划、优先建设、提前投入使用的措施。① 又如，对于城中村，政府应当将其纳入城市建设的范畴，加大财政对城中村基础设施建设的投入力度，按照城市建设的标准完善城中村的道路、公共厕所、垃圾桶等各类设施；而对于屡禁不止的乱涂写、乱张贴等行为，在加大打击力度的同时，应当为那些具有合法正当需求的发布者提供信息发布的场所，如可以在居住小区出入口、社区街道等开辟专门的便民信息专栏，方便群众张贴买卖租赁房屋、商家宣传、家政服务等信息，为群众搭建发布便民信息的载体，疏通各类便民信息的发布渠道。“把人文关怀充分体现在每项重大市政基础设施的规划、建设、管理的全过程，为市民生活提供便利，筑牢城市管理工作基础。”②

### （二）健全完备的城市治理政策法规体系

完备的城市治理政策法规体系是城市治理机制良性运转的保证，也是实现城市治理长效化的保障。因此，为确保城市治理各项工作在法治轨道上有序运行，需要制定能反映城市治理客观实际，具有针对性、可操作性的政策法规，并逐步健全完备的城市治理政策法规体系。第一，加强城市治理重点和难点领域立法，填补立法空白点。当务之急就是要通过制定和修改一批法规规章，填补立法空白点。如加快修订《南宁市城乡容貌和环境卫生管理条例》，将城中村纳入城市容貌和环境卫生范围统一管理，解决城中村治理无法可依的问题；制定《南宁市农贸市场管理办法》，规范农贸市场管理，解决农贸市场“脏、乱、差”等问题；修订《南宁市物业管理办法》，完善住宅小区管理制度，解决小区无物业服务企业或其他物业管理单位管理难

① 杨正福：《以“善治”破解城市管理难题》，《城市管理与科技》2010 年第 1 期。
② 杨正福：《以“善治”破解城市管理难题》，《城市管理与科技》2010 年第 1 期。

题，加快城市管线管理办法、生活垃圾分类管理办法的制定，使城市管线管理和垃圾分类工作有法可依。同时，立法应当明确城市管理各部门的职责，合理配置职权，以有效减少城市管理各部门间的推诿扯皮现象，破除“都管都不管”的局面，真正实现齐抓共管，从而提升城市管理的效能。第二，加强城市治理立法的有效性。加大对违法行为处罚力度，并赋予行政机关强有力的手段，以确保当事人的行政义务得到履行。一方面，加大对各种城市乱象的处罚力度，提高违法成本；另一方面，在不违反上位法的前提下，通过立法赋予行政机关必要的行政强制措施权。关于行政机关的行政强制措施权，虽然《行政强制法》第十条第一款明确规定，行政强制措施由法律设定，但第十条第三款同时还规定，尚未制定法律、行政法规，且属于地方性事务的，地方性法规可以设定查封和扣押两项强制措施。因此，建议市人大常委会在制定和修订有关城市管理的地方性法规时，在不违反《行政强制法》的前提下，尽可能地赋予行政机关必要的行政强制措施，使得行政机关在行政管理过程中，面对当事人不履行“不作为”或“容忍”的行政义务时，能够以强制手段迫使当事人的行政义务得到履行。[①]

## （三）构建科学高效行政执法体制

第一，减少行政执法层级，加强基层执法力量。一是要改革行政执法体制，减少执法层级，实行执法重心下沉，压缩市直部门的执法力量，将执法力量下沉至县（区）一级，充实基层一线执法力量，同时考虑授予乡镇一级政府一定的行政执法权。二是要整合行政执法主体，在原有基础上再扩大城市管理综合执法范围，着力解决权责交叉、权限不清和多头执法问题。探索在一些重点领域，如食品药品安全、文化旅游、交通运输、城乡建设等专业领域内推行小范围的跨部门综合执法。第二，进一步梳理各部门职责，界定权限范围，明确部门权力清单、责任清单，解决法定职责不为、法无授权乱为和执法中的推诿扯皮问题。此外，还要建立健全行政裁量权基准制度，

① 胡建淼：《行政强制法论——基于〈中华人民共和国行政强制法〉》，法律出版社，2014。

细化、量化行政裁量标准，规范裁量范围、种类、幅度。使各部门既积极作为、勇于担当，全面履行法定职责，又不越权滥用权，全面推进法治政府建设。第三，搭建城市治理执法信息共享平台，充分发挥南宁市“天网工程”的作用，提高执法科技水平。各行政执法部门均可通过“天网”设备或明确专门机构负责通过“天网”设备实时对监控范围内的车辆交通违法行为、泥头车违章行为、乱摆乱卖、跨门槛经营、小广告等多种违法行为进行统一的监控和证据采集，及时派送有管辖权的执法队伍进行查处，实现快速发现、及时处置，这样既能减少行政执法力量投入，又能提高行政执法效率和水平。第四，完善行政执法程序，明确具体操作流程，建立执法全过程记录制度，重点规范行政许可、行政处罚、行政强制、行政征收、行政收费、行政检查等执法行为。建立并严格执行重大执法决定法制审核制度，确保行政执法行为合法规范。

## （四）构建严密的行政执法监督体系

第一，增强执法监督的合力和实效。针对部分执法部门不作为、轻作为、慢作为现象，要善于综合运用各种执法监督手段，加强对行政机关全面履行职责的监督；进一步发挥群众监督、媒体监督作用，继续支持增设政风行风热线节目和“电视问政”栏目。人大、政协、司法、审计、监察等各监督主体和渠道要形成监督的合力，强化相互配合，提高监督的效果，坚决纠正懒政、怠政的行为。第二，进一步强化行政执法监督机构的专项监督。针对城市治理工作中的乱作为、选择性执法等问题以及执法不规范、不严格、不透明、不文明现象，强化行政执法监督机制，坚决纠正违法行政行为，切实维护人民群众的合法权益。第三，以科学考评和问责制度推进城市治理长效化。推行社区网格化管理，细化网格责任单位的责任。创新“大行动”考评机制，科学设置城市治理考评指标，科学安排考评频率，合理运用考核结果。落实行政执法责任制和执法过错责任追究制，纠正有法不依、执法不严行为，促进公正执法、文明执法。通过持续的考评和问责，确保严格规范的城市治理要求得到长期坚持，整洁畅通有序的城市环境得以持续保持。第四，以法治考核机制推进城市治理法治化。要继续深化依法行政考核工作，把法治建设成效作为衡量各级领导班子和领导干部推进城市治理工作实绩的重要内容，纳入全市政绩考核指标体系，推动各级领导班子和领导干部形成运用法治思维和法治方式开展城市治理、处理和解决各种矛盾和问题的自觉性。

### （五）构建强有力的行政执法保障体系

第一，强化行政执法队伍和执法装备的保障。结合城市治理重心下移，适时将市一级执法力量下沉至县（区）和乡镇，进一步充实基层执法队伍的力量。继续加大对城市治理执法工作的经费投入，防范利益驱动型执法，配备必要的执法设施、设备，确保执法设施、设备与执法机构人员、职责、工作量相匹配。增强执法装备科技化水平，提高行政执法的效率和水平。第二，强化行政执法队伍素质保障。加强行政执法人员业务培训，健全行政执法人员持证上岗和资格管理制度，强化对协管人员的培训和管理，进一步提高行政执法人的依法执法的意识和规范执法的能力。第三，理顺非诉行政案件强制执行机制，提高行政处罚的执行率，增强行政执法权威性。一是优化受理、审查、裁定和执行等非诉行政案件强制执行基本程序，对标的额较小的罚款类案件适用简易便捷的程序，提高强制执行的效率。二是进一步细化《行政诉讼法》及其司法解释、《行政强制法》的相关规定，统一行政机关申请法院强制执行的期限、条件和流程，以及各基层法院受理、审查、执行非诉行政案件的期限和标准。三是进一步加强人民法院与行政机关之间的工作联系，建立法院与行政机关之间的强制执行协调机制，共同解决非诉行政案件强制执行中遇到的难题。四是借鉴外省市的经验做法，探索建立适合南宁市实际情况，既能体现法院对行政机关的监督，又能增强行政决定执行的力量，提高执行的效率的“裁执分离”机制。对行政机关申请人民法院强制执行的罚款类等财产罚案件，人民法院应当依法受理审查，准予强制执行的，要及时启动强制执行程序；对责令限期拆除违法建筑、恢复原状等行为罚案件，按照权责一致和属地管理的原则，积极推进“裁执分离”强制执行的新机制，对人民法院允许强制执行的行为罚案件，由行政机关执行，努力破解非诉行政案件执行难问题。五是明确申请执行的行政机关应当承担协助执行义务，如提供执行标的的准确信息、提供必要的技术设备等。

## （六）构建政府、社会组织、企业、公众多元主体参与的现代城市治理模式

“无论从管理学还是城市管理学的角度，世界各发达国家的城市管理都在经历着、实现着从‘管制’到‘管治’的转型。”① 只有通过构建政府、社会组织、企业、公众多元主体参与的现代城市治理模式，才能真正实现城市管理由政府主导向社会共同参与治理转型。

一是要提高社会各界主动参与城市治理的意识和能力。要继续通过网络、新闻媒体等多种形式加大宣传，让城市里的每一个人真正树立城市主人翁的意识。还要完善社会参与城市治理的机制，根据本市实际情况，精心设计载体，形成具有地方特色的社会参与城市治理机制，如在开展有关城市治理立法时，建立完善的立法前公开征求意见、立法中听取意见和充分论证、立法后以社会各界为核心主体的评估制度，同时建立对社会各界意见及时反馈制度，使社会参与落到实处。

二是要进一步明确政府在城市建设与管理中应当承当的职能，引入市场化机制，以政府购买服务等形式，将不应当由政府承担的职能交由企业或社会组织来承担。同时建立一个社会自治自律的机制，即以在地域、行业、利益等方面具有一定相关性的社会组织、企业和公众形成自我组织、自我管理的自治组织。“政府可以也应当借助这样的组织实现政府管理的‘手臂延长’，通过与此类组织的沟通来对其成员形成实现城市管理目标的动力与压力，放大行政管理的效应，避免行政部门尤其是行政执法部门与所有的相对

① 《后世博与城市管理法治化——访上海市人民政府法制办公室副主任顾长浩》，http://lhsr.sh.gov.cn/sites/lhsr/neirong.aspx? infid = bae2417e - 1a5f - 4d78 - 8502 - 795b92a327f7&ctgid = 3a222e8f - e1e5 - 4737 - 8697 - 41de8c789e31。

人‘一对一’的对立。”[①] 比如对街道的“门前三包”，可以以街道为单位成立商户之间自我管理的组织，让商户之间互相监督、互相制约，而政府则由直接监管者转变为指导者和监督者，并对表现好的商户和自治组织予以奖励；如对居住小区的管理，政府应该转变管理思路，不能等到居住小区发生了违法现象，或者物业公司和业委会、业主三者之间产生纠纷时才强制介入，而应该在平时通过行政指导等多种方式指导物业公司、业委会开展工作，帮助解决疑难问题，等等；而对无物业服务企业或其他物业单位管理的小区，政府亦可以通过购买社会服务的方式或者指导小区业主成立理事会等形式进行自我管理；又如对于乱涂写、乱张贴行为的治理，可以组织自来水收费员、环卫工人、物业保洁员以及社区工作人员等作为监督员，一旦发现所负责区域内有乱涂写、乱张贴的行为，随时用手机拍照取证记录并上报相关部门，由相关部门进行处理，并对举报人给予相应奖励。

三是要正确认识社区居委会作为群众性自治组织的性质，重新界定社区居委会的基本职能和管理范围，妥善解决自治功能与行政功能之间的矛盾，加强社区居委会的建设，理顺社区居委会与社区其他组织的关系，让社区居委会切实发挥其作为自我管理、自我教育、自我服务的基层群众性自治组织的作用。

四是要加快推进诚信南宁建设，健全公民和组织守法信用记录平台，扩大失信联合惩戒范围，完善守法诚信褒奖和违法失信惩戒机制。建立诚信红黑名单制度，把恪守诚信者列入“红名单”，把失信违法者列入“黑名单”。对于列入“黑名单”的，根据违法违规性质和社会影响程度，分别采取警示约谈、部门间通报、在媒体公开发布等不同措施，实行多部门失信联合惩戒措施，形成扬善抑恶的制度机制和社会环境。落实有关违法行为举报奖励办法，及时兑现举报奖励资金，提高市民群众参与城市治理活动的积极性。

---

① 《后世博与城市管理法治化——访上海市人民政府法制办公室副主任顾长浩》，http://lhsr.sh.gov.cn/sites/lhsr/neirong.aspx?infid=bae2417e-1a5f-4d78-8502-795b92a327f7&ctgid=3a222e8f-e1e5-4737-8697-41de8c789e31。

B.14

# 南宁市网格化管理模式研究报告

陆宙佳　薛章亮*

摘　要："互联网+"新常态下的信息技术对推动社会管理科学化是一个重要契机。"网格化管理"中的"网格"不是互联网当中的虚拟网格，而是一种物理网格，是在特定管理区域范围内，根据经济发展、地理环境、人口情况等因素进行的地理上的划分。南宁市通过明确划分管理人员、管理范围、管理对象、管理内容、管理责任的网格，形成城市工作职能发挥和责任落实的工作机制，实现了城市治理不同部门、不同队伍的无缝衔接和良性互动，但在信息部门资源整合、经费保障、网格员配备管理等方面还存在问题，今后应加大网格推进力度，加强网格资源整合，加大经费保障力度，严格落实工作责任。

关键词：南宁市　网格化管理　城市治理

当前我国正处于社会发展改革转型期，面对社会主义市场经济的发展，城市化的推进，人口流动性的加强，传统社会管理模式已不能适应社会发展进步的要求，社会管理综合治理往往显得力不从心、疲于应付。21世纪是信息化的时代，信息技术透明、开放、高效、迅捷，如果能够将其有效应用于社会管理领域，对推动社会管理科学化将是一个重要契机。十二届全国人

* 陆宙佳，南宁市社会治安综合治理委员会二科科长；薛章亮，南宁市良庆区检察院科员。

大三次会议上，李克强总理在政府工作报告中首次提出“互联网+”行动计划。“互联网+”是新常态下创新驱动发展的重要组成部分，具有“整合、数据、精细”的内涵，是创新社会管理模式的新动力。

随着社会管理模式的不断发展改革，网格化管理这一社会管理新模式日渐被接受，并成功应用于社会管理的各个领域。网格化管理将过去被动应对问题的旧模式转变为主动发现问题和解决问题的新模式。通过信息化管理手段，保证管理的迅捷、精细、长效。网格化管理具有规范统一的管理标准和流程，使社会管理能力和水平提升到一个新台阶，让我们的城市更整洁、更和谐、更美丽。

## 一　网格化管理的概念

### （一）网格的定义

在信息技术领域，网格是指利用互联网把地理上广泛分布的各种资源（包括计算资源、存储资源、带宽资源、软件资源、数据资源、信息资源、知识资源等）连成一个逻辑整体，为用户提供一体化信息和应用服务（计算、存储、访问等），虚拟组织最终实现在这个虚拟环境下进行资源共享和协同工作，彻底消除资源“孤岛”，最充分地实现信息共享。

“网格化管理”中的“网格”不是互联网当中的虚拟网格，而是一种物理网格，是在特定管理区域范围内，根据经济发展、地理环境、人口情况等因素进行的地理上的划分。“网格”一经划定并覆盖至整个管理区域之后，“网格”的设定及其管理内容便被固定下来。通过划分“网格”来细化自然区域界限或者人为的行政区划，有助于在较小的地域范围内实现精细化管理，明确管理对象。

### （二）网格化管理的定义

网格化管理的核心思想主要体现是居民提交需求的简洁性、管理者发现并处理管理事务的精细性和有关职能部门响应需求的迅捷性。管理者将管理辖区划分为地理上的若干单元网格，以一定的管理运行机制，通过信息技术的支撑形成立体化社会管理网格。居民运用信息技术提交需求使管理者快速响应；管理者通过对网格内的信息采集和共享，及时准确地掌握相关情况，进行科学管理和服务，并通过一定的协议实现双向互通。

因此，网格化管理是指政府将管理区域按照一定标准划分为若干单元网格，使这些网格成为政府社会管理的载体。在每一个单元网格内建立网格管理员队伍，应用现代信息技术，通过整合社会管理信息和资源，建立网格化管理信息系统，以实现信息化、精细化、长效化管理和服务。

## 二　网格化管理的理论依据

从实践和理论的角度来看，网格化管理是新时期社会治理创新的产物，具有历史必然性。同时，这项工作又是建立在系统管理理论、无缝隙政府理论、新公共服务理论、电子政务信息资源共享理论、政府协同治理理论的基础之上。

### （一）系统管理理论

网格化管理工作的开展正是系统管理理论不断被应用的过程，从工作内容来看，网格化管理以“为民、惠民、便民”为宗旨，以“网罗民声、发现民情、化解民忧”为手段，以解决问题为导向，涉及群众的方方面面。在解决问题过程中，一方面系统地提出网格化管理的实现途径，另一方面根据实际需要不断扩充服务内容种类，提高服务效果。从组成要素来看，网格化管理由目标、参与者、实现路径、运行机制和环境五大要素组成，这些要素不可或缺，整合在一起，构成了网格化管理系统。

### （二）无缝隙政府理论

无缝隙政府是美国学者拉塞尔提出的，他认为“无缝隙组织是一种流动的、灵活的、弹性的、完整的、连贯的组织形态……以一种整体的而不是各自为政的方式提供服务……是以满足顾客无缝隙需要为目标的一种组织变革”。无缝隙政府最大的特征就是打破了传统的部门界限和行业壁垒，促进了信息共享和资源整合，从而提高了政府部门间的横向协作能力，以应对公共管理领域中日趋严重的“合作困境”。网格化管理吸收了无缝隙组织结构的特点，立体式、全方位的服务方式，是“无缝隙政府”理念在中国基层社区的一次实践探索。

### （三）新公共服务理论

新公共服务理论将公民置于整个治理体系的中心，强调政府治理角色的转变即服务而非掌舵，旨在提升公共服务的尊严与价值，重视公民社会与公民身份，重视政府与社区、公民之间的对话沟通与合作。而网格化管理恰恰体现了新公共服务所推崇的这一行政治理理念。主要表现在：坚持以人为本，寓管理于服务之中，始终体现公民本位的核心治理价值；使政府部门及时了解公众需求，建立畅通无阻的民间表达机制；整合基层资源，统筹基层工作力量，引导公民参与社会治理，建立协商式的治理机制；体现执政为民的要旨，建立和完善为民服务体系，做到精细化服务、个性化服务，让群众得到实惠。

### （四）电子政务信息资源共享理论

网格化管理的物质基础是信息化建设，是建立起覆盖全市统一的、综合性的、集成式的管理服务信息平台，畅通信息采集和反馈渠道，以政府信息资源共享为手段来满足群众的需求。

### （五）政府协同治理理论

政府协同治理是为了实现与增进公共利益，政府部门和非政府部门私营部门、第三部门或公民个人等多元合法治理主体在一个既定的范围内，运用公共权威、协同规则、治理机制和治理方式，共同合作、共同管理公共事务的诸多方式的总和。而网格化管理则是对政府协同治理的全新诠释，它是与现有行政管理体制的有机结合，是建立和完善党委领导、政府负责、社会协同、公众参与、法治保障的社会管理格局，实现政府管理服务各项工作与网格化治理的无缝对接。

## 三　南宁市网格化管理的基本构成

网格化管理是现代城市治理的基础架构，南宁市通过明确划分管理人员、管理范围、管理对象、管理内容、管理责任的网格，形成城市工作职能发挥和责任落实的工作机制，实现了城市治理不同部门、不同队伍的无缝衔接和良性互动。

### （一）网格化管理平台及运行机制

南宁市网格化管理平台采取“一网整合、四级联动”的模式，使政府的管理服务职能横向到边、纵向到底。依托南宁市电子政务工程，最终实现综治、公安、城管、司法、消防、民政、人社、卫计等部门信息资源互联互通，形成社会管理综合服务平台，实现信息采集运用与网格服务管理一体化，实现网格基础信息一网采集录入、公共资源一网整合共享、关联数据一网查询比对、社会事务一网分流督办、社区服务一网延伸跟进、日常工作一网考核评估。形成“党政主导、部门负责、社会协作、公众参与”的基层工作新格局。四级平台网格管理职能如下：

（1）村（社区）级网格工作站，负责网格管理日常工作；

（2）乡镇（街道）级网格管理中心，履行县（区、开发区）级网格监管中心指派工作的督查职责，负责网格员的管理、培训、考核；

（3）县（区、开发区）级网格监管中心，履行网格服务管理任务指派、指挥调度、监督评价职责；

（4）市级网格指挥中心，主要履行全市网格化管理协调指导、建章立制和督查考评职能，牵头处理涉及市级层面网格管理事项。

### （二）网格化管理员队伍及工作职责

南宁市网格化管理按照“采办分离、一格一员”的原则，每一个网格至少配备一名网格员。网格员以各县区、开发区流动人口协管员，村（社区）干部，社工队伍或街道、村（社区）从事劳动保障、计划生育、城管等部门的协管员为主进行整合，或者根据工作需要另行招聘专职网格员，最大限度地整合和利用基层政府原有资源，减少政府财政负担。大型企业、高校、医院、商场、林场、集贸市场等划为特殊网格的，主要由特殊网格单位保卫部门工作人员、治安联防积极分子等担任网格员，组成专兼职的网格员队伍。网格员的主要职责是：通过日常网格巡查，开展基础信息采集、实有人口协管、社情民意收集、矛盾纠纷化解、安全隐患排查、发动群防群治、推动平安创建以及协助政府部门开展优抚救济、城市管理、计划生育、环境卫生、消费者维权、公共服务代办等社会事务办理，推动事关群众切身利益事项的及时解决。

### （三）网格化管理信息系统的应用

南宁市综治（平安建设）信息处理系统以解决问题为导向，以服务群众为根本出发点，总体目标是通过系统建设，将有效实现社会管理从资源分散、独立运作、纵强横弱，向整合共享、流程规范、集约高效的“网格化”方向转变。

1. 主要作用

一是发挥“瞭望塔”作用，统揽社会管理基础数据信息，打破信息壁垒。网格化管理涉及综治、公安、城管、司法、消防、民政、人社、卫计等多个职能部门和市、县（区、开发区）、乡镇（街道）、村（社区）4 级平台的各类管理服务信息资源。当前，业务部门信息化单线进行，存在信息“孤岛”“壁垒”现象，使各类信息资源不能有效互联共享，特别是“纵强横弱”的问题比较突出，上级部门下发的垂直应用系统相互独立，数据多头采集、重复采集，基层工作负担重、重复劳动多。网格化管理信息系统通过信息化手段，搭建统一的社会管理数据信息平台，整合各类基础数据信息，比如公安的户籍人口数据、特殊人群数据、基础地形图数据、部件地标数据等。二是发挥“调度台”作用，职能部门协同机制信息化，避免缺位扯皮。网格化管理信息系统明确划分部门职能范围，理清部门之间的权责关系，形成了一套制度化的工作流程。防止在具体的社会管理过程中产生重复和冲突，防止不必要的管理资源浪费，任务指派、指挥调度，形成固定的工作制度，避免因逃避责任或避重就轻而造成扯皮推诿。三是发挥“监控站”作用，严密监督网格化管理质量，打破庸政懒政。网格化管理信息系统自带监控功能：县（区、开发区）级网格监管中心可以对下级网格化管理工作的任何环节履行监督职责；市级网格指挥中心对下级平台不定期进行巡查，同时对各县区、开发区网格化管理工作实行督查考评机制。

2. 问题处理流程

对网格内发现的问题，运用南宁市综治（平安建设）信息处理系统，形成“问题上报、案件建立、任务指派、调查落实、处理反馈、结案登记”六步闭环运作机制，保证问题处置长效化。具体流程是：

（1）网格员进行日常巡查发现问题或接到居民上报的问题，自行或组织相关人员进行处置，对发现的疑难复杂问题，通过“综治 E 通手机”上报到村（社区）网格工作站；

（2）村（社区）网格工作站甄别后，立案调查、处理结案，对不能处理的事项通过信息平台上传乡镇（街道）网格管理中心；

（3）乡镇（街道）网格管理中心获得信息进行甄别，立案调查、处理结案，对不能处理的事项通过信息平台上报县（区、开发区）网格监管中心；

（4）县（区、开发区）网格监管中心根据问题归属指派相关职能部门进行处置，职能部门处置完毕后向网格监管中心上报处置情况，网格员现场核实后进行结案，对不能处理的事项通过信息平台上传市级网格指挥中心；

（5）市网格指挥中心对县（区、开发区）网格监管中心不能处理的事项进行立案调查、处理结案；

(6) 对越层发生的重大、紧急及突发事件，网格员可直接报县（区、开发区）网格监管中心或市网格指导中心进行及时处置。

通过网格化管理的六步闭环工作机制，南宁市综治（平安建设）信息处理系统共处理城市管理、环境卫生、矛盾纠纷相关案件 10 万多件，在“美丽南宁”“平安南宁”建设中发挥了重要作用，大大推动了政府职能的精细化、长效化、科学化转变。

## 四　南宁市网格化管理工作的具体实践

网格化管理是现代城市治理的基础架构，通过明确划分管理人员、管理范围、管理对象、管理内容、管理责任的网格，形成城市工作职能发挥和责任落实的工作机制，实现了城市治理不同部门、不同队伍的无缝衔接和良性互动。南宁市通过学习借鉴湖北宜昌、安徽芜湖推进网格化管理的先进经验和做法，率先在南宁市问题最突出、流动人口最多的城中村——万秀村先行先试，摸索出一条“网格化管理、信息化支撑、便民化服务、立体化防控”的社会治理新路子。

### 1. 以问题为导向，全面推进网格化管理

一是科学划分网格，细化管理对象。按照“街巷定界、规模适度、无缝覆盖、动态调整”的原则，一般以 300～500 户、1500～2000 人（实有人口）划分为一个网格，一些大型企业、高校、医院、商场、林场、集贸市场等人口密集场所、治安重点地区独立划分网格，作为大网格中的子网格。通过网格划分，实现网格化管理单元最小化、服务最优化的目标，确保辖区所有人、地、事、物、城市部件无缝覆盖纳入网格化管理。二是整合网格队伍，明确管理职责。网格划定后，按照“采办分离、一格一员”的原则，每一个网格配备一名网格员，有条件的地方可以配备两名或以上网格员。网格员以流动人口协管员、村（社区）干部和街道、村（社区）中从事劳动保障、计划生育、城管等基础信息采集工作的协管员为主进行整合，或者根据工作需要另行招聘专职网格员，最大限度地整合和利用基层政府原有资

源，减少政府财政负担。大型企业、高校、医院、商场、林场、集贸市场等划为子网格的，主要由子网格单位保卫部门工作人员、治安联防积极分子等担任网格员，组成专兼职的网格员队伍。三是组建管理平台，落实管理责任。在市级建立网格指挥中心、县区建立网格监管中心、乡镇（街道）建立网格管理中心、村（社区）建立网格工作站。制定统一规范的网格队伍工作职责，建立和完善协调联动机制、走访巡查制度、网格事项准入制度、信息报送和定期分析制度、分级授权制度、责任追究制度等，实行定网格、定人员、定职责，做到以职责管人理事，以职责考核奖惩，确保网格日常事务的正常运转。

2. 以信息为支撑，全面实施网格化管理

在推进网格化管理时，非常注重信息化建设并将其作为网格化管理的重要手段和关键支撑，通过城市治理平台的信息化建设打破部门管理壁垒和信息封闭的状态，建立部门协同、数据共享、处置评价、监督考评、结果运用的工作机制，实现社会治理高效便捷。结合南宁市电子政务工程，搭建全市统一的市、县（区、开发区）、乡镇（街道）、村（社区）上下互通的电子政务网络平台，建设南宁市政务数据中心和数据交换平台，为政务信息采集、整合和共享提供支撑，实现对网格员采集的各类动态基础信息一网采集录入、公共资源一网整合共享、关联数据一网查询对比、社会事务一网分流督办、社区服务一网延伸跟进、日常工作一网考核评估。基本实现“网格报送、网上流转、网下办结”的工作目标，真真切切地运用好信息化手段，着力解决“群众看得见管不着，政府管得着看不见”的问题。

3. 以服务为保障，全面深化网格化管理

依托健全完善、高效运行的网格化服务管理平台，推广为民服务全程代理、一站式服务等做法，将优抚救济、城市管理、环境卫生、计划生育、消费者维权等各种惠民项目、基本公共服务项目纳入村级服务管理平台，实行网格员代办协办服务，实现“一平台”受理、“一条龙”办理，使群众只进一扇门，只找一个人，办成所有事，基本实现“办事不出村”，大大提高了基层社会服务管理水平。

#### 4. 以技防为依托，全面强化网格化管理

为进一步强化网格化管理效能，南宁市政府每年安排1500万元平安建设惠民专项资金，以全市主城区老旧三无小区（无物业、无视频监控、无安保人员）、敞开式和半敞开式居民小区、城中村等治安防控工作薄弱的区域为重点，建设社会治安视频实时监控系统，完善物业管理体系和群防群治队伍，项目每年增加高清视频监控探头近3000个，惠及群众近50万人。同时，还将农村地区“集中圈养+科技防范+十户联防”建设列为政府为民办实事项目，投入专项资金1000万元，每年建成“十户联防”点100个，着力解决农村地区耕牛被盗等群众反映突出的治安问题。

## 五　南宁市网格化管理中存在的主要问题

#### 1. 网格管理工作体制问题

目前，南宁市有民政网格、消防网格、大行动网格、城管监督网格等各类不同部门划分的网格，网格纵向服务与横向管理交叉严重。网格员中既有社区干部、村两委干部，又有各部门招聘的协管员，多头管理现象突出。亟须全市统一网格划分、统一网格员队伍、统一培训管理、统一工资待遇和考核，网格员实行一岗多责、一专多能，避免行政资源浪费。

#### 2. 部门信息资源整合问题

当前，南宁市各部门都分别建立了本部门、本系统信息数据库，缺乏各类信息数据之间互联互通、资源共享的平台和机制，网格员上报的各类信息还不能在各职能部门之间直接流转，影响信息、事件的及时处理。

#### 3. 网格化经费保障问题

由于南宁市各县区、开发区经济发展水平不均，大部分乡镇（街道）、村（社区）网格工作平台基本上都是依托原有综治信访维稳中心、综治工作站资源建立的，造成网格化管理工作开展不平衡、不规范，网格化管理效果还没有凸显。

4. 网格员配备管理问题

一是网格员身份不同待遇不同。从统计数据上看，南宁市现有的3616名网格员中，村（社区）干部、社工有近3000人，其余均为流动人口协管员、禁毒社工、社保协管员、党建协管员、统计协管员等基层的人员，基本待遇从600元到3100元不等，严重影响网格员工作积极性。二是网格员构成相对复杂，特别是村（社区）干部、社工人员年龄偏大，多数文化程度不是很高，难以适应网格化管理高度信息化、数字化程度高的要求。三是社区网格化管理服务对网格员素质和能力要求较高。目前，南宁市在网格员培训方面还没有形成体系，网格员素质参差不齐，造成网格化管理工作水平不高，作用发挥仍不明显。

## 六　南宁市网格化管理模式展望

1. 加大网格推进力度

继续加快推进社区网格化管理建设工作，在完成全市主城区、县城主城区网格基础建设的基础上，把网格化管理工作逐步推向乡镇、农村地区，力争年内完成全市乡镇、农村地区网格划分和基础建设，实现网格划分全覆盖，网格化管理各项机制基本建立健全，各级各部门依托网格化管理主动发现情况、化解矛盾、提供服务、解决问题的能力不断提高，实现基层综合服务能力、社会治理能力、公众安全感和满意度明显提高的目标。

2. 加强网格资源整合

在网格基础整合方面，要进一步整合辖区各方面力量，配齐配强网格员队伍，建立全市统一网格、配备统一网格员。强化网格员培训力度，实行一岗多责、一专多能，发挥社区网格化服务管理效益最大化。在综合运用方面，进一步拓展市、县（区、开发区）、乡镇（街道）、村（社区）四级综治信息系统平台，并且纵向通过建立以街道为层级的公众微信群，将网格队伍向群众中延伸，建立“全民网格员”，将为民服务信息直接发送到群众手里，为群众提供全方位服务。

3. 加大经费保障力度

将社区网格化管理工作经费纳入财政预算给予保障，落实好市级网格中心和县（区、开发区）网格监管中心，乡镇（街道）网格管理中心，村（社区）网格工作站等各级工作平台必要的办公场所和电脑、桌椅、档案柜等办公设施以及网格管理日常运行工作经费。研究建立村（社区）“权随责走，费随事转”工作机制，合理制定网格员劳动报酬和工作补贴，建立完善网格员待遇正常增长机制，以保持网格员队伍稳定。

4. 严格落实工作责任

把网格化管理工作纳入本地经济社会发展目标管理考核体系，作为绩效考评内容，实行工作目标责任制，加强考评和专项督查。定期开展专项督查，及时通报工作进展情况，对推进网格化管理工作中推诿扯皮、落实不力、不能按时完成工作任务的县区、部门进行定期通报。

B.15

# 南宁市与东盟国家警务合作研究报告

南宁市公安局研究室课题组*

摘　要：近年来，中国与东盟国家不断加强警务合作，通过“10+1”“10+3”会议机制和论坛等形式，合作打击跨国有组织犯罪，有效地维护了各国的社会治安稳定。本报告在分析中国与东盟国家共同面临的犯罪问题的基础上，梳理了合作侦办涉外案件中存在的问题，最后提出加强中国与东盟各国警方警务合作的对策建议。

关键词：中国　东盟国家　警务　合作

中国与东盟国家由于地理位置的特殊性，各种恐怖主义、贩毒、非法移民、武器走私、非法入境、电信诈骗和拐卖人口等跨国犯罪尤为猖獗，严重威胁到各国的经济发展和社会治安稳定。为此，中国与东盟国家越来越重视和加强法律与警务方面的合作，共同打击跨国有组织犯罪，有效维护了中国与东盟各国的社会治安稳定。2012 年以来，南宁市各级公安机关在广西壮族自治区公安厅国际合作处的指导下，在东盟国家的大力支持合作下，充分利用中越、中缅、中泰和中老的禁毒合作协议，侦破了一批精品大案。例如，侦破了公安部2013 年十大督办案件之一的“6·6”专案，打掉了以凌

---

* 课题组负责人：韦小菊，南宁市公安局党委委员、副局长；课题组成员：易广丽，南宁市公安局研究室主任；丁宁，南宁市公安局研究室副主任（执笔）；韦钰刚，南宁市公安局研究室民警；李济情，南宁市公安局研究室民警。

文宽为首的武装贩运毒品团伙，斩断了一条从缅甸、越南到南宁、广东和港澳地区的国际贩运毒品链。与此同时，查证了一批案件线索。据不完全统计，共查处各类涉及东盟国家案件675起，抓获违法犯罪嫌疑人1019名，刑事拘留553人，转逮捕473人，拘留审查360人，罚款处理17人；缴获毒品约170千克、毒资上千万元、运输毒品车辆20台、散弹枪2支、子弹21发，解救被拐卖越南籍受害人25名。这些案件的成功破获再次证明了国际合作、区域合作的必要性和紧迫性。

## 一　中国与东盟国家共同面临的犯罪问题

当前，中国与东盟国家共同面临的犯罪主要是：毒品犯罪、妨害社会管理秩序犯罪、危害国家安全犯罪、危害社会公共秩序犯罪、侵犯人权犯罪、经济犯罪、危害环境保护犯罪和恐怖主义犯罪。这些犯罪严重威胁着中国与东盟各国的和平稳定。

### （一）毒品犯罪猖獗

东盟境内有着世界上最大的毒品生产基地“金三角”，穿越中国和东盟国家境内的贩毒路线已经成为国际上最主要的贩毒路线之一，毒品犯罪也是对中国与东盟各国安全合作的最大障碍之一。南宁市位于广西西南部，大量的“金三角”毒品从越南、缅甸等东盟国家入境，途径南宁市再运输至全国各地，南宁市既是传统毒品的集散地，也是毒品的消费地。近年来，南宁市公安机关抓获了一批从越南、缅甸运输毒品到南宁的外籍犯罪分子，缴获了大量的毒品。

### （二）偷越国（边）境犯罪长期存在

2012年以来，中国与东盟各国组织、运送他人偷渡犯罪活动呈现集团性犯罪的特征。与贩毒犯罪相比，偷渡犯罪投资少，风险小，利润大，法律制裁轻，因此，是中国与东盟各国普遍存在的社会问题。2013年7月，南宁市公安机关在越南有关部门的配合下，破获“4·23”李××组织他人偷越国（边）境案件：李××与越南籍公民农××组织越南籍公民13人，从越南边境走小路非法入境到中国边境内，在广西崇左市汽车站与中国公民李××会合，由李××出资购买班车票运送其到崇左市扶绥县做农活，后又租车将这些越南人拉到南宁市江南区壮绵大道一工厂非法务工。

## （三）拐卖人口犯罪活动突出

外籍犯罪分子以介绍工作、游玩等借口诱骗越南妇女、儿童进入中国，通过威胁、恐吓、暴力等手段进行人身控制，强迫她们在外来人口集中的车站、旅馆、按摩店等场所卖淫，或将她们卖给当地人做老婆。被南宁市公安机关查获的7起拐卖妇女案、1起拐骗儿童案以及1起强迫卖淫案，其中获解救的25名被害妇女、儿童均是因为被害人麻痹大意，听信犯罪分子的花言巧语所致。例如，2012年4月26日7时许，越南公民阮氏××、张××在越南海洋省海洋市网吧上网时，受网友“阿安”邀约到Big C超市玩，“阿安”搭乘出租车将两人带到越南海洋省海洋市接“阿海”后前往越南北江省，到越南北江省后“阿海”打电话给犯罪嫌疑人韦××（绰号阿燕），犯罪嫌疑人韦××、阿海、阿安将阮氏××、张××带到南宁市横县横州镇彬彬发廊，尔后，韦××以还路费为由，强迫阮氏××、张××等在彬彬发廊卖淫挣钱。

## （四）“三非”人员[①]犯罪突出

近年来，南宁市公安机关抓获的8名外籍嫌疑人全部系越南人，这些越南人通过便道偷渡进入中国境内，在没有正当工作、没有固定的收入和处所的情况下，走上了违法犯罪道路。例如，2013年2月25日，嫌疑人裴氏（越南籍）伙同尹××（越南籍）、黄××（中国籍）以互相掩护的方式，在武鸣县城的几家超市盗窃桶装花生油32桶，涉案价值约为3840元。

---

① “三非”人员是指“非法入境、非法居留、非法就业”的人。

## （五）跨国电信诈骗犯罪凸显

近年来，中国的很多电信诈骗犯罪团伙将实施电信诈骗的服务器托管在东盟国家境内，这给中国警方的打击处理和调查取证工作造成了很大的被动和麻烦。例如，2011 年 9 月 28 日，南宁市公安机关参与侦破公安部统一指挥的“9·28”特大跨国电信诈骗案件，就涉及印尼、柬埔寨、菲律宾、越南、泰国、老挝、马来西亚、新加坡等 8 个东盟国家和台湾地区，被诈骗金额巨大，受害者众多，给各国社会造成了极大影响。

## （六）外籍人员在南宁市从事传销犯罪也逐渐显露

近年来，随着经济建设的飞速发展，东盟博览会永久落户南宁，吸引了大量东盟国家的外籍人员到南宁进行投资，为南宁市经济的持续健康发展做出了积极的贡献，与此同时，外籍人员的犯罪在南宁市也逐渐显露出来。2014 年 6 月 10 日，南宁市开展传销清查大行动，在南宁市青秀区某小区发现众多马来西亚籍人员在南宁市从事所谓的“投资消费”活动，该活动的运作模式与传销犯罪的“纯资本运作”模式一样，都是通过拉人头形成上下线网络层级关系的形式，骗取他人交纳高额入门费，从中获取非法利益。该传销组织头目均为马来西亚籍人员，以“投资消费”为名从马来西亚发展下线人员到南宁加入该组织，要求下线人员交纳 145328 元或 233831 元人民币购买传销组织内部虚拟的股份 66 股或 108 股，从而获得加入该传销组织的资格，并按照一定顺序组成网络层级，直接或者间接以发展人员的数量、交纳申购款的金额作为计酬或者返利依据，引诱参加者继续发展他人交钱加入以获取非法利益，致使众多不明真相的马来西亚籍人加入，该组织涉及人员众多、涉案金额巨大，危害极大。

## （七）“三股势力”活跃

东盟成员国大多受极端民族及宗教势力影响，民族宗教矛盾严重，民族极端主义、宗教极端主义和恐怖主义“三股势力”的活动对东盟各国的和平稳定造成了严重威胁，尤其是恐怖主义犯罪，严重威胁着东盟各国的和平、繁荣和安全。

## 二 合作侦办涉外案件中存在的问题

从近年与东盟国家警务合作实践情况分析，在侦办案件、调查取证等方面，还存在不尽如人意的地方。

### （一）涉外案件取证和抓捕难度大

一是主要犯罪嫌疑人均为外国人，生活在国外，且犯罪分子之间以绰号、昵称相称，我国公安机关取证和抓捕难度大。二是被侵害的越南妇女、儿童文化程度较低，被侵害后十分害怕，对嫌疑人的特征、被侵犯场所、被侵犯细节等情况记忆不清，影响侦查取证工作。三是外籍犯罪人员身份不清，难以核实。南宁市近年查获的涉毒外籍人员中，除越南籍的一名人员身份较易核实外，其余 9 名缅甸籍人员均难以核实。究其原因，主要是这些人员居住在中缅边境附近，缅甸政府难以完全掌握，这些人员的信息往往无法核实或核实时间过长。四是掌握外籍人员信息难，外籍人员经常使用代号作为称呼，在确定人员身份信息上不能做到完全确认，公安机关不能准确地以代号对应外籍人员真实姓名的上下级关系。五是掌握资金流向难。由于涉外案件的资金流动涉及国外银行，单向国内银行进行查询很难收集资金流动凭证作为直接证据，外籍人员所属国家是否配合调取相关转款凭证存在难度，掌握资金流向也比较困难。

### （二）涉外人员管理有盲区

由于南宁市所处的独特地理位置，近年来“三非”人员大量流入南宁市藏匿，使得公安机关对辖区内“三非”人员底数掌握不清，对出租房、旅馆、按摩店、电玩城等娱乐服务场所清查力度不够。

### （三）协查办案受限

主要是协查时间滞后，易错失最佳侦查时机。例如，2013 年 12 月，南宁市出入境管理部门接到越南公安机关要求协助查找失踪少女的通知，接通知时少女失踪已超过 8 个月，对失踪少女所用号码侦查后发现，号码没有使用有效证件登记，且近 3 个月来无通话记录，造成协查工作受阻。

### （四）外籍犯罪嫌疑人身份核定迟缓

根据认定涉外案件外国犯罪嫌疑人国籍身份的相关规定，有关外国驻华使、领馆协助核实人员国籍身份的有效时间是 6 周（42 天），但是，有的国家驻华使、领馆接到中方照会后不予答复或是逾期答复，造成嫌疑人身份无法落实。例如，办理越南籍男子潘廷忠被故意伤害致死案时，根据两国签订的相关规定，2013 年 7 月 18 日，自治区公安厅以照会形式通报并要求核查案件犯罪嫌疑人和当事人身份情况。但直到 2014 年 6 月 4 日，越南驻华使馆才复函只要求处理越南籍被害人潘廷忠遗体。因遗体长期冷冻产生大笔费用，增加了受害人家属的经济负担。

### （五）经费开支大，增加办案成本

在办理外国籍特殊人员案件时，往往花费更多的警力和办案时间，所需的办案经费也随之增加。例如，2007 年 5 月，南宁市禁毒部门抓获杨××、杨彩惠两名缅甸籍怀孕女毒犯。在近两年监视居住期间，不仅要租房子给她们居住，安排她们生活，送她们去医院分娩，支付医疗费，还聘请了 4 名女保安和安排 4 名民警每天分班转流看守。近两年时间里，在办理这个贩毒案中共支付各种费用 20 多万元。

### （六）相关法律相对滞后，外籍特殊人员处理困难

由于我国法律规定对怀孕、哺乳期贩毒妇女不能进行关押，因此，只能采取监视居住或取保候审措施，这一规定在办理境外怀孕、哺乳期妇女贩毒

案件时，执法部门非常难处理。一般查获的境外怀孕和哺乳期妇女贩运毒品案缴获的毒品量较大，按我国刑罚量刑均为重刑，由于境外怀孕和哺乳期妇女贩运毒品被抓获后，核查身份难度大，难以通知家属，采取取保候审和监视居住措施难以达到防止脱逃的目的。如防止脱逃派人看守，限制其人身自由又违反取保候审和监视居住规定。在传唤时限到后，无法实行对其进行收监羁押强制措施。例如，2007 年 5 月，南宁禁毒部门抓获的杨××、杨××两名缅甸籍怀孕女毒犯。由于她们在怀孕期间，无法进行关押，南宁市禁毒部门对她们采取了监视居住措施。在案件办理期间，通过外交途径多次照会缅甸使领馆，由于缅甸政府对“金三角”地区无法掌控，一直无法查证她们的真实身份和与家属联系，也无法通过外交途径解决。在两名女毒犯的哺乳期满一年后，拟将两名儿童送福利院寄养并对两名毒犯收监，但民政部门拒绝接收这两名儿童，答复说这两名儿童不符合福利院接收条件，理由是这两名儿童属境外人员，我国目前无收养境外儿童的法规和政策，直到两名儿童一岁多，仍无法对两名女毒贩实行收监。到 2009 年 3 月，通过民间渠道，找到并通知了两名毒犯的家属到南宁将小孩领回，才将两名毒犯收监。

### （七）侦办外籍人员传销案件时各国法律之间存在地域差异

组织、领导传销罪是中国特有的一种罪名，也许在其他国家并没有该项罪名，这样就无形中使外籍人员认为他们从事的这项活动是投资，在我们取证的过程中，这些外籍人员存在不配合公安机关调查的现象。

### （八）侦办妨害国（边）境管理案件存在的问题

一是运送他人偷越国（边）境案、协助非法入境涉及外国人等案中，对于涉案人员主观上的故意认定有一定难度，造成打击不力，形成恶性循环。二是《中华人民共和国出境入境管理法》第六十条规定，对国籍、身份不明的外国人，拘留审查期限自查清其国籍、身份之日起计算。东盟使领馆未能按照规定时限回复确认身份，按照《中华人民共和国出境入境管理法》第六十条规定，应对国籍、身份不明的外国人一直拘留审查，这在实际执行中有一定难度。

### （九）民警的业务素质无法满足涉外案件侦办工作要求

涉外案件的侦查工作涉及政治、法律、外交等方面，部分民警未能吃透相关法律法规、国家之间的国际条约规定，加上语言运用局限性，制约了侦办涉外案件能力。翻译民警尚未具有翻译资质，也缺乏涉外法律知识和审讯技能。

## 三　加强中国与东盟国家警务合作的对策建议

### （一）不断完善合作机制，提高合作效率

中国与东盟国家的警务合作机制的目标就是提高各国警察部门共同应对打击跨国有组织犯罪的能力，提高各国的警务合作水平。东盟各国应努力扩大各方警务合作的范围，拓宽合作渠道，进一步加强各国警务合作人员的能力建设，搭建中国与东盟各国警察部门之间的合作平台，不断提高合作效率。

### （二）不断完善机构建设，让合作落到实处

为强化中国与东盟国家打击跨国有组织犯罪的长效合作机制，有效开展刑事和警务合作，应该建立和完善统一专门的合作机构，在各国边境城市公安机关设立高级警官和专家专门工作处，具体负责处理中国与东盟国家之间的警务合作事务，负责指导本地公安机关国际合作事宜，并直接向省一级公安厅国际合作处负责。为确保合作工作落到实处，建议东盟各国依据本国法律建立特殊人群关押场所，对怀孕或哺乳期妇女等特殊人群犯罪分子进行关押，以此增强打击力度。

## （三）加强各国警方信息情报交流，实现共享

信息情报交流和共享是中国与东盟各国警务合作的灵魂，是警务合作工作的导向。跨国有组织犯罪分子利用各国之间的法律差异，警务合作薄弱、信息情报交流不多等因素逃避打击的特性决定了仅仅依靠一个国家警方难以完成打击跨国有组织犯罪的任务。因此，加强打击跨国有组织犯罪信息情报交流与共享机制建设是中国与东盟各国警方所面临的紧迫任务，是提高各国警务合作效率的必由之路。在尊重中国与东盟各国的法律规定的前提下，实现各国之间信息情报的交流和共享，最大限度地利用现代通信技术、信息技术和互联网，促进各国警方在跨国有组织犯罪方法和特点规律、犯罪人逮捕、法律文件、司法协助请求以及其他领域内与警务合作有关的数据交换，并确保其传输的保密性。建立中国与东盟国家相互分享的跨国有组织犯罪信息数据库，以便于各国之间对跨国有组织犯罪信息资料的分析，而要建立的跨国有组织犯罪信息数据库主要内容是：各国所通缉或已逮捕的跨国犯罪人员、新型的犯罪手段和方式、跨国犯罪组织的信息情报。

另外，还要注意对各国与警务相关的法律信息进行汇编整理，及时通报各国合作机构知晓，以避免在警务合作过程中产生法律冲突。

## （四）加强各国警务合作人员的交流与培训，并使之常态化

中国与东盟各国应积极推动合作警察官员和专家之间，以及涉外办案人员的相互联系和交流，通过举办专业培训班、开展互访考察学习交流、互派人员跟班学习培训等方式，不断提高合作办案技能，积累各国警察人员交流执法经验，提升各国警务人员合作能力水平。应该加强对既懂外语又懂法律和警务业务的合作人才培养，提高合作人员的素质。通过举办中国与东盟国家的警察业务技能比赛，不断交流业务技能经验，增进各国警务人员之间的相互了解，加深感情，增进友谊，拓宽合作视野和渠道。通过举行中国与东盟国家关于危机处置的联合演习，交流危机处置方案和措施及手段，不断提高各国警察部门应对危机的协同作战能力。

### （五）举办中国与东盟警学论坛，提高警务合作理论研究水平

由中国警察协会主办、广西壮族自治区公安厅和区警察协会承办的第一届中国—东盟警学论坛于2014年9月12日在广西南宁召开，它开启了中国—东盟各国警察学术研讨、交流的新篇章，加强了中国与东盟各国之间警察学术交流，增进了相互之间关于警察制度、警察法律、警务理论和警察文化的了解，提高了应对跨国有组织犯罪挑战，打击共同面对的跨国有组织犯罪的警务合作理论研究能力和水平。

中国与东盟国家警务合作的领域是广泛的，合作渠道与方式也是多样的，更深层次的合作都应该在合作实践的基础上不断发展。面对共同的犯罪挑战，中国与东盟国家应以“共同利益、合作共赢”为宗旨，不断加强警务合作，形成互利、共赢的局面，以有助于应对跨国有组织犯罪的挑战，有助于维护中国与东盟国家的地区稳定与和平。

B.16

# 南宁市农村未成年人犯罪问题调研报告

陈贞臣　韦姗婷　李　敬*

摘　要：南宁市农村未成年人犯罪的特征主要表现为文化层次较低，以财产和暴力型犯罪为主，动机往往简单、盲目、带有很大的随意性，有严重人格缺陷和心理问题的犯罪分子占很大比例，易受网络、影视不良文化诱导等。农村未成年人犯罪主要有社会、家庭及学校的原因，需要统筹区域经济，加强区域经济发展；加强社会治安环境治理，严厉打击刑事犯罪；加强教育，引导未成年人健康成长。

关键词：南宁市　农村未成年人　犯罪动机　预防犯罪

未成年人是国家的未来和希望，未成年人成长问题关系到一个国家的兴衰成败，“少年强则中国强”，关心关爱未成年人成长是我们每一个人的社会责任。未成年人处于特殊的年龄阶段和身心发展的关键时期，外界环境的影响往往会让他们思想、行为发生改变。近年来，未成年人的安全、教育、心理等一系列负面问题日益突出。

“农村未成年人”是指家在农村的未成年人。我国《刑法》对犯罪年龄有严格的规定：不满十四周岁的人，其实施的任何行为都不构成犯罪，不承担

* 陈贞臣，上林县人民法院副院长；韦姗婷，上林县人民法院研究室主任；李敬，上林县人民法院研究室助审员。

刑事责任。已满十四周岁不满十六周岁的人，犯故意杀人、故意伤害致人重伤或者死亡、强奸、抢劫、贩卖毒品、放火、爆炸、投毒罪的，应当负刑事责任。因此，在研究犯罪的时候，往往把到达法定刑事责任年龄、具有刑事责任能力的人作为研究的对象。本文之所以选择“农村未成年人”作为研究对象，其中很重要的一个原因是基于对犯罪实施人员的年龄考虑，有大量数据表明：未成年人犯罪中以来自农村的未成年人居多。南宁市共辖六县六区，农村人口以六县居多，经过对南宁市六县未成年人犯罪情况调研，我们发现：南宁市六县未成人犯罪中来自农村的未成年人比例高达93%，也就是说10个未成年人犯罪中有9个是来自农村，而生长在城市里的未成年人犯罪则相对较少。

农村未成年人犯罪数量的迅速增加，严重妨碍了南宁市社会稳定和人民生命财产安全，对于建设社会主义和谐社会和社会主义新农村具有很大的破坏作用。南宁市六县有广阔的农村、数量众多的未成年人，如何解决南宁市农村未成年人犯罪问题，从而让南宁市农村未成年人健康成长，已成为南宁市不可忽视的一大问题。预防未成年人犯罪，对于国家的未来，民族的兴衰，地区的发展，具有重要的意义。

## 一　南宁市六县农村未成年人犯罪的现状及特点

### （一）南宁市六县农村未成年人犯罪案件受理情况

长期以来，广西各级法院刑事审判庭办理的刑事案件都以成年人犯罪为主，成年人犯罪案件占了全部犯罪数量的大多数，未成年人犯罪案件相对很少。具体到农村未成年人犯罪，由于它不是一个特定的法律统计词汇，所以往往不被列入司法统计的范畴，所以这方面的数字是缺乏的。但近年来农村未成年人犯罪现象日益增多，已成为一个不争的事实。课题组所在的南宁市，下属的横县、宾阳、武鸣①、隆安、马山、上林六县每年都有很多的农

① 武鸣于2015年行政区划调整为城区。

村未成年人因触犯法律受到刑罚，在宝贵的青春年华里付出了惨重的代价。如南宁市六县2014年就有105件农村未成年人犯罪案件，涉案150人。课题组通过走访调研，得出了以下几组关于南宁市六县近三年来农村未成年人犯罪的数据（见表1～表3）：

**表1　南宁市六县法院近三年办理农村未成年人犯罪案件数量**

单位：件

| 年份＼县份 | 横县 | 武鸣 | 宾阳 | 上林 | 隆安 | 马山 | 合计 |
|---|---|---|---|---|---|---|---|
| 2012 | 14 | 18 | 15 | 13 | 11 | 4 | 75 |
| 2013 | 8 | 41 | 18 | 10 | 13 | 6 | 96 |
| 2014 | 20 | 42 | 17 | 11 | 6 | 9 | 105 |
| 合计 | 42 | 101 | 50 | 34 | 30 | 19 | 276 |

**表2　南宁市六县近三年农村未成年人犯罪人数**

单位：人

| 年份＼县份 | 横县 | 武鸣 | 宾阳 | 上林 | 隆安 | 马山 | 合计 |
|---|---|---|---|---|---|---|---|
| 2012 | 27 | 33 | 24 | 13 | 19 | 4 | 120 |
| 2013 | 12 | 60 | 32 | 10 | 16 | 6 | 136 |
| 2014 | 29 | 54 | 26 | 13 | 17 | 11 | 150 |
| 合计 | 68 | 147 | 82 | 36 | 52 | 21 | 406 |

**表3　南宁市六县近三年农村未成年人犯罪情况（包括案件数量、涉案人数、犯罪类别人数）**

单位：件，人

| 年份＼项目 | 案件数量 | 涉案人数 | 抢劫 | 故意伤害（包括故意伤害致人重伤） | 贩卖毒品 | 盗窃 | 强奸 |
|---|---|---|---|---|---|---|---|
| 2012 | 75 | 120 | 43 | 8 | 3 | 53 | 6 |
| 2013 | 96 | 136 | 51 | 19 | 17 | 40 | 8 |
| 2014 | 105 | 150 | 38 | 10 | 22 | 36 | 15 |
| 合　计 | 276 | 406 | 132 | 37 | 42 | 129 | 29 |

从表1和表2可以看出，从2012年到2014年，南宁市六县法院办理的农村未成年人犯罪案件分别为75件、96件、105件，共计276件。其中武

鸣县法院三年共办理101件，占到六县全部案件数的36.6%，是六县法院中近三年办理农村未成年人犯罪案件最多的法院。武鸣县法院所处辖区人口众多，经济发达，离南宁城区较近，有很多城乡结合部，社会环境复杂，因此受理的案件相对比较多，这跟实际情形相符。六县法院近些年办理的农村未成年人犯罪案件数量呈上升趋势，且增幅较大，相比2012年的75件，2014年的105件，已上升了40%。在六县之中，宾阳、横县、武鸣三县法院办理的未成年人犯罪案件数较多，这三个县法院三年总计办理农村未成年人犯罪案件193件，297人依法受到刑事处罚。而上林、隆安、马山三县法院，该类案件相对较少，三年共计办理83件，刑事处罚109人。六县虽同属南宁市管辖，但由于各县人口规模、经济发展水平的不同，在该类案件的受理数量上存在很大差异。这也从另一个侧面说明了，地区的面积人口、经济水平、劳务输出及所处的地理位置等因素，对该地的农村未成年人犯罪有着重要的影响。人口多、经济发展快、外出务工人员多的县份的未成年人犯罪往往要多于人口少、经济发展慢、外出务工人员少的县份。

我国《刑法》第十七条规定：“已满十六周岁的人犯罪，应当负刑事责任；已满十四周岁不满十六周岁的人，犯故意杀人、故意伤害致人重伤或者死亡、强奸、抢劫、贩卖毒品、放火、爆炸、投毒罪的，应当负刑事责任；已满十四周岁不满十八周岁的人犯罪，应当从轻或者减轻处罚。”因此一般来说，故意伤害致人重伤、抢劫、贩毒、强奸，是十四到十六岁这一年龄段未成年人所犯的几个主要罪行；而年龄已满十六周岁到未满十八周岁的未成年人，由于自身已具备了相应的刑事责任年龄，因此他们的犯罪情形及触犯的罪名是跟成年人没有太多本质区别的，如果触犯某一项犯罪，符合犯罪构成，同样会被处以刑罚，不同的只是量刑的尺度和受到刑罚的制裁程度不一样而已。但总的来说，除少数触犯故意杀人之外，大多数作案都集中在故意伤害、盗窃、抢劫、贩毒、强奸等犯罪行为上。农村未成年人犯罪与普通的未成年人犯罪具有很大的相似性。从表3可以看出，南宁市六县近三年的农村未成年人犯罪的276件案子中，有406人参与作案，有很多案件是团伙犯罪，涉案人数众多。其中犯抢劫罪的为132人，占全部未成年人犯罪人数的32.5%；犯盗窃罪的为129人，占全部未成年人犯罪人数的31.8%；犯贩卖毒品罪的为42人，占全部未成年人犯罪人数的10.3%；犯故意伤害罪的为37人，占全部未成年人犯罪人数的9.1%；犯强奸罪的为29人，占全部未成年人犯罪人数的7.1%。

## （二）六县农村未成年人犯罪的特征

### 1. 文化层次较低

个体社会化其一个主要的衡量标准即文化层次。一般来说，个人只有在接受一定程度的教育后才能发展成为一个健全的社会人。学校教育作为教育的核心，会对一个人的一生产生重要影响。学校教育的多寡与好坏，往往是衡量一个人文化层次水平的重要参考。对于大部分十四岁至十八岁的未成年人来说，这一年龄段，正是他们向往学习、充分获得学校教育的黄金年龄。但由于多种原因，许多人在这一年龄段，失去或放弃了继续在校读书的机会。在知识不断更新向前发展的现代社会，教育的断层、文化的缺失，致使一些人沦为了新时期的“文盲”。文化程度的低下也影响了他们的认识能力、分析能力和判断能力。当现实与理想发生冲突、当外界的不良诱惑接踵而至时，如若个人不能用清醒的头脑进行判断、用正确的价值观进行自我调适，便很容易滑进犯罪的泥潭。

**表4　南宁市六县近三年犯罪农村未成年人文化程度比例统计**

| 人数比例＼学历 | 小学 | 初中 | 高中 |
|---|---|---|---|
| 人数 | 20 | 369 | 16 |
| 比例(%) | 5 | 91 | 4 |

| 人数比例＼项目 | 完成阶段性教育 | 中途辍学 |
|---|---|---|
| 人数 | 288 | 118 |
| 比例(%) | 71 | 29 |

从表4我们可以看出，六县绝大多数的农村留守犯罪未成年人的文化水平达到了初中教育程度，其占到全部犯罪人数的91%。小学文化程度和高中文化程度的相对较少，其分别为5%和4%。可以说，大部分的农村留守

犯罪未成年人虽然文化程度不高，但绝大多数还是接受过初中教育的。初中义务教育在未成年人的普及得益于国家长久以来义务教育方针的大力施行。但有一点值得注意的是，在犯罪的农村未成年人中完整地完成阶段性教育的人数的比例并不算很高，只为71%，而中途辍学的比例也高达29%，也就是说，在10个犯罪的农村未成年人中，就有差不多3人是因中途辍学而没有完成阶段性学校教育的，辍学的未成年人或是在小学和高中阶段，但更多的是在初中义务教育阶段。辍学的原因多种多样，但就现在的教育政策和农村一般家庭的收入水平来说，家长很少会主动让自己的孩子退学。所以，更多的是未成年人出于自身的厌学情绪，而自动选择离开学校。过早地离开学校，失去继续接受教育的机会，这是农村留守犯罪未成年人文化水平普遍不高的主要原因之一，也正由于此，这些未成年人相较于其他接受更多教育的未成年人来说，更容易接近犯罪和实施犯罪。

2. 以财产和暴力型犯罪为主

南宁市六县幅员辽阔，其中很大一部分地区是农村。这些农村地区经济相对落后，生活艰苦，加上受外界社会不良风气的影响，一些农村未成年人不知不觉中受到拜金主义、享乐主义等腐朽价值观的影响，在金钱和物质利益的驱使下，往往容易做出违法行为。因此，农村未成年人犯罪往往以满足钱财欲望为主，财产型犯罪较多，这些人多采取偷盗、抢劫、敲诈勒索、诈骗等手段非法占有他人财产（见表5）。

**表5　南宁市六县近三年农村未成年人犯罪类型比例统计**

| 项目<br>人数比例 | 侵犯财产型犯罪（抢劫、盗窃） | 暴力型犯罪（故意伤害、强奸） |
|---|---|---|
| 人数 | 261 | 66 |
| 比例（%） | 64.3 | 16.2 |

从南宁市六县近几年的犯罪情况看，农村未成年人犯罪正在向严重化、恶劣化方向发展。以侵犯财产为目的的抢劫、盗窃，占到全部农村未成年人犯罪总人数的64.2%。并且，暴力性犯罪明显，南宁市六县近三年的该类案件中犯故意伤害罪有37人，占到全部农村未成年人犯罪总人数的9.1%。

与此同时，未成年人正处于身心迅速发育时期，开始对异性关注，加之受黄色书刊、音像和暴力文化的污染，某些农村未成年人对女性实施了强奸犯罪，这类案件占到农村未成年人犯罪总人数的7.1%。加上故意伤害案件，即暴力型犯罪占到农村未成年人犯罪总人数的16.2%。并且，通过对南宁市六县法院办理的该类案件进行分析，发现这一数字有逐年上升的趋势。

### 3. 动机往往简单、盲目、带有很大的随意性

未成年人其心理发育仍不成熟，社会经验不足等，导致其对社会问题的认知及处理容易走向极端，如在各种不良环境的影响和各种突发挫折刺激下，很容易走上歧途，坠入犯罪的深渊。农村未成年人犯罪动机简单，没有明确的目标和精心的策划，往往是见财起意和激情犯罪居多。未成年人犯罪的动机主要集中在：钱财、报复他人、满足性需求等方面。农村未成年人犯罪实施的过程中，往往伴随着激动的情绪及极大的随意性，冲动、一时间失去理智等已经成为未成年人犯罪的主因。为了更好地了解南宁市农村未成年人犯罪过程中的心理状态，课题组进行了相关问卷调查，具体情况见表6。

**表6　南宁市六县100名农村未成年人犯罪时心理情况统计**

| 项目<br>人数比例 | 一时冲动、兴起 | 预谋 | 过失 |
|---|---|---|---|
| 人数 | 52 | 17 | 31 |
| 比例(%) | 52 | 17 | 31 |

从表6可以看出，南宁市六县绝大部分的农村未成年人犯罪源于一时冲动或过失犯罪，预谋作案的人数很少，只占犯罪人数总数的17%。

### 4. 有严重人格缺陷和心理问题的犯罪分子占有很大比例

在违法犯罪的农村未成年人中，有严重心理问题和人格缺陷的人占的比例较大。偏执、自卑、暴躁、自大等消极性格的比例远高于温和、乐观、自信等积极性格的比例。有研究表明，犯罪的农村未成年人往往具有以下一种或几种心理特征：一是自卑拘谨，沉默寡言；二是情绪不稳定，自控能力不强；三是抑郁压抑，忧虑不安；四是冲动任性，自制力差；五是紧张焦虑，心神不定。并且，农村未成年人较之城市未成年人更容易出现厌学逃学、人际关系紧张、

内向孤僻、无助感、无价值感、攻击性行为等问题行为。严重者常常会发展到无视伦理规范、玩世不恭，不听劝阻、我行我素的叛逆型性格。在六县三年未成年人犯罪的406人中，有37人涉及故意伤害案件，占到全部涉案人数的9.1%，其中大部犯罪人员都有严重程度不一的人格裂变特征。在调查中课题组发现，许多农村未成年人犯罪分子犯事入狱前都有暴躁、叛逆、自私、虚荣、嫉妒、焦虑等心理问题，在接受调查访问的100名农村犯罪未成年人中，有53人承认自己存在一点或几点人格方面的心理缺陷，占全部受访对象人数的一半多。

### 5. 易受网络、影视不良文化诱导

近年来，我国互联网发展迅速，电脑计算机已从机关、企业进入了普通家庭。据有关资料统计，2010年我国未成年人网民数量已达1.39亿人。其中有13.2%的未成年人上网成瘾，除此之外有13%的未成年人有网瘾倾向，而13~17岁的未成年人占比达到了17.1%。当前，网络具有的开放性等特征，使得互联网不可避免地夹杂各类宣扬暴力、色情的不良信息，这些不良信息对于辨别能力不强的未成年人危害尤其大，同时，由于我国农村网吧管理仍很薄弱，一些地区甚至无人监管，一定程度上也加剧了网络不良信息对未成年人的侵害。现实中，未成年人因受网络不良文化影响的催化和诱导作用而去犯罪的例子，数不胜数。

南宁市六县100名农村犯罪未成年人犯罪前使用网络情况统计见表7。

**表7　南宁市六县100名农村犯罪未成年人犯罪前使用网络情况统计**

| 项目 / 人数比例 | 每周使用网络10小时 | 每周使用网络20小时 | 每周使用网络30小时 | 每周使用网络多于30小时 |
|---|---|---|---|---|
| 人数 | 12 | 10 | 30 | 48 |
| 比例(%) | 12 | 10 | 30 | 48 |

## 二　南宁市六县农村未成年人犯罪成因分析

就刑事案件来说，由于受不同的利益动机驱使，个体犯罪的原因是复杂多样的。而农村未成年人犯罪是外因和内因相互作用的结果。

### （一）社会原因

近些年来，我国经济社会发展内外部环境均发生了深刻的变革，在经济社会结构发生巨大变革的过程中，一些长期缺乏父母监管、社会帮扶及良好学校教育的未成年人更容易受社会上的不良思想、价值观影响，如某些没有经济来源的农村未成年人受到拜金主义、享乐主义思想腐蚀，实施了抢劫、盗窃等犯罪行为，成为危害社会的因素。

### （二）家庭原因

当前，复杂的家庭关系已成为农村未成年人犯罪的主要原因之一。一是亲子关系的中断。对未成年人来说，和父母的依附关系极为重要，对父母的依附感成为制约子女实施不法行为的重要因素。在调研中我们发现，南宁市六县近三年的406名未成年人犯当中，其父母长期不在家外出务工的人数占有很大比例（见表8）。

**表8　南宁市六县农村未成年人犯父母亲在家情况**

单位：人，%

| 项目 \ 人数比例 | 人数 | 比例 |
|---|---|---|
| 父母亲长期在家 | 283 | 69.7 |
| 父母亲长期不在家 | 123 | 30.3 |

从表8可以看出，南宁市六县近三年的406名农村未成年人犯当中，其父母长期不在家的有123人，占全部犯罪总人数的30.3%，也就是说，10个农村未成年人犯当中有3个其父母是长期不在家的。南宁市六县农村未成年人家长大都在广东及东南沿海一带城市工作，来往一趟不容易。亲子关系的中断，给预防农村未成年人犯罪带来了很大困难。

二是父母错误思想的误导。主要是农村家长对读书无用的悲观态度及对金钱的膜拜态度，对孩子产生了负面的影响，造成未成年人道德滑坡。

## （三）学校原因

教育是人类从自然人进化到社会人的重要一环，当学校的教育和管理存在一定弊病的时候，农村未成年人的身心健康发展会因此受到一定的影响。一是过度强调升学率，教育方法失当。在调查中我们发现，有很多学生反映“学习好的学生获得老师关注多，成绩差的学生老师基本无暇关注”。过度强调升学率、重点率会使学习成绩差的农村未成年人心里形成强烈的落差并对学习、学校产生排斥心理，本该成为未成年人身心健康成长的避风港的学校，却给一部分未成年人带来了挫败感和孤独感，这些都将使这部分未成年人失去对成人社会的信任，失去生活的信心与希望，对主流价值观产生排斥，使其在现实面前不断逃避，从而导致其更容易地走上违法犯罪的道路。

二是针对未成年人的法治教育缺失。当前许多农村的学校仅重视应试教育，而不重视德育教育。法制教育的严重滞后，带来了诸多不良的后果，许多学生不能正确地认识和分辨到底哪些是犯罪。现今很多农村学校没有开设法制课，即使开设，很多也是流于形式，缺乏实际效果。

**表9　上林县当地5所中学一年上法制教育课情况**

| 学校＼次数 | 1次 | 2次 | 3次 | 多于3次 |
|---|---|---|---|---|
| 中学A | √ | | | |
| 中学B | √ | | | |
| 中学C | | √ | | |
| 中学D | | √ | | |
| 中学E | √ | | | |

由表9可见，许多中学为学生上法制教育课的次数是非常少的，大多数是一年一次，学生得到的法律知识非常有限，这样导致了他们法律知识的缺乏和法律素养的缺失。在调查中发现，许多学生根本就不知道犯罪为何物，许多的未成年人犯表示直到上了法庭才意识到自己的行为是违法的。

## 三 应对南宁市六县农村未成年人犯罪的对策及建议

### （一）统筹区域经济，加强区域经济发展

区域经济发展的不平衡，不仅影响到南宁市经济发展的全局，而且带来了一系列严重的社会问题。其中一个就是地区就业问题，由于就业机会的短缺，迫于生计，许多南宁市落后县份农村地区的农民不得不离乡背井到广东及东南部沿海城市去寻找就业发展机会。与流动人口问题一样，要解决外出务工人员子女的问题，就必须在保证社会公平的前提下，大力促进贫困地区经济发展，特别是南宁市一些较为贫困欠发达的地区。只有解决好这些地区的社会经济发展问题，为当地人员创造更多的就业和享有社会发展成果的机会，才能从根本上解决他们的生存和子女成长问题。

首先，应注重南宁市各县区间发展的均衡，加大对贫困地区的扶持力度，同时加强经济发展规划，促进各县区间错位发展，提高经济发展效率，最终实现区域经济的协调发展。

其次，应不断推进城乡公共服务均等化。在推进公共服务供给的过程中，在保证效率的同时应兼顾公平，可以通过加大财政转移支付的手段，使部分资源向农村倾斜，加快农村公共服务基础设施的建设，缩小南宁市各县区之间公共服务的供给水平差距，不断提升农村群众的生活质量。

### （二）加强社会治安环境治理，严厉打击刑事犯罪

当前南宁市正处于经济飞速发展时期，在社会经济高速发展的同时，农村与城市的差距、贫富差距进一步拉大，都给南宁市社会带了不稳定的因素。面对社会的现实，许多人感到无所适从，个人在社会化的过程中受各种因素驱使，把持不住，从而走上了犯罪之路。

在对南宁市农村未成年人犯的调研过程中，很多的未成年人都坦言自己在犯罪被押前，身边都有一个或多个从事偷窃、抢劫、赌博或吸毒等非法活

动的朋友。“损友”对未成年人的影响不仅体现在对其思想心灵的侵蚀上，而且还表现在对其行为的影响上。许多未成年人的偷窃、抢劫行为，多数是在朋友影响下从染上这些不良嗜好开始的。另外，未成年人具有很强的模仿性，很容易以身边的朋友为模仿对象。

我国法律当前施行宽严相济的刑事政策，即在处理刑事犯罪中坚持该严则严，当宽则宽，宽严互补，宽严有度的方针。当前南宁市要严厉打击严重刑事犯罪，尤其是对一些犯罪性质特别恶劣，手段特别残忍、后果特别严重的刑事犯罪，要从严从重处理以达到警示和震慑作用。未成年人易于受环境和他人影响，通过严厉打击犯罪，让一批犯罪分子受到应有惩罚，把他们关押到看守所或监狱，不能在外面为非作歹，对于净化社会的治安环境是大有裨益的。未成年人身边参与犯罪的人少了，受到的引诱和教唆少了，会极大地减少隐藏在他们身边的潜在犯罪因素。当他们在抵挡住不良诱惑，又能把社会所簇拥的公序良俗内化于心时，他们便不会轻易走上犯罪之路。

### （三）加强教育，引导未成年人健康成长

#### 1. 家庭方面

（1）重视家庭亲情教育

在一个冷淡而缺乏温暖的环境里，未成年人极易悲观厌世，从而导致他们犯罪心理生成。因此，保证农村未成年人家庭拥有浓厚的亲情，给予农村未成年人良好的家庭教育，对预防农村未成年人犯罪具有不可代替的作用。

（2）尽力保障家庭结构完整

完整的家庭结构能给未成年人提供必要的情感支持。农村留守家庭严格来说是一个不完整的家庭结构，也会产生这样或那样的问题。农村父母应尽力保证家庭结构的完整，和孩子长期生活在一起，让孩子拥有完整的家庭，使未成年人心理更为健全，从而将未成年人的犯罪行为扼杀在萌芽状态。

（3）提升父母的监管水平

要避免“管养不管教”的情况发生，提高监护质量，使未成年人能健康成才。父母要全面了解和掌握孩子的学习、身体和心理等方面的综合情

况。对未成年人的不良习性及心理状况及时发现、及时疏导，使其心理发育更为健全、健康。

（4）文明家庭氛围教育

未成年人家长要多与孩子交流，充分理解孩子的兴趣和要求。同时，家长应自我严格要求，用健康的思想、品行教育子女，预防和制止农村未成年人吸烟、酗酒、流浪以及赌博、吸毒、卖淫等违规违法行为。

### 2. 学校方面

（1）加大德育、法制教育工作力度

学校应树立正确的育人观，加大德育教育的力度，特别是帮助留守学生提高道德素质，形成健康的心理品质，远离不良行为。同时，也要加大法制教育的力度，通过对农村留守学生的法制培训教育，增强农村未成年人的法律意识和守法观念。

（2）从未成年人特殊的心理出发，因材施教

良好的心理品质是未成年人预防心理疾病的天然屏障。农村学校应有针对性地对未成年人开展心理健康教育和对未成年人进行心理辅导。要加强对农村未成年人的关怀和辅导，帮助农村未成年人及时摆脱情绪上的痛苦，使农村未成年人及时醒悟、减轻压力，身心获得有益的调整。

（3）完善对学生的管理

学校应该摈弃歧视差生的现象，对学习差的学生也要同样重视，农村学校要加大对寄宿制学校的建设力度，多办寄宿制学校，尽量为父母都在外地或者亲友不能提供良好成长环境的农村未成年人提供住宿便利，让农村未成年人在集体中成长，感受到集体的温暖，补偿缺失的家庭教育。

B.17

# 南宁市农村“三大纠纷”案件调研报告

陈创源　韦美云*

摘　要：农村土地调处是确保农村稳定和谐的重要任务，是稳定农村、保障农民生活的重要组成部分，是“三农”问题的重中之重。本报告以社会学的研究方法，选取2005年至2014年十年间南宁市市辖12个县、区三大纠纷诉讼案件为研究对象，通过对纠纷调处模式、案件判决（含申诉处理）结果、纠纷最终状态进行研判，并采取对业内人士问卷调查等实证研究方法，以期对调处状况做出客观的评价，进而对当前调处制度进行检视，从而提出整合现有三大纠纷调处资源，实现调处队伍的专业化与职业化；加强基层调解工作，充分发挥乡、村人民调解委员会的作用；强化执行力度，对生效案件强力执行；多方联动，推动联合调处常态机制的建立等建议。

关键词：南宁农村　三大纠纷　审判实践　调处机制

## 一　取样：农村三大纠纷案件的范围

### （一）地域范围的典型性

自2003年6月起，南宁市行政区划相继部分调整，至2005年，南宁市

* 陈创源，中共南宁市委政法委员会副书记；韦美云，南宁市中级人民法院审判管理办公室主任。

成为下辖六县六区84个乡镇、土地总面积22112平方公里、建成区土地面积179平方公里、总人口600多万的新崛起的大西南出海通道枢纽城市。南宁市近海、近边、沿铁路线、沿江的区位，以及各县、区经济发展的不均衡性，典型地反映了广西的经济状况，能全面地反映出广西三大纠纷调处的真实状况。

### （二）案件的代表性

作为首府，南宁市两级法院受理的行政案件一直位居广西法院的前两位。其中的三大纠纷案件，更因南宁市十年来城市建设的飞跃发展而不断地变化，纠纷的成因、法律的理解、审判的理念，迅速而贴切地反映出广西农村三大纠纷调处工作的发展脉搏，具有其他区位不可比拟的优势。

### （三）案件的范围

为了解现行三大纠纷调处的情况，我们以2005年1月至2014年12月，南宁市两级法院审理的三大纠纷案件的一审、二审以及申诉、再审案件为分析样本，共计一审案件341件，申诉案件113件，再审案件35件，争议标的涉及公共设施用地、工矿交通设施用地、山坡荒坡、林地草地及林木草丛；水源利用和农田灌溉、养殖水面、排涝工程设施及人畜饮水工程等。但农村土地使用权纠纷、要求履行调处法定职责争议案件以及农村土地行政登记争议案件，因其审查侧重点与三大纠纷案件迥然不同而不纳入本文研究之列。

## 二 调查：南宁市两级法院十年来三大纠纷案件状况

本文以实证研究方法为主，通过分析南宁市两级法院十年来农村三大纠纷案件数量的变化、审判理念的变化、裁判理由等，力求全面、准确地表达出纠纷的发展规律，以保证实证研究目的的实现。为此，我们分别搜集了以下四方面的资料。

## （一）统计资料：案件的客观数据

第一方面的数据来自南宁市两级法院的三大纠纷案件数据，主要是指一审、二审和申诉、再审案件。南宁市行政区划调整后，随着城市建设对土地需求的急速增长，许多潜在的土地争议因利益巨大而凸显，三大纠纷案件骤增，直观地反映了社会矛盾的焦点。因此，从三大纠纷案件的变化探讨司法层面的纠纷内在逻辑，显得尤为重要。

### 1. 一审、二审和再审案件数量的变化

行政区划的调整，使南宁市在获得广阔发展空间的同时，社会管理成本也相应加大，案件数量持续上升，行政和司法成本加大（见表1）。

**表1　2005～2014年南宁市法院行政案件收案情况**

单位：件

| 审级＼年份 | 2005 | 2006 | 2007 | 2008 | 2009 | 2010 | 2011 | 2012 | 2013 | 2014 |
|---|---|---|---|---|---|---|---|---|---|---|
| 一审 | 384 | 258 | 360 | 405 | 331 | 274 | 253 | 279 | 342 | 299 |
| 二审 | 124 | 130 | 130 | 230 | 184 | 142 | 170 | 142 | 105 | 165 |
| 再审 | 8 | 11 | 7 | 24 | 8 | 6 | 1 | 1 | 3 | 1 |

### 2. 三大纠纷案件比例和分布的变化

2007年，南宁市确定了“以邕江为轴线，西建东扩，完善江北，提升江南，重点向南”的城市发展思路。从2008年起，南宁市三大纠纷案件总体呈现波浪形缓慢增长的趋势，环比增长了1至7个百分点，高峰时期占行政案件总量的近18%，但总体保持在10%的比例（见图1）。

从统计结果可见，2014年，良庆区借“重点向南”、位于五象新区开发中心的区位优势，稳居“后起之秀”的位置，领先于六城区。而横县、上林县则领衔于六县之首，武鸣县紧随其后（见表2）。以2008年为分界点，纠纷案件的诱因由此前的以道路修建、山林发包等土地利用行为为主逐渐演化为以征地款、公益林补贴等经济利益为主。可见，土地的利用与开发是三大纠纷案件的根本起因。

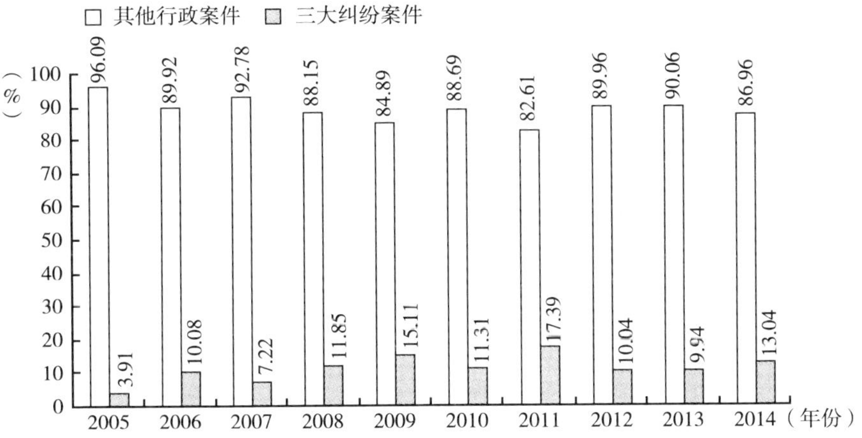


**图 1　2005～2014 年南宁市法院三大纠纷案件与其他行政案件比例**

**表 2　三大纠纷案件十二县区分布**

单位：件

| 县区＼年份 | 2005 | 2006 | 2007 | 2008 | 2009 | 2010 | 2011 | 2012 | 2013 | 2014 | 合计 |
|---|---|---|---|---|---|---|---|---|---|---|---|
| 青　秀 | 1 | 0 | 2 | 0 | 0 | 1 | 0 | 0 | 0 | 0 | 4 |
| 兴　宁 | 0 | 3 | 0 | 1 | 1 | 0 | 2 | 0 | 2 | 1 | 10 |
| 西乡塘 | 0 | 2 | 0 | 1 | 0 | 1 | 3 | 0 | 0 | 1 | 8 |
| 江　南 | 0 | 1 | 0 | 3 | 2 | 1 | 3 | 0 | 0 | 0 | 10 |
| 邕　宁 | 3 | 0 | 1 | 1 | 2 | 2 | 2 | 2 | 0 | 1 | 14 |
| 良　庆 | 0 | 2 | 5 | 3 | 4 | 5 | 3 | 4 | 6 | 5 | 37 |
| 武　鸣 | 1 | 4 | 3 | 7 | 10 | 3 | 3 | 9 | 4 | 1 | 45 |
| 横　县 | 2 | 2 | 7 | 14 | 7 | 4 | 12 | 4 | 4 | 13 | 69 |
| 宾　阳 | 3 | 6 | 1 | 10 | 7 | 3 | 4 | 1 | 3 | 1 | 39 |
| 上　林 | 1 | 3 | 0 | 5 | 10 | 6 | 5 | 5 | 10 | 14 | 59 |
| 马　山 | 4 | 1 | 3 | 3 | 4 | 3 | 6 | 3 | 4 | 2 | 33 |
| 隆　安 | 0 | 2 | 4 | 0 | 3 | 2 | 1 | 0 | 1 | 0 | 13 |

### 3. 三大纠纷案件调处质量的考量因素

三大纠纷案件以调解协议和法院裁判为结果。因此，终审判决与申诉、再审的审查结果，是衡量调处质量的两个客观标准。据统计，十年来南宁市两级法院审理的 341 件三大纠纷案件中，终审裁决维持政府处理决定的共 229 件占 67. 16%，撤销重作的 63 件占 18. 48%，其他处理的（指发回重审、政府自行撤销后原告撤诉、原告未经复议直接起诉不符合程序而被驳回起诉的情形）24 件占 7.04%。但与此对应的是高申诉率、高再审率。十年来，三大纠纷申诉案件占行政申诉案件的总量年平均比例为 32.27%，再审案件数量在行政再审案件中占 59.25%。以约 10% 的案件数量占据行政再审案件的近六成，足见纠纷的复杂性与多样性。虽然再审判决维持率达 85.29%，但申诉、再审与抗诉的过程，是司法理念的交锋，利益的博弈，甚至各方势力的较量，可见其蕴含的社会矛盾极其复杂（见图 2、图 3）。

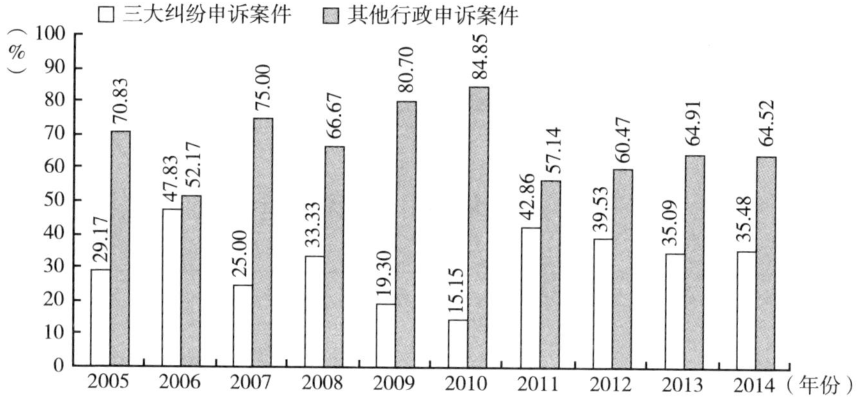


**图 2　2005～2014 年南宁市法院行政申诉案件与三大纠纷申诉案件对比**

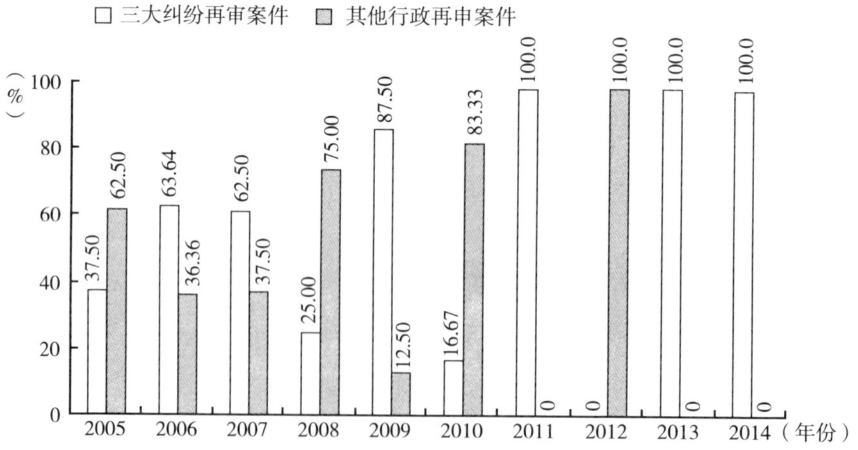


**图 3　2005～2014 年南宁市法院行政再审案件与三大纠纷再审案件对比**

### （二）田野调查：个案反映出的分歧

基于三大纠纷案件的敏感性以及集体经济组织意见的分散性，我们将田野调查建立在对申诉（含抗诉）材料的分析上。从归纳申诉理由入手，我们试图探求争议的根本症结，探究三大纠纷案件层出不穷的根源（见表3）。

表3　三大纠纷案件申诉理由情况

单位：件

| 年度 | 申诉数量 | 申诉理由 | | |
|---|---|---|---|---|
| | | 历史证据 | 管理事实 | 政策理解 |
| 2005 | 7 | 1 | 5 | 1 |
| 2006 | 11 | 4 | 6 | 1 |
| 2007 | 10 | 3 | 7 | 0 |
| 2008 | 9 | 4 | 4 | 1 |
| 2009 | 57 | 10 | 43 | 4 |
| 2010 | 33 | 8 | 22 | 3 |
| 2011 | 1 | 1 | 0 | 0 |
| 2012 | 1 | 1 | 0 | 0 |
| 2013 | 12 | 10 | 2 | 0 |
| 2014 | 11 | 7 | 4 | 0 |

从表3可以看出，当事人申诉的理由集中在事实的认定，特别是多年经营管理的事实认定方面。但因争议标的物的特殊性，政府倾尽心力也难以全面、客观地反映出经营管理事实。调查过程中，一线调处人员除指出当前体制存在问题之外，认为调处过程中最困难的就是证据的认定（见图4）。可见，有限的法律规定与无限丰富的个案案情之间的紧张关系，决定了裁判结果的有限性，因此高申诉率顺理成章。

### （三）问卷调查：来自系统内部的印象

我们向市辖十二个县、区从事三大纠纷案件调处工作的法制、林业、土地、水利、调处办以及乡镇司法所等部门人员发放了97份不记名的调查问卷，问卷设计了调处模式、调处力量、培训情况、调处难点、纠纷根源、调

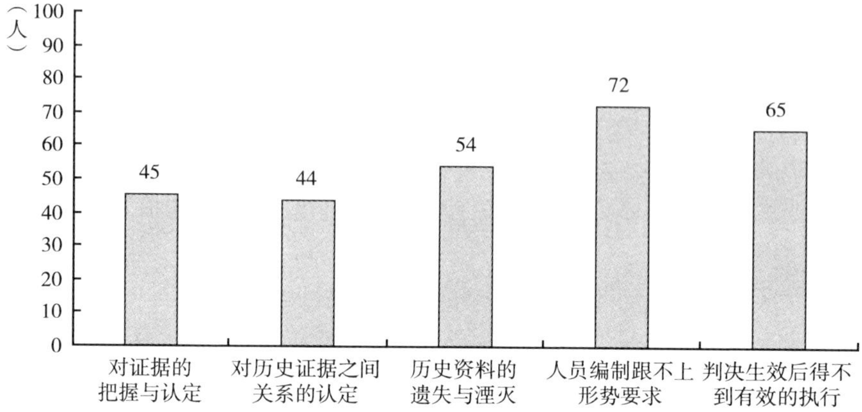


**图4　调处工作困难问题排列**

处结果、执行以及调处人员对职业的认同感等问题，回收有效问卷97份（见图5）。

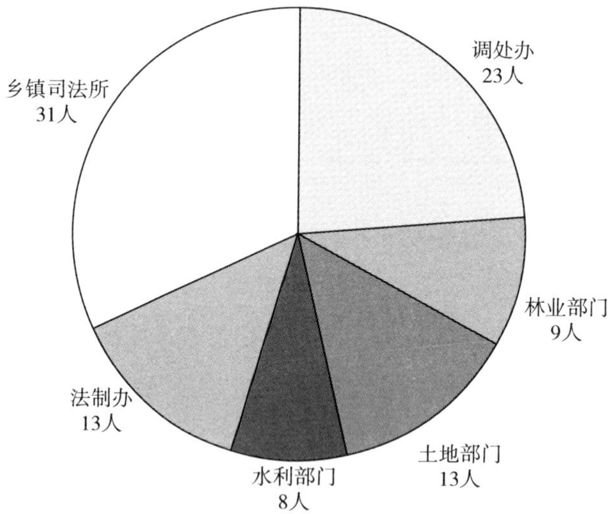


**图5　调查人员身份构成**

调查结果反映，当前南宁市调处队伍整体专业程度以及培训情况令人欣慰。97份问卷中，具有三年以上调处经验人员66人占68.04%；三年内曾受过培训的82人占84.54%，证明南宁市近年来调处培训工作取得成效。

但令人忧虑的是，53.61%的人员不愿意再继续从事调处工作，长此以往，调处工作可能陷入后继乏人的困境（见图6、图7）。

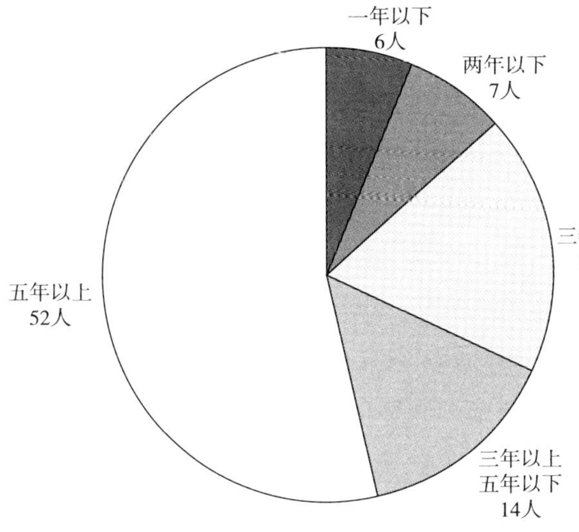


**图6　调处人员调处年限**

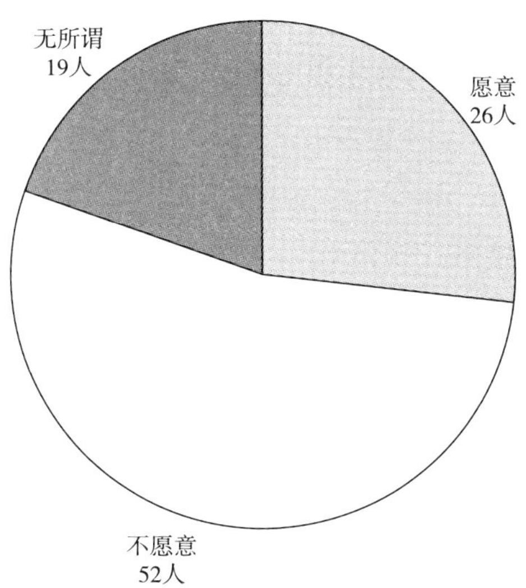


**图7　调处人员工作意愿**

### （四）证实：当前调处机制的总体状况

统计数据和问卷调查的结果表明，当前调处机制总体上运作已趋成熟，调处队伍的执法能力值得肯定。这一结论佐证了三大纠纷案件调处取得的成就，反驳了三大纠纷案件难办、办了也没有用的说法。但是，从司法实践需求的应然状态出发，我们认为，当前调处机制仍存在以下的不足。

#### 1. 立案机制混乱

调查中，十二个县、区的调处人员对所处县、区的调处模式的答案五花八门，对纠纷的受案、承办、决策和应诉等工作的分工，即便是同一县域人员选择也往往不同，可见调处模式仍处于因地而异的状态。而修改后的《广西调处条例》对立案问题也语焉不详，虽利于当地政府因地制宜，但立案权的分散意味着立案标准不一，当事人被“踢皮球”的风险反而增加。

#### 2. 部门联动薄弱

当前三大纠纷案件按照争议标的物确定受案部门，导致部门条块分割，横向联动少，同时99%的争议属于同一乡镇内纠纷，按照“属地管辖”原则，乡镇调解任务艰巨，各职能部门工作量却多寡不均，忙闲不同。同时职能部门内设调处机构往往身兼多职，无法全身心地投入调处工作中，调处专业化程度不高。

#### 3. 执行定位模糊

调查中调处一线人员反映最为强烈的是执行问题。由于政府的处理决定只对争议标的物作出权属确定，法院裁判则对处理决定作出合法性判决，却都没有明确对另一方当事人课以义务，加上《行政诉讼法》关于执行的规定只有两条原则性的规定，导致多方对执行主体认识不一，加上三大纠纷案件执行涉及土地面积广大，一方当事人不配合甚至暴力抗拒执行是常事，因此强制执行既法无明确依据，又耗时费力收效甚微，法律的权威和政府的威信在一次次的劳而无功中被严重的削弱。

4. 职业认同度低

调处需要深入农村和群众当中，踏勘现场，调查取证，工作条件艰苦，既考验业务素质和群众工作能力，又要求具备吃苦耐劳的精神。调查中，调处人员普遍认为解决三大纠纷的有效途径是“领导重视，加大投入”。但即使在问卷调查中，认为县区领导重视、过问并亲自参与调处工作的只有区区4人，因此一半多的人员不愿继续从事调处工作，其根本原因是领导重视和关心程度等执业环境不佳导致其对职业缺乏认同感。

## 三　研判：三大纠纷案件成因所在

### （一）土地政策的混乱多变性

新中国成立以来，除1950年6月28日的《土地改革法》之外，我国农村的土地管理主要依靠政策如批复、通知、规定、办法等规定进行，直到1988年6月25日《土地管理法》诞生，新中国才具有法律意义上的土地法律。改革开放后，《民法通则》《森林法》《农村土地承包法》等法律对农村土地管理起到了极大的保障与促进作用，但仍不成体系，部门规章、规范性文件与政策、法令相悖的现象比比皆是[①]。林业三定时期颁发的山界林权证[②]、家庭联产承包责任制的土地承包证的法律效力的认定，甚至土改、合

① 如国家土地局〔1995〕国土〔籍〕字第26号《确定土地所有权和使用权的若干规定》中的第二十一条规定：“农民集体连续使用其他农民集体所有的土地已满二十年的，应视为现使用者所有；连续使用不满二十年，或者虽满二十年但在二十年期满之前所有者曾向现使用者或有关部门提出归还的，由县级以上人民政府根据具体情况确定土地所有权。”它实质建立了“占有取得”制度。这一规定与现行的“证据应以土改、合作化、四固定时的定论为依据”政策规定相悖，更不具备《物权法》的法律基础。

② 如广西区高级法院在（2004）桂请字第62号《关于钦州市钦北区大寺镇广琅村委会大广琅生产队与屯强村委会黄屋生产队土地侵犯纠纷一案的批复》中，对1981年山界林权证的法律效力进行了评判，认为当时发证的程序存在瑕疵。审判实务中对此理解不一；又如林业部门认为林权证不仅是地上附着物所有权的法律凭证，也是林地所有权和使用权的法律凭证；而土地部门则依据《土地管理法》第5条规定，认为林权证只能视为地上附着物所有权的法律凭证，不能作为土地所有权和使用权的法律凭证。

作化、四固定等各个时期证据的证明力问题等①，没有权威的、统一的观点。我国至今没有调处依据、调处程序的统一规定，适用于三大纠纷土地确权的法律寥寥无几，这是三大纠纷绵延不绝的制度性原因。

### （二）历次行政区划调整的不规范性

历史上行政区划的调整，往往只涉及管辖范围、名称、机构的改变，但对于辖区地域的确定少有涉及，导致历史旧账过多，无法清理。十年来三大纠纷诉讼案件的近一半涉及行政区划变更后的界线认定问题。囿于当时的历史条件，在合并、分立的过程中，不动产尤其当时的荒山荒地权属往往规定不明而留下隐患。这是三大纠纷案件的现实性成因。

### （三）历史资料的局限性

两级法院的三大纠纷案件中，60%均涉及20世纪70年代处纠时形成的调解书、协议书和划界书等，当事人的矛盾焦点也集中在对历史书证的理解上，如分界线走向、分界标志物、四至范围等因描述不明或存在歧义，甚至因双方对同一地块称呼不同而难以辨认；林业三定时期大队、乡镇的林权总图，未能发挥应有的佐证作用；一些农场、国家用地筹建阶段划界不清、手续不全或管理不到位，历史证人因利害关系或顾忌舆论压力不敢仗义执言或提供原始资料；行政职能调整导致历史资料不知其踪或遗失；农村土地重复或遗漏颁证；等等，历史事实的客观性难以还原。

---

① 如1981年7月11日国办发〔1981〕61号《国务院办公厅转发林业部关于稳定山林林权落实林业生产责任制情况简报的通知》第（三）部分第一条规定："集体的山权，一般以四固定时确定的权属为准；四固定时未确定权属的，参考合作化或土改时确定的权属。"按此规定则应以四固定时期的证据为优先，1982年5月30日桂发〔1982〕36号《广西壮族自治区稳定山权林权、完善林业生产责任制暂行条例》第四条中也有相同的表述。但1980年5月23日国发〔1980〕135号《国务院批转广西壮族自治区关于处理土地山林水利纠纷的情况报告》的第三条第（二）项又表述为："关于证据问题……一般应以土改、合作化、四固定时的定论为依据……"，两项表述又有根本区别。

### （四）司法理念的反复与片面性

尊重政府的第一次判断、“三个有利于”原则、法律效果与社会效果相统一等理念仍未能成为司法实务的指导思想，导致在司法审查中片面强调政府的举证责任，政府在调处过程中考虑的民俗民情、历史沿革、人口与土地的配比以及宗族势力的因素等没有纳入合理性考量因素，甚至在政府已尽力平衡各方利益的情况下，仍片面追求确权决定的完美而判决撤销判令重作或提起抗诉，导致案件久拖不结，纠纷加剧。有的案件甚至因政府与法院，检察院与法院对于法律的适用产生分歧而在调处→复议→诉讼→抗诉→调处的程序中空转，甚至有以“社会稳定需要”为由将已执行完毕的判决推倒重来的极端案例。

### （五）群体性矛盾的反复性与不可预见性

集体经济组织往往因人数众多且法律知识欠缺而难以控制其思想动向。其中有些纠纷的领头人物甚至是村霸或地痞、混混。他们或通过宗族势力、从众心理要挟群众，制造声势，或将诉讼结果作为猎取私利的途径，借口群众有情绪，阻断政府、法院与群众的沟通渠道以阻挠调解。他们以“大闹大得、小闹小得、不闹不得”为指导思想，动辄以上访，甚至跟踪办案人员等极端方式对政府和法院施以压力。一旦达不到目的，即以政府、法院“被对方收买”“收钱不办事”为由挑拨干群关系，挑起群众的对立情绪。

## 四　检视：现行三大纠纷案件调处机制的缺陷及成因分析

### （一）存在缺陷

#### 1. 农村土地多头管理，职能部门各自为政

随着经济的发展，农村土地的用途不断发生变化，各职能部门仍按山

林、土地、水利的类型来划分职能范围，既不便于灵活掌握情况，也不利于形成合力，明显落后于当前形势的需要。农村土地多头发证或没有部门颁证的现象比比皆是，如县级政府核发的山界林权证、农经部门颁发的土地承包证、林业局颁发的林权证，大多在纠纷调处中不能作为定案依据，令群众无所适从，既极大地浪费了行政资源，又严重地损害了政府的权威。

### 2. 已形成的历史资料未能充分发挥作用

新中国成立以来，农村土地管理虽欠缺整体规划和统一管理，但也形成了诸多珍贵的历史资料，如从 1981 年到 1983 年期间林业部门形成的“林业三定”资料，1989 年、1996 年、2002 年土地部门先后统一形成的集体土地权属界线核定资料，但相关法律至今没有对它们的性质予以明确，司法实务也没有统一的认识；土改时期的房地产所有权（契）证、土地清册、田亩部（簿）、各级政府形成的协（决）议等历史资料的印鉴、字体、笔迹、用纸、油墨等据以甄别真伪的细节，没有权威性的研究成果可供借鉴。

### 3. 一线人员缺乏系统性培训，人员更替变化频繁

全面、深入地了解三大纠纷案件涉及的法律法规规章制度、我国建党和新中国成立以来不同历史时期的土地法律、法规、规章和政策，以及历史上的诸多土地运动，包括纠纷地的风土民情，都是调处和司法人员做出正确判断的前提。但南宁市当前调处、审判和检察系统中这类专业人才屈指可数，更遑论能做深入、系统的研究。乡镇政府常将调处工作作为锻炼青年人才的途径，但乡镇一线人员最缺乏系统性培训，加上岗位更换频繁，青年人才或实践不足以积累经验，或工作成绩难以体现而不愿意长期从事这一工作，因此这一领域难以吸引青年人才。这也是当前南宁市调处系统虽已网格化但纠纷难以从根本上解决的原因。

### 4. 基层组织未能正常发挥作用

当前农村青壮年劳动力外出务工居多，农村基层党组织的凝聚力与号召力受到一定程度的影响，社会控制力明显弱化。村干部、农民党员作为案发地有相当群众威信的人员，他们得到专业知识培训的机会少之又少，加上身处矛盾旋涡当中，许多人选择了明哲保身，调处过程也极少参与，他们对纠

纷地社情民意、历史掌故以及人性的了解，未能有效地融入三大纠纷案件调处权力体系。

## （二）成因分析

### 1. 三大纠纷案件调处工作未能得到应有的重视

三大纠纷案件的调处与其他经济指标不同，它投入的是资金，收到的只是隐性的社会稳定，而一旦爆发却影响面广，损害的是社会的和谐和投资软环境。因此，一些政府领导将其视为麻烦事，只求不出事，不求有作为。国发〔1980〕135 号文确立的“领导挂帅、亲自动手、分级负责”原则，在实践中日趋式微，341 件案件至今未发现区、县领导亲自参加调处的记录，反而是调处人员抱怨一些领导施予的行政压力。在调查问卷中，认为“县区领导重视、过问并亲自参与调处工作”的只有 4 人，选择“不重视、不过问、不参与”的是 24 人，占了将近 25%。

### 2. 调解与调处主体的分离，导致调解工作难见成效

2014 年《广西调处条例》规定了调解先行原则，调解贯穿于纠纷整个过程。但案卷反映，调处中调解功能未能充分发挥，多在征询双方意见后即宣告调解结束等待政府裁决，或仅做原则性的表态却提不出调解方案，乡村干部“接地气、了民情”的优势发挥得少而又少。这既有基层干部法律知识、调解力量、调解技巧缺乏而底气不足的因素，又有调解激励机制缺失、调解与裁决分离的原因。过度依赖裁决而不愿意深入研究纠纷的根本症结、调解的总体思路，导致基层调解功能失灵，效率低下。

### 3. 重调处轻执行思想不同程度的存在

最高人民法院关于土地案件判决后可否提起侵权诉讼的批复①，明确了

① 见 1991 年 7 月 24 日最高人民法院《关于行政机关对土地争议的处理决定生效后一方不履行另一方不应以民事侵权向法院起诉的批复》。主要内容为：行政机关对土地争议的处理决定生效后，一方当事人不履行的，对方当事人不应以民事侵权案向法院起诉，可向行政机关提出申请执行。该行政机关依照行政诉讼法第六十六条的规定，可以申请人民法院强制执行，或依法强制执行。

案件应自行执行或通过申请启动执行程序。但不动产的执行在实际操作中困难重重。法院人力有限且经费紧张，现行土地管理法没有授予政府行政强制执行的权力，且政府维稳为重又分身乏术，许多土地案件矛盾尖锐，无法执行或执行没有效果。群众因此产生“占得即获得”的错觉，甚至以围攻法院、冲击法庭、上访闹访等极端方式向法院和政府施压，而法院和政府的极度忍让却往往陷自己于“理亏”的假象而得不到理解。

## 五　进路：对三大纠纷案件调处机制的修正与完善

### （一）进路选择中的价值考量与现实因素

对任何制度的检视，不能离开一定的社会背景，探究三大纠纷案件调处机制，既要立足于历史经验，又要尊重现实，同时还应兼顾形势的发展，建立在对当前社会背景下各方面现实因素的充分重视与合理评估的基础上。调处工作的艰苦性、群众思想工作的复杂性、历史资料的局限性、现有法律体系的不足等，是调处机制进路选择中不可忽视的现实因素，唯有这样，才符合我党十八届三中全会确立的改革之路的思想。

### （二）对调处机制的修正建议

#### 1. 整合现有三大纠纷案件调处资源，实现调处队伍的专业化与职业化

我国不动产统一登记已成定局，不动产登记局将承担起各种不动产的登记职能，土地行政确权也将演变为不动产登记的首要条件。因此，三大纠纷案件调处机制亦应相应地调整。近期目标是，将分散在土地、林业、水利部门的调处立案工作统一由调处机构负责，由调处机构统一承担调处工作的立案、指导、协调功能，将调处机构作为三大纠纷案件调处的指挥中心，统一调度各职能部门人员，指导协调案件的调处工作。远期目标是，整合现有的调处资源，将调处工作统一划归某一职能部门，实现调处队伍的专业化，以利于统一执法尺度，提高办案效率，克服职能部门单兵作战、力量薄弱的

“摊大饼”式的软肋。

2. 加强基层调解工作，充分发挥乡、村人民调解委员会的作用

调解的优势，已被四十年来的调处历史所证明。调解的自愿性、履行的自觉性，是行政裁决和司法判决难以比拟的。建议依托乡镇综治信访维稳中心，对三大纠纷案件进行排查、摸底，并由基层综治、信访、司法、公安、国土资源、林业、水利、农业、民政等部门人员组成专案工作组，研究并提出纠纷案件的调解方向，指导调解的进程，把握调解的时机，乡、村人民调解委员会具体落实调解工作，同时注重提高基层组织协助、配合调处的能力，财力向基层倾斜，将专业性与群众性相结合，充分发挥法律的规制功能，保证调解的科学性与可操作性，形成调处的合力。对化解纠纷有功人员予以嘉奖，形成多方调解的良好氛围。

3. 强化执行力度，对生效案件强力执行

生效法律文书的执行应强力进行，除非双方当事人在执行过程中实现和解。对于调处过程中故意破坏争议地现状，执行后又破坏界桩或抢收抢种以及制造矛盾、激化矛盾的不法分子，要坚决使用民事赔偿、行政处罚甚至追究刑事责任的方式依法惩处。针对基层法院执行力量不足的问题，当地党委、政府应坚决支持法院依法强制执行，给予人力、财力、舆论和宣传策略上的指导与帮助。同时通过乡村信息员掌控争议双方的思想动向，有的放矢地做好农民的思想政治工作，特别是大力宣传土地确权中依据的法律政策规定，引导群众知法、信法、守法，提高农民群众思想文化素质。

4. 多方联动，推动联合调处常态机制的建立

建议建立部门联合调处制度。建立从调处到诉讼到执行的一整套协调机制，由乡村信息员排查摸底发现症结，调解委员会在专案工作组指导下进行调解，民间自治与行政权力相结合推动双方调解，诉讼中法院积极协调努力化解矛盾，执行中政府强力推进双方和解保证确权决定落到实处，检察院努力推动当事人的服判息诉工作，形成全覆盖的纠纷排查化解机制。县、区领导要以身作则参加调处工作，在工作中发现擅长做群众思想工作、处事公平公正、调处成绩显著的调处人员并加以提拔，对优秀的调处人员注意“隆

其地位，厚其待遇”，以调动调处人员的工作积极性。

5. 未雨绸缪，深化农村土地所有权登记发证工作

在2002年广西全区开展的集体土地所有权登记发证工作基础上，进一步深化农村集体土地所有权的登记发证工作。在登记中，应注意吸取历史上参照物不清或地形地貌改变后难以辨认的教训，充分运用现代科技手段，明确土地的四至范围。同时，配合土地流转制度，逐步推行以村民小组或经济联合社为权利主体的土地登记，使土地权利落到实处，让农民吃下定心丸。

B.18

# 南宁市城市公安工作改革提升调研报告

南宁市公安局课题组*

**摘　要：** 南宁公安工作做全区公安工作的“领头羊”“排头兵”，主要体现为南宁公安工作在全区公安工作中的排名和在全区工作成绩中所占的比重，并具体体现在对全区公安工作的辐射力、影响力、贡献力和带动力作用等方面。南宁公安工作做全区公安工作的“领头羊”“排头兵”，也对其提出了新的要求，就是不断加强公安队伍建设提升战斗力、创新警务机制挖掘打防管控能力、紧扣执法质量生命线提高执法能力建设，加大公安工作改革力度，夯实公安基层基础工作根基，健全公安基础设施、装备和经费警务保障。

**关键词：** 首府　公安工作　领头羊　排头兵

2013年年初，广西壮族自治区党委书记、自治区人大常委会主任彭清华到南宁调研时首次提出：南宁是广西首府，在全区经济社会发展中有着举足轻重的地位，要以赶超跨越的勇气和真抓实干的作风，瞄准目标，艰苦奋斗，力争在全区率先全面建成小康社会，把南宁建成更具影响力、创新力、

---

* 南宁市公安局课题组：王义，南宁市公安局党委副书记，副局长；易广丽，南宁市公安局研究室主任；丁宁，南宁市公安局研究室副主任；韦钰刚，南宁市公安局研究室民警；杨晓波，南宁市公安局研究室民警；韦杰，南宁市公安局研究室民警。

贡献力和辐射力的区域中心城市。为了深入贯彻党的十八届三中全会和自治区党委十届四次全会精神，进一步落实彭清华书记的重要指示，南宁市公安机关以更大的决心、更足的勇气，更高的要求，做好首府公安工作，为提高南宁市社会经济发展水平提供安全稳定的社会治安环境和更加高效、优质的服务，为提升南宁公安工作的综合实力、提升南宁公安工作在全区的辐射力、影响力、贡献力和带动力，勇做敢做全区公安工作的“领头羊”“排头兵”，这是当前南宁市公安机关的一项重大任务。

## 一　南宁市公安工作现状分析

近年来，南宁市公安机关在市委、市政府、上级公安机关和市局党委的正确领导下，锐意进取，奋勇拼搏，连续三年获得全区公安机关绩效考评总分第一名，大部分工作考评名列全区第一，相当部分工作考评在全区或全国公安机关处于领先地位，从全区公安机关绩效考评分数排名对比情况来看，根据自治区公安厅公布的考评数据，南宁市公安局从 2011 年至 2013 年连续三年荣获总分排名第一，2014 年荣获优等。从公安主要业务数据占全区比重情况来看，南宁公安工作中相当一部分业务工作量占全区公安工作的五分之一和四分之一，有的甚至占到三分之一。

南宁公安工作在一定范围内对全区公安事业具有辐射力、影响力、贡献力和带动力，逐步成为全区公安工作的“领头羊”“排头兵”，为南宁市乃至全区的经济建设，平安和谐社会建设，做出了突出贡献。

### 1. 着眼首府稳定大局，扎实抓好维稳反恐工作，为全区政治稳定做出巨大贡献

一是大力加强维稳工作，切实保障首府安全。首府公安机关紧紧围绕复杂多变的国际国内形势和社会热点问题，大力强化情报信息工作，努力获取深层次、预警性、内幕性、倾向性信息，为市委、市政府以及上级机关的综合决策提供了科学参考依据，有效防止了大规模集会和暴恐活动的出现，为全区政治稳定做出了功不可没的贡献。二是积极化解社会矛盾，

妥善处置群体性事件，为全区维稳工作做出较大贡献。2014 年，共接到群众来信来访 1426 件次，共妥善处置各类群体性上访事件 458 起，涉及 13208 人次，其中全区各地来邕上访的占绝大多数。为此，首府公安机关投入了大量警力，及时、果断地处置，防止了扩大化，为全区稳定大局做出了巨大贡献。

2. 侦查破案打击犯罪方面处于全区前列

一是打黑除恶工作成绩处于全区领先地位，2003 年南宁市率先在全区成立了第一个打黑除恶专业队，制定出台了《南宁市公安局打黑除恶问责暂行规定》《南宁市公安局打黑除恶工作绩效考评及奖惩办法》，通过加强打黑除恶队伍建设、建立健全各项激励机制、加强督察督办、建立信息整合研判机制等举措，为首府公安机关打黑除恶工作提供了强有力的组织和制度保障。2014 年，共上报区“打黑办”打击恶势力犯罪团伙战果 67 个，破案 482 起，一审判决 577 人，完成区厅指标任务的 159.52%，在全区形成良好的示范带动效应。二是打击电信网络诈骗犯罪工作成绩处在全区领先位置，2011 年率先组建了广西首个打击电信诈骗案件专业队伍，填补了广西打击电信网络诈骗犯罪的空白。通过不断探索实践，摸索出一条联合刑侦、技侦、网侦、情报以及电信部门、金融部门、邮政部门等多警种多行业进行综合作战的打击侦破模式和工作经验，有效地打击了包括 QQ 诈骗在内的电信网络诈骗犯罪，有效遏制了电信网络诈骗犯罪的高发态势。2014 年，共破获刑事案件 20 起，逮捕犯罪嫌疑人 136 名，打掉 7 个团伙。查获涉案电脑 18 台，手机一批，协助涉及 216 个省市的外单位破获案件 234 起，抓获嫌疑人员 45 名，追缴赃款 68.04 余万元人民币。狠狠地打击了 QQ 诈骗犯罪分子的嚣张气焰，对全区都很有影响力和带动力。三是南宁市禁毒工作对全区禁毒工作做出巨大贡献。南宁市邻近中越边境，是毒品过境地之一，属广西第二道禁毒防线。近十年来，南宁市禁毒执法综合考评成绩一直名列全区第一，并且有多个单项工作业绩一直排在全区前列，有效地遏制毒品流向第三道防线，减少毒品流入社会，对我国西南地区和广西禁毒工作业绩在全国排名都有较大影响。南宁市公路查毒成绩一直位居全区前列，多次得到自治区公安厅表扬，2013 年李跃副厅长专门来南宁市调研公路查毒工作，要求在全区推广南宁市公路查毒工作经验，这对全区公路查毒工作具有示范带动作用。四是打击经济犯罪工作成绩连续四年全区排名第一，打假专项行动战果和打击整治发票违法犯罪专项行动战果排名全区第一，经侦技战法获公安部推广数量全区第一名，这些成功经验对全区经济侦查工作具有一定的影响力和示范带动作用。

3. 完成众多的大型活动安保任务，为全区和首府稳定安宁做出巨大贡献

近年来，随着中国—东盟博览会永久落户南宁和商业、文化市场的繁荣、发展，在南宁市举办的大型活动呈逐年递增趋势。据统计，从 2012 年至今，首府公安机关在大型活动中，共动用安保力量 468000 人（次），作为自治区首府城市，各类大型活动的数量以及在各类大型活动中投入的警力，均远远超过全区各市，由此看出，首府公安机关大型活动安保工作十分繁重，为全区和首府的稳定付出了巨大努力。

4. 出入境管理工作在全区具有示范带头作用

2014 年，南宁市公安局共接待办证群众 41 万多人次，受理中国公民出国（境）证件申请 346843 人次，其中受理中国公民出入境证件申请 340839 人次，受理境外人员申请 6004 人次，受理出入境证件量居全区第一位。共办理行政案件 99 起，侦办妨害国边境类案件 2 起，查处各类涉外案（事）件数量居全区前列。在全区率先推行多项便民措施，如以信息化建设为依托，打造了广西出入境首个自助办证厅；在全区成立首个公安出入境信息服务中心；率先推出“入台证办理咨询点”“在兴宁、青秀、良庆三个城区设立了城区出境办证点”“预约优先便民服务”等便民利民措施，为全区外管工作起到带头示范作用。为更好地完成历届中国—东盟博览会安保工作，逐步建立了一套“基础工作做在前，安保工作做到位”的“警务前置”涉外安保工作模式，确保了涉外安全保卫工作的圆满完成，为外商投资创造了良好的氛围，该项创新为全区出入境管理工作

带了好头。

5. 南宁特警在处突维稳和打黑除恶方面对全区具有辐射作用，并做出巨大贡献

南宁特警是公安部39支重点城市特警队伍之一，是公安部和自治区公安厅在处置反恐、防暴、突发事件、重大安检排暴、安保警卫任务时，跨区域整建制调动执行特殊任务的专业化力量。自建队以来，9次出动100名以上警力奔赴贺州、北海、凭祥、玉林、百色、崇左、河池等地，参与了“靖西7·11堵路事件”等执行处突维稳任务和平息多起涉爆案件和大型群体性事件，其维护全区稳定的作用是其他市无法比拟的，对全区的处突维稳和打黑除恶有着相当大的辐射作用。近年来，南宁特警进一步强化实战技能训练，不断提高战斗力，连续七年在自治区公安厅组织的全区特警序列绩效考评工作中获得第一名。在全国公安系统第23届实战应用射击比赛中，实现了历史性突破，团体总分进入全国10强。在市委、市政府及市局的大力支持下，投入1500余万元，建成了设施齐全、功能完备的特警反恐训练基地，广西警官高等专科学校定为合作教学基地，成为全区特警教学基地。

6. 南宁警航工作对全区有着辐射带动示范作用

2009年1月，首府公安机关在自治区、南宁市各级领导的大力支持下，投入近亿元组建了首府警务航空支队，它也是全国第一支成建制的专业空勤队伍。近年来，首府警航根据自身特点，不断完善管理、训练和实战机制，确保了安全飞行，与科信部门密切配合积极推进警务航空信息化建设，综合运用“动中通”单兵图传、卫星通信、视频指挥等信息化通信手段，建成了空中、地面立体化、信息化通信保障体系，保障了空中巡逻、空中指挥、空中救援、空中示警、重大节日安保空中视察及空中交通指挥疏导、重大自然灾害救助等相关工作，在首府城市管理和公安立体化防控中发挥了重要作用，也为全区警航事业的发展打下了良好基础。

7. 南宁交警是全区的“排头兵”

一是车管业务量居全区首位，二是电动自行车上牌纳入管理达137万辆，注册登记数量居全区之首，三是交通警卫安保任务量居全区之首。2014

年，共完成各类交通警卫任务543次，并通过城市交通管理畅通工程国家一等管理水平考评验收。四是成功打造了“水晶车管”规范执法品牌和“南宁车管家”服务群众品牌，南宁车管所2013～2014年连续两年被公安部评为“全国一等车辆管理所”，成为广西唯一获此殊荣的地市级车管所。

8. 南宁公安信息化建设处于全区前列

一是由市政府共投入近8亿元建成全区规模最大的一套全高清社会管理监控报警联网系统，率先在全区实现对主城区的高清视频监控点的全覆盖。二是在全区率先建成警务网上服务平台，深化便民惠民服务，架起了一座信息化时代公安机关联系群众、服务群众的桥梁。三是率先建成多功能现场安保指挥系统，实现以指挥作战前移为内容，以指挥调度实时化为目标，全面覆盖安保活动“点、线、面”的可视化指挥协调功能，打造了“科技安保”新品牌，这一先进经验做法在全区公安局长会议上得到推广。四是投入473万元率先建成了包括“动中通”卫星车、卫星地面站、无线图像系统在内的卫星通信体系，完成了广西地市公安局第一套卫星通信体系建设，为首府和全区在重大安保工作、处置突发事件、重大事件中提供了及时、稳定、可靠的应急通信保障服务。

## 二　对提升南宁公安工作在全区排名和所占比重中遇到问题的分析

调研发现，南宁市“打黑除恶”、起诉毒品犯罪嫌疑人数量、打击假币工作、追逃工作、网安基础建设、信息采集、系统建设、科研技改和情报（视频）的红色预警抓获率、视频侦控等工作，与柳州、桂林、梧州等城市相比有一定的差距，还需要首府各级公安机关和广大民警共同努力，勇做敢做全区公安机关的“领头羊”“排头兵”。

一是民警队伍的发展跟不上城市发展速度，警力增长严重滞后，警力不足的问题日益凸显。以交警为例，自2002年以来，南宁市城市建成区面积、城市道路里程、机动车保有量和驾驶人员数量分别增长了80.87%、

188.36%、130.62%和108.99%，但交警警力仅增长了36.79%，不相匹配。近两年，又因为没有编制或编制减少、民警退休、工作调动、内部交流等，甚至出现了“负增长”现象，目前，交警警力仅占全市公安机关总警力的14.40%，按公安部交管局调研指导意见，其应不低于同级公安机关警力的20%。

二是各项任务日益艰巨繁重，一线民警承担较大工作压力，民警队伍健康状况堪忧。例如，交警支队除了承担日常艰巨繁重的城市交通“治堵”“缓堵”任务外，还承担全市高速公路、国省主干道、县乡道路的交通安全管理以及全市机动车辆及驾驶人管理、重大活动交通安全保卫、交通事故预防及调查处理等大量业务工作。为保障城市交通顺畅，一线交通民警人均每天加班疏导指挥交通或延时工作超过3个小时。由于工作任务重，加上受机动车尾气、噪音、粉尘以及高温等特殊环境的影响，一线交通民警在呼吸、神经、心血管、消化系统和听力、记忆力、视力、关节等健康方面均受到不同程度的伤害，患病率高于一般群体。

三是民警工作环境恶劣，劳动强度大，待遇偏低，影响队伍工作的积极性。如交警一年四季饱受高温、尾气、粉尘及环境噪音污染，工作环境恶劣，劳动强度大。一线民警为维护首府治安稳定长年累月加班加点工作，但是，只能与其他行业普通公务员一样享受同样的福利待遇。目前，南宁市的警力以“70后”“80后”民警为主力群体，普遍处于“上有老、下有小”的特殊人生阶段，均面临着家庭、婚姻、住房、子女读书就业等方面的压力，且大部分民警仅靠自己微薄的工资养活全家，民警平均工资约为3000元，工资水平近10年基本没有得到增长，在当前的高物价水平下只能勉强维持家庭基本生活。而繁重的工作任务、危险的工作性质以及付出与回报之间的巨大反差，使得部分民警产生“失衡心理”，进而选择离开公安队伍，造成警力和人才的流失。究其主要原因就是警察职业工作压力、心理压力过大，政治及工资待遇偏低，这在一定程度上影响了民警队伍的工作积极性。

四是公安专业技术人才匮乏缺失。如城市公安经侦队伍专业人才匮乏，熟悉金融、会计、法律等方面的专业人才较少，与经济犯罪专业化、高科技化的发展趋势不相适应。又如城市公安特警支队的专业人才难招入难留住。现有的公务员招录政策属于高门槛考试准入机制，要求大专以上学历，这种准入制难以招录进适合特警队急需的专业化、技术性人才。目前急需补充射击、攀爬、潜水、排爆、散打、军事五项等方面的人才。特别是特警突击队员、安检排爆队员的工作属于高危险岗位，但相应的职称、保险等国家没有相应的政策，无法落实从优待警的保障，为支队留住此类专业人才增加了极大的困难。同时，法医专业技术人才紧缺的情况也明显存在。

五是经费保障不足制约了公安工作的发展。如经侦部门，打击经济犯罪工作涉及面广、经费支出大，经费不足是困扰基层经侦工作的一大难题。由于经费不足，开展大型清查整治行动、遣送传销人员、办理跨区域经济犯罪案件等工作都受到制约，对举报犯罪人员给予奖励，侦查中支付评估费、估价费、审计费等费用也受到限制。如特警支队没有形成配套的专项保障机制，特警装备采购、岗位津贴、特种车辆保障、安检排爆设备维护和更新等方面尚未得到落实，无法为培养特警专业人才提供适合发展的保障环境。

六是办公办案设施落后，办案车辆和办案经费严重不足制约了首府公安的执法能力建设。随着队伍壮大和民警增多，现有办公用房越来越显拥挤，由于办公场所有限，物证室、档案室、情报技术中心等场所建设无法实施，讯问室、询问室、候问室等数量不足，已远远不能适应工作的需要，加上办案车辆和办案经费的不足，不利于各警种职能的发挥，制约了首府公安工作的长远发展。

## 三　不断改革提升南宁市公安工作的举措与建议

首府公安机关要牢固树立勇做敢做全区公安机关的“领头羊”“排头兵”的信念，紧密结合公安工作实际，切实找准首府公安机关贯彻落实公安深化改革的结合点、切入点，认真理清当前和今后一段时期公安工作的思路，谋求公安工作在服从服务于经济社会发展大局中，勇于作为、敢于作为、善于作为、能有作为。

## （一）始终坚持把平安建设作为第一要务，切实增强人民群众安全感

平安是人民群众的基本要求，依法从严打击刑事犯罪活动，切实保障人民群众的生命财产安全，是维护社会公平正义，促进社会和谐的重要保证。首府各级公安机关要毫不动摇地坚持严打方针，建立经常性的严打工作机制，根据犯罪活动时空分布的规律、特点，确定打击重点，改进打击方式，增强打击实效。坚持“打防结合、预防为主”的方针，进一步推进社会治安防控体系建设，完善快速反应机制、织密巡逻防控网络，最大限度地预防和减少犯罪。强化治安管理，深入开展消防、道路交通安全专项整治，严防发生重大治安问题，努力使南宁市成为全区社会治安持续稳定的“首善之区”，进一步增强人民群众安全感。

## （二）始终坚持把人民满意作为第一目标，提供优质高效便捷服务

要紧紧围绕公安深化改革要求，主动适应市场经济发展、社会全面进步的新形势，树立服务大局的意识，自觉把公安工作重心转移到服务富民强市、加速和谐崛起这个战略目标上来，进一步强化社会管理和公共服务职能，不断更新管理理念，增强服务意识，创新管理方式，拓宽服务领域，深入持久地抓好各项便民利民措施的落实，不断提高户政、消防、交通和出入境管理工作水平，不断完善行为规范、运转协调、公正透明、廉洁高效的管理体制，努力营造和谐的警民关系，为经济社会发展提供优质高效服务，为人民群众的工作和生活提供更多便利。

## （三）始终坚持把队伍建设作为第一根本，提升队伍战斗力

加强和改进公安队伍建设，是树立民警良好形象，促进社会整体和谐发

展的重要举措。一是坚持政治建警、从严治警，大力加强思想政治建设，着力打牢立警为公、执法为民的思想基础。二是强化公安队伍纪律作风建设，进一步贯彻落实《南宁市公安局内部监督管理实施细则》，真正做到用制度管人、按制度办事。三是强化为民服务意识，展现首府公安机关及人民警察良好形象。四是坚持素质强警，按照“懂业务、懂经济、懂法律”和“会侦查办案、会做群众工作”的要求，采取灵活多样的形式，有计划、有重点、分层次地抓好民警的教育培训工作。五是全面强化实战技能培训，进一步提升民警实战水平。六是加强典型培养树立工作，不断提高队伍的凝聚力和向心力。七是加强人才培养，走内涵式发展道路，通过选送业务骨干到先进地区学习、邀请专家讲座、完善内部培训考核机制等多种方式，提高队伍人员素质，以此，精心打造一支政治素质和作风都过硬的公安队伍。

### （四）始终坚持把创新能力作为第一抓手，不断提升公安工作水平

提高公安机关创新能力，是促进公安事业向前发展的不竭动力和源泉。针对当前公安工作面临的平安社会创建、执法公信力塑造和群众安全感、满意度等问题，突出反恐维稳这一主线，以提升群众安全感和满意度为目标，坚持以问题为导向，以改革为动力，坚持以大数据建设应用为公安工作新的增长点，积极探索新途径、新路子、新模式，全面提升公安工作水平。

### （五）始终坚持把固本强基作为第一战略，进一步夯实公安工作根基，切实增强公安工作发展后劲

基层公安机关作为基层政权的重要组成部分，处在维护社会和谐稳定的最前沿，是维护社会和谐稳定的第一道防线。公安基层基础工作的水平和质量、基层民警的执法素质和执法水平，直接关系到公安队伍维护社会治安能力的提高，关系到党的执政地位的稳固，关系到社会主义和谐社会的建设。因此，首府各级公安机关必须牢固树立面向基层、固本强基的理念，在

"三基"工程建设取得明显成效的基础上，以更大的决心、更强的力度，努力推动"三基"建设再上一个新台阶。

## （六）始终坚持把科技强警作为第一手段，提高公安工作的信息化水平

要集中整合人才、技术、资金等有限资源，着力解决当前公安业务工作中亟须解决的共性和关键技术问题，搭建符合南宁市公安工作实际的综合科技平台，切实提高科技指导实战的能力和水平。要以需求为导向，以应用为核心，坚持把公安信息化应用贯穿公安工作的全过程，引入警务活动的各个环节，重点要大力实施综合应用、普及应用、实战应用、服务应用、管理应用、增值应用"六大应用"战略，努力提升公安工作的信息化水平。

## （七）始终坚持把公安宣传作为第一旋律，塑造良好形象

坚持"立足本土、面向群众，抢占阵地、扩大效应"的宣传工作方针，始终将公安宣传工作作为密切警民关系、增强队伍凝聚力和战斗力的重要途径，加大投入，密织宣传网络，在摸清民警兴趣爱好的基础上，不断完善南宁警察协会和南宁市警察文联组织建设，定期组织成员随警作战，赴各警种岗位体验生活，用全新视角和清新文笔挖掘公安工作亮点和选树先进典型。进一步加强与新闻媒体的合作交流，拓宽宣传阵地，通过公安网的"南宁公安研究"、南宁电视台的"警方传真"和《南宁警察》刊物、政务微博、手机短信、电视台、电台、报纸等媒介，多方位搭建宣传平台，实现视听媒体全覆盖，及时展示公安成果。

# B.19

# 民事行政检察办案体制南宁模式研究

刘晶晶*

摘　要：由于2013年新民事诉讼法沿袭“上级抗”原则，基层检察院与上级检察院之间逐级呈现的“人多案少→人少案多”之民行检察办案结构“倒三角”现象，仍是困扰民行检察工作的老大难问题。文章通过对近几年来南宁市两级检察机关民行部门办案数量、办案人员配置等方面的调查，分析“倒三角”问题对民行检察工作产生的影响及原因，并提出民行检察工作一体化机制的破解构想。同时，根据南宁市检察院2010年民行工作一体化办案模式的初次尝试效果，在吸取全国部分省份推行民行检察工作一体化办案模式实践经验的基础上，对新形势下如何重构南宁市民行检察工作一体化办案机制，即“南宁模式”，进行了尝试性的探索。

关键词：民行检察　办案结构　“倒三角”　一体化　“南宁模式”

2013年1月1日新民事诉讼法实施后，其第二百零九条①将向人民法院

---

* 刘晶晶，武鸣县人民检察院民行科副科长。

① 《中华人民共和国民事诉讼法（2013版）》第二百零九条：有下列情形之一的，当事人可以向人民检察院申请检察建议或者抗诉：（一）人民法院驳回再审申请的；（二）人民法院逾期未对再审申请作出裁定的；（三）再审判决、裁定有明显错误的。

人民检察院对当事人的申请应当在三个月内进行审查，作出提出或者不予提出检察建议或者抗诉的决定。当事人不得再次向人民检察院申请检察建议或者抗诉。

申请再审作为当事人就生效裁判向检察机关申请监督的前置程序，这在客观上对检察机关，尤其是对历年来作为全区民事行政生效裁判申诉案件（以下简称抗诉案件）受理大户的南宁市检察院的受理工作形成了一个案件缓冲期。但随着缓冲期的消退，被人民法院驳回或逾期没有得到人民法院答复的再审申请案件，将与经过人民法院再审但没有得到改判支持的案件一起，带着当事人因多次审判仍未得到“合理”处理的怨愤重新涌向检察机关，进而形成新的受案高潮。而同时，新民诉法第二百零九条还对检察机关办理民事申诉案件规定了三个月的办案期限，无形中又加大了民行干警的办案压力。案件数量大、结案时间短、人员配备有限，更凸显出以办理抗诉案件为核心工作的市级检察院办案结构之不合理。无论从制度的完善程度还是从操作的效果层面考量，检察工作一体化机制都系破解民行检察办案结构的“倒三角”问题的首选，但因各地地域、案件以及系统自身特点的不同，一体化办案机制的适用效果亦有不同。下文则在数据调查分析、旧版一体化办案机制适用效果分析、借鉴其他省份有益尝试经验的基础上，提出新民诉法修改后适用于本地的新版民行检察工作一体化办案机制（即“南宁模式”）。

## 一　民行检察办案结构“倒三角”问题分析

### （一）现状分析

#### 1. 提出概念

“倒三角”现象，从表意上看其与“正三角”相反，特点在于上大下小，头重脚轻。具体到民行检察办案结构的“倒三角”现象，则是指区域内的三级检察院抗诉案件受理量由下至上呈跨越式递增，而办案的民行干警人数却是由下至上呈跨越式递减状态，造成越是上级检察机关民行检察办案人员越少但办案量越大的不合理现象（见图 1）。

纵然“以抗诉为中心的多元化监督格局”在高检院民行检察工作要点中已出现多年，且 2013 年新民诉法的施行以国家基本法的形式扩大了检察

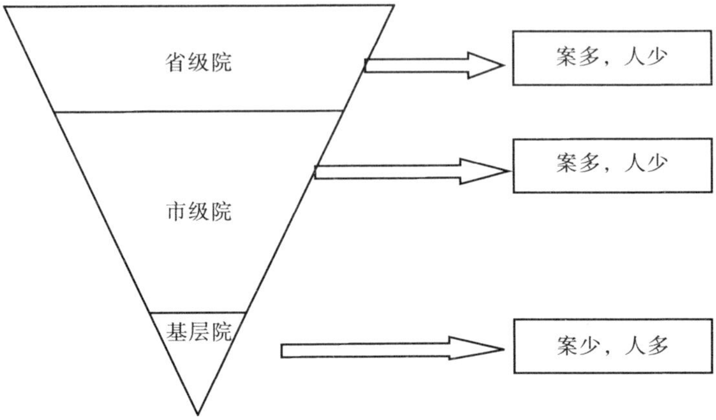


**图1　民行检察办案结构“倒三角”现象**

机关民行部门的监督范围，但从本地的实践效果来看包括对法院民事行政审判的程序监督、执行监督、督促履行职责、支持起诉等内容的“非抗业务”，因立法的不完善、实践经验的缺乏，或是开展缓慢或是开展偏离正轨，基层检察院作为“非抗业务”开展前沿阵地之效果并不明显，民行检察办案结构“倒三角”之不稳底座亦未因“非抗业务”办案量的有限增长得以夯实。而在民事行政抗诉案件“上级抗”模式不变、上级检察院民行办案人员配置没有实质调整的情况下，新民诉法实施后抗诉案件在市分院以上检察机关的持续累积以及办案期限的缩短，将在较长一段时间内增大民行检察办案结构“倒三角”现象所造成的办案压力，影响办案效率。

2. 南宁市数据分析

（1）南宁市两级检察院民行检察办案人员数量对比

南宁市辖区设市级检察院1个，城区（县级）检察院13个，除茅桥区检察院外其他各院均设置有民事行政检察部门。南宁市2012～2014年两级检察机关民行办案人员数如图2、图3所示。

从图2、图3可见，2012～2013年南宁市两级检察院共有民行办案人员37人，其中南宁市院有民行办案人员6人，占全市民行办案人员的16%，城区（县）院共有民行办案人员31人，占全市民行办案人员的84%；2014

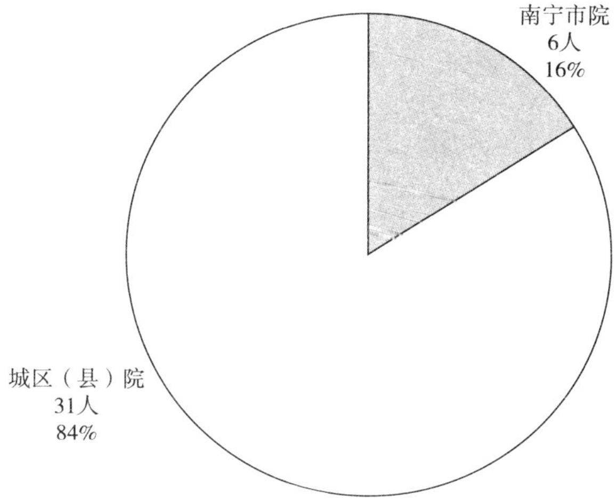


**图 2　2012～2013 年南宁市两级院民行办案人员情况**

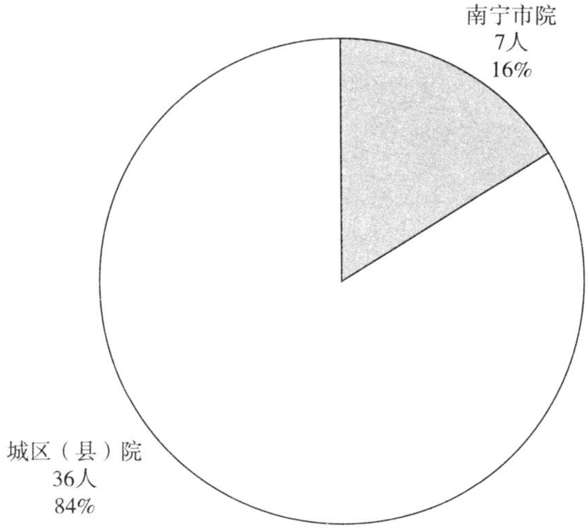


**图 3　2014 年南宁市两级院民行办案人员情况**

年两级检察院民行办案人员占比与前两年相同。据此，全市两级检察院的民行办案人员超过八成集中在城区（县）院。再根据图 4 从近三年民行办案人员配置的调整规律来看，其具有人员增量幅度小、两级院办案人员配比变

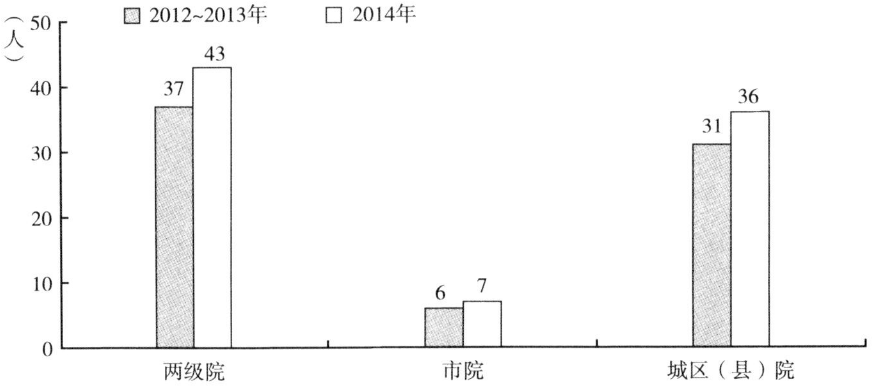


**图4　2012～2014年南宁市两级院民行办案人员变动情况**

动不大的特点。

（2）南宁市两级检察院办理民行抗诉案件数量对比

**表1　南宁市两级检察机关民行部门抗诉案件办理情况**

| 各级院 / 年份 | 南宁市院 | | 城区（县）院 | |
|---|---|---|---|---|
| | 办理案件数 | 占比（%） | 办理案件数 | 占比（%） |
| 2011 | 348 | 75 | 116 | 25 |
| 2012 | 751 | 67.2 | 366 | 32.8 |
| 2013 | 646 | 86.4 | 102 | 13.6 |
| 2014 | 221 | 77.8 | 63 | 22.2 |

从表1可见，2011年全市各级民行检察部门共办理民行抗诉案件464件，其中基层院办理116件，占25%；市院办理348件，占75%。2012年，全市各级民行检察部门共办理民行抗诉案件1117件，其中基层院办理366件，占32.8%，人均办案11.8件；市院办理751件，占67.2%，人均办案125件。2013年，全市各级民行检察部门共办理民行抗诉案件748件，其中基层院办理102件，占13.6%，市院办理646件，占86.4%。2014年，全市各级民行检察部门共办理民行抗诉案件284件，其中基层院办理63件，占22.2%，人均办案1.8件，市院办理221件，占

77.8%，人均办案31.6件。

综上，在南宁市辖区，市院的民行抗诉案件的办理量是基层院的2～6倍，办案人员仅为基层院总人数的1/5；人均办案数上，2012年市院为基层院的10倍，2013年甚至高达32倍，2014年虽有所回落但也有近17倍，市院民行部门抗诉案件的办案压力显而易见。

## （二）原因分析

### 1.“上级抗”模式造成的案件堆积

1991年4月9日全国人大四次会议通过了《中华人民共和国民事诉讼法》，其中第一百八十五条规定标志着我国民事抗诉制度的正式确立①，而此时民诉法形成的抗诉制度已经确立了“上级检察院通过提出抗诉监督下级法院生效裁判，下级检察院通过提请上级检察院提出抗诉监督同级法院生效裁判”的“上级抗”办案模式。这一模式历经了民诉法的两次修正②一直延续至2013年版民诉法的实施从未进行过调整，造成长期以来只有市级以上的检察院才有抗诉权，城区（县）一级基层检察院只有提请抗诉权的办案结构。因此，市级检察院民行部门不仅要审理大量的二审申诉案，亦要审理市辖区内所有基层检察院民行部门就一审申诉的提抗案件，最终导致超过半数甚至将近七、八成的抗诉案件累积到市级检察院民行部门。

### 2.人员配置不合理造成的办案力量紧张

就目前的民行抗诉案件的受案类型来看，绝大部分案件来源于当事人不

① 《中华人民共和国民事诉讼法（1991年版）》第一百八十五条：最高人民检察院对各级人民法院已经发生法律效力的判决、裁定，上级人民检察院对下级人民法院已经发生法律效力的判决、裁定，发现有下列情形之一的，应当按照审判监督程序提出抗诉：（一）原判决、裁定认定事实的主要证据不足的；（二）原判决、裁定适用法律确有错误的；（三）人民法院违反法定程序，可能影响案件正确判决、裁定的；（四）审判人员在审理该案件时有贪污受贿，徇私舞弊，枉法裁判行为的。

地方各级人民检察院对同级人民法院已经发生法律效力的判决、裁定，发现有前款规定情形之一的，应当提请上级人民检察院按照审判监督程序提出抗诉。

② 2007年10月28日第十届全国人民代表大会常务委员会第三十次会议通过修正案对1991年版民诉法进行了第一次修改，2007年10月28日第十届全国人民代表大会常务委员会第三十次会议通过修正案对1991年版民诉法进行了第二次修改。

服法院二审生效裁判的申诉，只有极少部分的案件为当事人不服法院一审生效裁判的申诉而在案件受理阶段即进入基层检察院民行部门。在全市的民行抗诉案件涌入市级院民行部门的同时，市级院民行办案人员数量并没有随着案件数量进行相匹配的增长。以南宁市两级院为例，虽然单从民行部门配备人数来看市院是单个基层院的2~3倍，但是从办理案件的数量来看仅仅市院民行部门办理的抗诉案件就是12个基层院民行部门办案总量的10倍甚至30倍。可见两级院在民行办案结构上确实存在着办案人员数量与办案数量配比不相适应的问题，而这一问题最终导致在民行办案结构上上级院案多人少、下级院案少人多“倒三角”现象的出现。

## （三）后果分析

### 1. 上级院结案压力大，办案效率受影响

“上级抗”模式是民行检察办案结构“倒三角”问题形成的根本原因，不仅使处在“倒三角”上层的市级以上检察院因“案多人少”而面临巨大的办案压力，且其模式内“受理—审查—提请抗诉—上级院受理—审查—提出抗诉”的多层办案流程往往拖延了结案周期，重复审查还影响了办案效率。所谓“迟来正义为非正义”，因办案流程繁复而被拖延的申诉案件即使最后因监督成功而得到改判，但往往也因长时间的诉讼使申诉人的合法利益未能在其期待的时间内得到实现，进而使检察机关的监督效果大打折扣、损害民行检察工作的形象。

### 2. 下级院案源枯竭，难以形成民行检察监督规模

在二审抗诉案件向上级院大量汇集的同时，一审抗诉案件也随着当事人法律观念的增强、上诉积极性的提高大幅度减少，下级院民行部门对抗诉案件的受理量呈骤减态势，面临案源枯竭的尴尬局面。而适度的办案（监督）规模，才能形成有效的监督氛围。下级院“非抗业务”的开展仍处于探索阶段，短时间内难以有稳定的案源量之增长以及能被群众广泛认可的办案效果，故一审抗诉业务案源的枯竭必然在一段期间内使基层院民行部门的民行检察监督难以发挥其效。

## 二　破解"倒三角"问题的实践探索

通过前述对现行民行办案结构"倒三角"问题的分析我们不难发现，就当下两级院民行部门的办案情况而言，其实既非无案可办也非无办案人员可用。在目前"上级抗"模式不变、市级和基层院民行部门办案人员配比无较大改变的条件下，如何在两级检察机关系统内整合好可用的案件资源及办案人员，是我们破解民行检察办案结构"倒三角"问题的有效途径，而经过近年来全国各地的实践探索可证，民行检察工作一体化办案机制不失为首要之选。

### （一）民行检察工作一体化机制的提出

#### 1. 制度基础

检察工作一体化机制，学界通常认为是"检察机关严格依据宪法和法律的规定，依据检察工作进程中的整体性、统一性的部署，要求各个检察院的各个部门之间相互配合协调，使得检察院在行使检察权之时能够相互协调，做到上命下从的整体"①，其具体含义是指检察院在行使检察权的过程中形成的整体统筹、上下一体、指挥灵活、配合密切，统一行使检察权的工作机制②。根据其"上令下从""相互协作"以及"职务上可相互承继、移转和代理"的基本特征，检察工作一体化机制推行初始之意即在通过深化检察体制改革，促进各级检察院有效整合，形成运转高效，规范有序的统一体，进而更好地发挥检察院的法律监督效能。民行检察工作是整个检察院工作的重要组成部分，当然应该遵守检察工作一体化机制的指导方针。

民行检察工作一体化机制，从其外部形式而言系"检察部门的一体化"，但从其性质而言确是检察工作一体化机制在民行检察办案领域的具体

① 赵露：《中国检察一体化结构与发展》，《理论前沿》2013 年第 8 期。
② 张智辉：《试论检察一体化的基本特征》，《人民检察》2007 年 8 期。

开展和生动实现，也就是说：检察工作一体化机制是民行检察工作一体化机制的制度基础，后者运行于前者的理论、机制基础之上。具体而言，民行检察工作一体化机制则是指民行部门在“检察工作一体化”的大环境下，在行使民行部门职权的过程中，在各级检察系统内部自成体系、上下一体运转，通过民行案源的有效配置、办案人员的合理组织，以提高民行检察工作效率、实现民行检察工作最优化的工作机制。

2. 法律基础

（1）法律规定

《宪法》第132条、《检察院组织法》第10条和《检察官法》第5条均规定：“最高人民检察院领导地方各级人民检察院和专门人民检察院的工作，上级人民检察院领导下级人民检察院的工作。”该规定意在强调最高人民检察院和其他各级人民检察院、上下级人民检察院之间的领导与被领导的关系，这也是检察工作一体化机制中“上令下从”“相互协作”统一行使检察权原则的体制根源。

（2）高检文件及会议精神

最高人民检察院2007年8月14日印发的《关于加强上级人民检察院对下级人民检察院工作领导的意见》规定：“健全上级检察院对下级检察院的领导体制，加大领导力度，形成上下一体、政令畅通、指挥有力的领导体制……逐步形成全国各级检察机关之间互相支持、互相配合、互相协调的检察工作一体化机制。”

最高人民检察院姜建初副检察长2008年2月在全国检察机关贯彻民事诉讼法座谈会上提出：“在今后的民行检察工作中，要建立以省级院为龙头、分州市级院为办案主体、基层院为基础、上下一体化的民行检察工作机制，分工配合，各有侧重，共同促进。”自此，民行检察工作一体化机制开始正式提到各级各地检察院的工作日程上来。

最高人民检察院曹建明检察长2010年7月在全国第二次民事行政检察工作会议上指出：“要注重发挥基层检察院在执法办案中的基础性作用，实现工作中心下沉，增强办案工作合力，努力解决‘倒三角’问题，逐步形成各级检察院各有侧重、各负其责、密切配合的工作格局。”

3. 现实基础

（1）必要性

2013 年民诉法修改后，随着抗诉案件再审缓冲期的消退，新一批经过法院再审申请程序的抗诉案件（尤其是二审生效案件）将大量进入检察院；而新法三个月审查期限之规定又同时增大了检察院民行部门的办案压力。尤其是作为广西首府的南宁市，与广西其他城市相比其经济相对发达、经济活动更为频繁，社会各种矛盾和问题的大量出现使得民商事、行政纠纷案件越加多发；随着社会公众对司法公正尤其是法院民事行政审判公正的呼声越来越高，不服法院民事行政裁判而涌入检察院的申诉案件亦会越来越多。因此，在检察院民行办案人员配置暂无较大变动的情况下，导致“倒三角”问题的“上级抗”办案结构模式必然不能满足社会公众的需求，因此对民行检察办案结构内部进行革新成为必然，民行检察工作一体化机制之构建具有其现实必要性。

（2）技术基础

近年来，在最高人民检察院的部署下，各级检察院加大了装备、技术的建设投入，开通了检察系统的三级专线网络，使“检察机关统一业务应用系统”（以下简称统一业务系统）顺利投入使用。案件网上动态管理、各级院间网上公文传输等技术使网上办案成为可能，大大提高了工作效率。民行检察工作一体化机制涉及上下两级检察院民行部门之间案件以及办案人员的统一调配，统一业务系统中电子案卷的网上互传、网上阅卷、公文互传、文书制作以及网上批阅文件等功能，为民行检察工作一体化机制的推行提供了便利的技术基础。

（3）实践基础

为了推动民行检察工作的科学发展，这几年全国各级检察院民行部门以检察工作一体化的推行为契机，在如何运用一体化机制破解民行办案结构“倒三角”问题上进行了积极的探索实践，取得了可喜的效果。湖北省、山西省、浙江省以及海南省等地均做了有益的尝试，他们通过建章立制制定民行检察工作一体化办案的指导意见，在各自辖区的三级检察院内部率先探索，缩短了办案周期，提高了工作效率，有效地解决了民行“倒三角”难题。

### （二）各地实践

#### 1. 江苏省

通过实行民行一体化办案，上级检察院根据工作需要在上下级之间灵活调配办案力量和分配申诉案件，使民行案件得以快速高效处理。自施行一体化办案以来，江苏省各市民行申诉案件的审查时间普遍在一至两个月，比原来缩短了一半以上的时间。该省检察院还出台了《全省市、县（区）院两级院民事行政检察一体化办案指导意见》，为进一步推行一体化办案提供制度指导。[①]

#### 2. 山西省

通过民行一体化上下联动的办案方式，采用请上来、交下去、集中办的办法，对三级院民行检察部门办案力量实行科学统筹、统一调配，提高了办案效率。[②]

#### 3. 海南省

海南省检察院海南分院的民行检察工作一体化办案机制包括：由民行检察部门直接受理案件；由海南分院派员主办、基层检察院民行部门派员协办二审生效案件；海南分院统一向社会各界聘请50多名民行联络员，对于民行联络员提供的涉访民事行政案件，由检察院依法受理，为地方党委政府化解了矛盾纠纷，因此也解决了基层检察院民行部门无案可办、不能参与二审生效案件办理等实际问题，同时还提高了民行部门干警的工作积极性，办案能力得到进一步提升，也更好地发挥了检察机关化解矛盾纠纷、息诉罢访的职能作用。[③]

---

① 沈民、杨检宣、王斌：《江苏探索民行一体化办案机制》，《检察日报》2009年7月22日，第1版。

② 王斌：《山西化解民行检察“倒三角”矛盾　三级院联动办案提效》，《法制日报》2010年11月19日，第1版。

③ 钟振纪、封彦宇：《海南检察分院：“一体化”机制破解民行办案难题》，《检察日报》2008年8月21日，第2版。

## 三　民行检察工作一体化机制南宁模式之设想

### （一）南宁市2010年旧版民行检察工作一体化模式

2007年10月28日第十届全国人民代表大会常务委员会第三十次会议通过了《关于修改〈中华人民共和国民事诉讼法〉的决定》，为了应对新法实施后南宁市检察院抗诉案件的增加，南宁市检察院力图通过整合南宁市民事行政案件办案资源、提高办案效率，在2010年制定了《南宁市检察系统民事行政案件一体化办案办法》（以下简称《办法》）。

#### 1. 2010年《办法》基本内容

根据《办法》的规定，2010年南宁市民行检察一体化办案模式的核心在于“指令审查”程序，通过该程序南宁市人民检察院可以将本院立案的二审生效民事行政案件，以指令审查的形式交由基层人民检察院办理。南宁市院受理的民事行政案件，可以指定基层院民行办案人员以南宁市院的名义办理案件，案件的办理按南宁市院办理民事行政案件的程序进行：基层院在收到指令审查案件后，无须再进行受理和立案并应在到人民法院阅卷后一个月内将指令审查的案件审查终结；审结后认为符合抗诉条件的，应制作建议提请抗诉书，建议南宁市院提请自治区院抗诉；认为不能抗诉的则根据案件情况，在审查终结报告中建议南宁市院做终止审查、不提请抗诉、提出再审检察建议或其他处理。南宁市院收到基层人民检察院院审结的案卷后，由原对该案件进行立案的承办人进行审查，并在两个月内审查终结[①]。

#### 2. 施行情况

《办法》实施后，以“指令审查”为核心的一体化办案模式在案件分流、缩短结案周期、提高基层人民检察院民行干警办案积极性方面确实起到了一定的促进作用。以2010年为例，南宁市两级检察院共受理民事行政申

---

① 参见2010年9月9日开始实施的《南宁市检察系统民事行政案件一体化办案办法》。

诉案411件，立案审查209件，提出抗诉64件（其中法院再审审结26件，改判3件、撤销原判发回重审2件、法院调解结案2件、维持原判18件、其他处理13件），提请抗诉98件（其中自治区检察院采纳23件，法院审结38件，改判30件、维持原判7件），加强释法说理和矛盾纠纷化解工作，申诉人服判息诉136件，取得良好的办案效果。

但随着《办法》的逐年适用，单一靠“指令审查”支撑起来的一体化办案模式之弊端也逐渐暴露。一方面，市院承办人在“指令审查”过程中都是按照二审申诉案件的一审法院所在地来分配案件，具有一定的地域性，使得与较为偏远的市辖基层院之间的案件传递、文书送达、意见交流存在一定的困难，也消耗了一定的办案时间，并没有使办案周期得到最佳的缩减。另一方面，自治区院对全区检察业务绩效考核标准的更改，不再把基层人民检察院办理市院指令审查的二审案件纳入计分项目内，大大打击了基层院办理二审申诉案件的积极性，乃至到2013年南宁市院民行处已不再通过指令审查向基层人民检察院分派二审申诉案件，最终使《办法》束之高阁，不再有用武之地。

### （二）新版南宁民行一体化办案模式之设想

2010年《办法》的实践经验告诉我们，在推行一体化办案机制的过程中，我们既要兼顾下级基层院的工作量和绩效考评的要求，同时又要通过分流市级院的大量案件提高结案量和工作效率，唯有同时顾及好上下两级院民行部门的实际需求，才能建立起科学合理的工作机制，而这样符合检察工作规律的工作机制才能实实在在地解决我们所面临的问题。由此，从“上分流、下扩源”的角度出发，我们可以从以下几个方面来考虑构建新的南宁民行检察工作一体化机制。

#### 1. 上下统一，缓解上级院办案压力

一体化机制中的“上下统一”，就是要充分发挥上下级检察院间领导与被领导关系的优势，强化上级检察院对下级检察院的指挥与领导，下级服从上级，上级支持下级，克服检察权地方化倾向。

为了避免《办法》中“指令审查”出现的重复审查的情况，我们可以借鉴其他省份检察机关“联合办案”的有益经验，即：

第一，对于不服一审裁判的二审民事行政申诉案件，由二审法院同级检察院南宁市院同时安排一名市院办案人员和一名一审人民法院同级基层院的办案人员联合办案，直接以南宁市院的名义办理申诉案件。由于是维持一审裁判的二审生效案件，由一审人民法院同级基层检察院的办案人员对案件进行原审案卷的调取、当事人材料的收集以及案情的调查了解更为便利，因此对该类案件在两级检察院的联合办案过程中，应由基层院承办人主要负责案件的阅卷、调查和审查报告的写作工作，待承办人得出初步审查结论后，直接根据市院的办案程序进入集体讨论流程。

对于符合抗诉条件的，经参与市院集体讨论通过后直接以南宁市院的名义向自治区院提请抗诉；对于不符合抗诉条件的，则经市院部门领导审批同意后以南宁市院的名义直接息诉疏导，审查决定的法律后果均由上级检察院承担。

第二，对于已经改判但一方当事人仍不服的二审民事行政申诉案件，由于该类案件中经二审改判的证据材料、判决材料等均保管于二审案卷中，直接由南宁市院的办案人员来审查案件更为便妥。

第三，对于涉及人数较多的系列案，可以由一名市院的办案人员与各个基层院的办案人员一起（不受一审法院地域限制）联合集中办理，由于系列案件的案由、法律适用以及证据材料具有极大的同一性，经过办案组集体研究讨论定性后再由各个基层院承办人完善各自案件的文书材料，能极大地提高工作效率。

2. 巧用科技，网络办案提高案件流转效率

自 2013 年以来，南宁市院就已开始着手在检察内网开展对检察机关统一业务应用系统的推行、运用工作，目前经过多轮调试已基本进入各部门业务工作的各个流程中，网上办公已成为必然。因此，利用统一业务系统进行电子案卷的流转、电子文书的对传、领导签批，将大大减少基层院办案人员在基层院与市院之间的往返奔波时间，电子案卷的归档对于已结案件的整理、

查阅也将更为便利，真正形成“一体化审查，网络化办案”的科学办案格局。

3. 上下协作，拓宽基层院案源

办案量的多少直接决定着民行检察监督的力度和价值，唯有保证一定量的办案规模，才能形成与之相对应的监督氛围，进而体现检察院民行检察监督的权威。虽然通过联合办案，市院确实将部分二审民事行政申诉案件分流到基层院，但根据近几年的民行检察工作要点以及修改后民诉法赋予检察机关更为多类的监督职权，基层院要改变“倒三角”格局中其办案人员多案源枯竭办案量少的情况，不能只能坐等上级院的案件分流，必须根据法律赋予的权力、结合各自辖域的特点，积极探索“非抗业务”的新案源。市院也要发挥“授人以鱼不如授人以渔”的作用，利用其更多接触上级院、更多接触全国先进经验的优势，对基层院业务的开展给予有针对性、可实践性的指导，促进基层业务的多面开花。

4. 考评革新，形成基层院办案动力

2013 年自治区院绩效考评标准的修改，取消了基层院办理市院交办二审民事行政申诉案件的计分项目，极大地打击了基层检察院办理市院交办案件的积极性，一度使南宁市民行一体化办案模式进入停滞期。自 2014 年起，自治区继续修改了市级及基层检察院业务考评办法，不再进行全区评分排名，只进行基本业务数据的通报。而市院为了避免考评由“排名”变“通报”后各个业务部门的懈怠影响工作，也出台了《南宁市检察院通报考核各基层检察工作核心数据项目及评分细则》（以下简称《细则》）；但该细则只涉及通报项目的数据考核（主要包括一审抗诉案件及非抗案件的审查），并未涉及基层检察院办理二审抗诉案件的考核。既然《细则》仅作为南宁市辖区内基层检察机关检察业务的考评准则，那么就具有较大的可调性。在民行检察业务板块中，于不影响检察业务核心工作数据统计的前提下，适当对基层院办理二审抗诉案件予以考评上的计分倾斜，对办理市院分流的二审抗诉案件的基层院来讲无疑像打了一针强心剂，增加了基层检察院办案的积极性。

## B.20

# 南宁市恶意欠薪案件实证研究

潘银翠*

摘　要：当前，农民工讨薪难已成为备受关注的社会热点问题，这既有农民工自身法律知识欠缺、维权意识差的原因，也有外部如立法不够完善、调查取证困难等原因。本文通过分析南宁市劳动保障监察支队办理四件拒不支付劳动报酬的案件，展示了南宁市劳动保障监察支队与南宁市公安局在办理类型案件中不断磨合的过程及取得的成果，分析了拒不支付劳动报酬案件查处过程中遇到的困难，并对今后处理不支付劳动报酬案件，提出严厉打击拒不支付劳动报酬犯罪行为，发挥罪名的威慑作用；加强劳动部门与公安机关的联动，降低恶意欠薪的危害性，提高维权效率；统一司法机关认识，变单纯的立案监督为立案指导；提高法院执行效率，保障劳动者工资权益等意见建议。

关键词：南宁市　讨薪案件　恶意欠薪　案件查处

获得合法的劳动报酬是劳动者应当享有的一项基本权利，也是用人单位应当认真履行的一项基本义务。个别用人单位或个人无故克扣、拖欠劳动者劳动报酬，甚至欠薪逃匿，导致被欠薪劳动者生活困难，严重侵害了劳动者合法权益，影响了社会稳定。南宁市劳动保障监察机构 2014 年全年接到涉

* 潘银翠，南宁市劳动保障监察支队案件审理督查科副科长。

及拖欠、克扣工资案件投诉897件，占投诉案件的65%，涉及15667人，涉及工资总额8110.051万元；2014年南宁市劳动监察部门全年处置因拖欠工资引发的群体事件216起，涉及人数1.51万，金额12236.07万元，拖欠工资的违法行为是南宁市劳动监察执法实践中最常见的违法行为。[①]

近年来，随着经济社会的发展，建筑施工项目用工数量激增，拖欠农民工工资的情况频繁发生，不具备用工资格的包工头欠薪一直是打击欠薪行为的难点。2011年5月1日，拒不支付劳动报酬罪入刑，将恶意欠薪行为纳入刑事责任范畴，劳动监察部门深受鼓舞，至2012年年底，南宁市劳动保障监察机构向公安机关移送此类案件均未能被公安机关受理立案。直至2013年1月16日，最高人民法院公布《关于审理拒不支付劳动报酬刑事案件适用法律若干问题的解释》，这样的情况才有所好转。2013年5月，南宁市青秀区劳动保障监察大队向南宁市公安局青秀山分局移送了一件欠薪逃匿案件，青秀山分局决定立案查处，该案件成为南宁市第一起由公安机关立案处理的拒不支付劳动报酬案件。[②] 2013～2014年，南宁市劳动保障监察支队共向南宁市公安局移交案件8件，立案处理6件，涉及147人，涉及金额839438元。2014年11月18日，南宁市人力资源和社会保障局、市公安局、市中级人民法院、市检察院联合发布《南宁市涉嫌拒不支付劳动报酬犯罪案件移送和查处工作实施办法（试行）》，标志着南宁市涉嫌拒不支付劳动报酬犯罪案件查处工作取得了重大的进展。《办法》颁布后，拒不支付劳动报酬案件移送渠道畅通，2015年1月至2月期间，南宁市劳动保障监察支队向公安机关移送拒不支付劳动报酬案件就已经达到7件，7件案件均立案处理，涉及人数94人，金额达756685.7元。这些案件的立案，极大地支持了春节前劳动监察部门清理拖欠农民工工资的专项行动，取得了良好的社会效果。

---

① 南宁市劳动保障维权指挥中心统计数据。

② 2014年7月3日，南宁市青秀区人民法院对案件进行判决，被告人龙某某犯拒不支付劳动报酬罪，判处有期徒刑一年一个月，并处罚金二万元。另责令被告退赔被害人经济损失共计564625.8元。本案件也是广西判决的第一起拒不支付劳动报酬犯罪案件。

本文通过分析南宁市劳动保障监察支队办理的四件拒不支付劳动报酬案件，展示南宁市劳动保障监察支队与南宁市公安局在办理类型案件中不断磨合的过程及取得的成果，并对今后处理拒不支付劳动报酬案件提出一些建议。

## 一 历程：从案例中总结和展现

### （一）对移送案件对象的确认阶段——处理“包工头”突破劳动关系认识的局限

2013 年 1 月 14 日至 3 月 19 日期间，何伯含等 20 人先后到南宁市劳动保障监察支队投诉广西某消防安全有限责任公司拖欠他们在“广西体育中心（篮球馆和游泳馆）消防喷淋消火栓及水炮”工程中从事消防设施安装工作的工资。经调查，“广西体育中心（篮球馆和游泳馆）消防喷淋消火栓及水炮”安装工程由该消防公司承包施工，该公司将工程劳务转包给吴某，由吴某招用工人施工并进行管理，吴某按完成的工作量直接从该消防公司领取劳务费后再向工人分发工资。该项目已于 2012 年年底完工，2012 年 12 月 6 日，该消防公司已将劳务费共计 702800 元全部支付给吴某，但吴某未足额向工人支付工资。经统计，吴某拖欠何伯含等 24 人工资共计 80173.5 元。在向部分人员出具欠条后，吴某采取手机停机、隐匿踪迹的方式逃避支付劳动报酬。2013 年 5 月 23 日，劳动行政部门向吴某下达责令改正决定书，并采取到施工现场张贴及邮寄至吴某户籍地址的形式送达。该消防公司在接到劳动部门的调查要求后，积极配合事件的调查处理，了解到吴某已经逃逸，农民工未拿到工资的实际困难，于 2013 年 3 月 20 日代为垫付了何伯含等 24 人工资 80173.5 元。案件于 2013 年 10 月 12 日由南宁市公安局正式立案调查。2014 年 1 月 10 日，公安机关在北海市将嫌疑人吴某抓获。

此案件为典型的包工头欠薪逃匿案件，包工头承接项目并招揽工人工作，在领取工程款后隐匿行踪，根据有关规定，建筑企业将工程发包给不具备用工主体资格的自然人，该人员招用的劳动者由发包方承担主体责任。[①]因此，按照以往执法实践，劳动监察部门会将发包单位列为处理对象，责令发包方支付工资。本案中包工头的逃匿为典型的恶意欠薪行为，劳动部门将包工头列为处理对象的情况还是首次。因此，本案成为南宁市责令包工头支付工资的第一案。[②] 这一处理方式是根据拒不支付劳动报酬的司法解释的有关规定[③]作出的变通，打破了劳动部门一直以来不以包工头为处理对象的惯例。本案从2013年的7月初开始走移送途径，直到2013年10月公安机关才正式立案。其间，劳动部门与公安机关就案件办理交换了意见，两部门就处理对象、劳动关系、犯罪行为认定、移送程序的设置等问题达成了初步的共识。该案件成为南宁市劳动保障监察支队向南宁市公安局移送有关涉嫌犯罪案件的开端。[④]

### （二）群体事件加速处置——打开联合执法、预先介入的新思路

2013年10月28日下午，南宁市经开区吴圩镇劳保所向南宁市劳动保障监察支队经开区大队报告，称辖区内威林木仙厂有几十名工人因工资被拖欠到镇政府集体上访。经查，威林木仙厂未办理工商注册登记，实际经营者为卢某。该厂因经营不善，从2013年5月份起开始出现拖欠员工工资的情况。2013年10月28日中午，部分供货商围堵该厂讨要货款，员工才得知老板卢某已经秘密携该厂部分管理人员弃厂逃走，卢某及其他管理人员的手

---

① 《关于确立劳动关系有关事项的通知》劳社部发〔2005〕12号）第四条：“建筑施工、矿山企业等用人单位将工程（业务）或经营权发包给不具备用工主体资格的组织或自然人，对该组织或自然人招用的劳动者，由具备用工主体资格的发包方承担用工主体责任。”

② 此前的行政文书均为向用人单位下达，从未以包工头个人作为处理对象。

③ 《关于审理拒不支付劳动报酬刑事案件适用法律若干问题的解释》第七条：“不具备用工主体资格的单位或者个人，违法用工且拒不支付劳动者的劳动报酬，数额较大，经政府有关部门责令支付仍不支付的，应当依照刑法第二百七十六条之一的规定，以拒不支付劳动报酬罪追究刑事责任。”

④ 《广西壮族自治区关于涉嫌劳动保障犯罪案件移送的规定》第三条：“对于不支付劳动报酬的案件、骗取社会保险待遇或者骗取社会保险基金支出以及雇用童工等案件，人力资源社会保障部门应依法作出处理；涉嫌犯罪的，应当及时移送同级公安机关。对于强迫劳动案件，人力资源社会保障部门一经发现，应当及时移送同级公安机关。”

机当时均已关机。事件发生后，南宁市劳动保障监察支队经开区大队与南宁市公安局江南分局在现场对事件进行了处置，通过召开协调会决定由劳动监察部门先处理，再按照拒不支付劳动报酬犯罪移送公安机关处理。劳动监察部门随即对在场的53名工人展开调查，填写投诉登记表并向每个人作了调查询问笔录。根据威林木仙厂副厂长农勤吕（员工代表也是该单位留下的负责人）提供的工资表及调查询问笔录，并结合工人投诉登记材料反映的被拖欠工资数额，认定卢某拖欠96名劳动者工资共计437070.5元。案件迅速处理，在2013年11月1日即对卢某作出了责令支付的指令，并按照程序向南宁市公安局进行移送。2013年12月25日，案件转由南宁市公安局江南分局立案处理。2014年2月27日，公安机关在乌鲁木齐抓获了犯罪嫌疑人卢某。2014年4月17日，南宁江南区检察院以涉嫌拒不支付劳动报酬罪依法对卢某批准逮捕。考虑到本案涉及的受害人数众多等实际情况，江南区检察院主持召开了刑事和解会议，最终达成和解协议，卢某偿还所欠150名农民工工资43万余元，江南区检察院最终对卢某作出了不予起诉的决定。[1]

本案是典型的劳动密集型企业欠薪逃匿案件，由于涉及人数众多，又爆发群体性事件，劳动保障监察部门和公安机关在第一时间共同处置事件，提高了部门间沟通的效率，有利于案件的及时办理，加快立案速度，维护劳动者的权益，取得良好的社会效果，同时也反映出建立有效的联动机制是打击恶意欠薪行为迫切需要的。

### （三）南宁市首件单位不支付工资案件顺利办结——企业“老板”不搭不理认定逃匿没商量

2013年9月至10月期间，文华华等10人先后到南宁市劳动保障监察支队投诉四川某煤炭建设（集团）有限责任公司广西分公司拖欠工资。案件由南宁市劳动保障监察支队立案调查，该公司负责人吴某委托人员提交有关用工材料及接受询问调查。经核实，该公司共拖欠文华华等10人工资共计

① 《南国早报》2014年9月24日：《老板还钱获得谅解　检方决定不再起诉》。

158534元。2013年12月6日，劳动部门向该公司下达《行政处理决定书》，责令该公司限期支付拖欠的工资。逾期该公司仍未支付工资。2013年12月27日，吴某到南宁市劳动保障监察支队作出书面说明，称将于2014年1月15日向文华华等人支付工资；1月16日，监察员再次联系吴某时，其采取手机关机，同时搬离原住所的形式隐匿行踪，不履行支付工资的义务。2014年2月14日，在多方联系未果的情况下，劳动监察部门将案件移送公安机关处理；2月27日，案件由南宁市公安局治安支队立案处理；3月14日，吴某在南宁某酒店被抓获；3月26日，吴某向文华华等人支付了15万余元的工资。

本案是南宁首例单位恶意欠薪案件，案件的特点在于，行为人（用人单位）一开始并未逃匿，还配合劳动部门对投诉案件调查，案件作为一般的投诉案件处理程序，违法事实认定明确，单位不履行支付工资的义务，按照传统处理方式将是申请法院强制执行。但在本案件中，单位负责人采取了隐匿行踪的方式不履行支付工资义务，因此劳动部门将案件定性为恶意欠薪。

本案还引发了单位犯罪情形的认定标准，拒不支付劳动报酬犯罪有两种表现形式，一是逃匿，二是有能力支付拒不支付。因此如果单位不履行支付工资的行政决定，是否能按照有能力支付拒不支付来处理？公安机关提出劳动监察部门要提取相对人具备支付能力的证据材料，而劳动部门提取此类材料手段有限，这对劳动部门来说是一个难题；而认定单位逃匿也需要结合多个情形。通过本案的处理，两部门达成共识，将单位搬离住所及经营者或负责人隐匿行踪作为单位逃匿的标准；同时本案还确认了在劳动部门处理拖欠工资案件的过程中发生的逃匿或有能力支付不支付的行为也按照拒不支付劳动报酬犯罪处理。从此，案件认定为拒不支付劳动报酬犯罪行为从是否有逃匿情形发生，变为拖欠的工资总额是否达到追诉标准①，即单位逾期不履行支付工资的行政决定时，即可

① 广西壮族自治区高级人民法院《关于审理拒不支付劳动报酬刑事案件执行具体数额标准的通知》（桂高法〔2013〕219号），规定拒不支付一人三个月且数额在8000元以上，拒不支付十名以上劳动者数额在五万元以上的认定为刑法第二百七十六条之一第一款规定的“数额较大”。

开始收集有关证据，认定其是否具有主观恶意。将原先探索如何执行行政决定文书到通过危害情形（数额标准）认定行为性质，打击拒不支付劳动报酬行为的认识进一步提高，为后来移送单位拒不支付劳动报酬提供了有力参考。

### （四）查处有能力支付拒不支付为标准的恶意欠薪行为——移送渠道畅通，“小案件”体现高效率

2014 年 4 月 9 日，陈耀明到南宁市劳动保障监察支队经开区大队投诉称广西某农业机械展示交易有限公司拖欠其从 2013 年 3 月至 10 月的工资共计 20000 元。经向该公司法定代表人谢某某调查核实，投诉情况属实，该公司共拖欠陈耀明工资 20000 元。2014 年 5 月 19 日，人社行政部门向该公司送达了《责令改正决定书》，要求该单位限期支付陈耀明工资。该单位逾期未支付，且该公司法定代表人谢某某手机自 2014 年 5 月 28 日后均处于秘书服务状态，存在隐匿行踪的情况；2014 年 12 月 18 日，劳动保障监察员找到该单位股东梁某某了解到谢某某占用上述公司汽车，其有能力支付陈耀明工资，但仍不予以支付，符合“有能力支付而不支付”的情形。2015 年 1 月 28 日，案件由南宁市公安局立案，2015 年 2 月 26 日，公安机关对谢某某进行了拘传，谢某某立即向陈耀明支付了工资。

案件自 2014 年 7 月开始移送程序，直到 2015 年 1 月才正式得以按照拒不支付劳动报酬案件立案，过程中的焦点集中在该单位是否构成逃匿及有能力支付拒不支付的情形的判断。一方面，由于该单位于投诉人投诉前就结束经营，且没有办公场所；另一方面，经营者不配合劳动监察，不出面解决投诉案件的情形是否能作为隐匿行踪的认定标准。公安机关在劳动部门第一次移送时以拖欠工资缺乏主观恶意的有关证据为由不予受理；劳动部门思考尝试证明其有支付能力不支付。劳动保障监察员找到该公司的股东了解到，该经营者实际掌握了公司的财产，劳动部门认定，其不予支付工资的行为已经构成了拒不支付劳动报酬罪。2014 年 9 月，南宁市人社局、市中级人民法院、市检察院及市公安局召开了第一次正式的拒不支付劳动报酬犯罪查处联席会议，讨论拒不支付劳动报酬案件有关问题及对《南宁市涉嫌拒不支付

劳动报酬犯罪案件移送和查处工作实施办法（试行）》进行讨论，在行为性质判断、移送程序设置、便利沟通渠道、建立司法咨询机制等方面达成共识。2014 年 11 月 18 日该《办法》[①] 正式发布，加上 2014 年 12 月 23 日最高人民法院、最高人民检察院、人力资源和社会保障部、公安部联合下发《关于加强涉嫌拒不支付劳动报酬犯罪案件查处衔接工作的通知》，用人单位不配合劳动监察处理拖欠工资案件被认定为逃匿的情形，[②] 本案是市劳动保障监察支队移送案件中涉及金额最小的案件，通过认定恶意欠薪情形移送公安机关处理，最快地实现了劳动者的合法权益。

## 二 拒不支付劳动报酬案件查处过程中遇到的困难

### （一）劳动监察执法手段单一，调查取证困难

《劳动保障监察条例》规定劳动保障行政部门实施劳动保障监察，调查、检查措施包括：进入用人单位的劳动场所进行检查；就调查、检查事项询问有关人员；要求用人单位提供与调查、检查事项相关的文件资料，并做出解释和说明，必要时可以发出调查询问书；采取记录、录音、录像、照相或者复制等方式收集有关情况和资料；委托会计师事务所对用人单位工资支付、缴纳社会保险费的情况进行审计；法律、法规规定可以由劳动保障行政部门采取的其他调查、检查措施。因此劳动监察针对逃匿、转移财产，支付

① 文号：南人社发〔2014〕65 号。

② 《南宁市涉嫌拒不支付劳动报酬犯罪案件移送和查处工作实施办法（试行）》第四条："行为人故意隐匿行踪，采取逃离经营场所，变换常住地或居住地、停止使用原电话号码或关机致使无法正常联系的；或在人力资源和社会保障部门开展调查处理数额较大的拖欠工资案件过程中隐匿行踪，或匿而不逃，不出面处理或配合人力资源和社会保障行政部门调查有关案件的应认定为行为人逃匿。……"；《关于加强涉嫌拒不支付劳动报酬犯罪案件查处衔接工作的通知》第一条第（二）项："行为人拖欠劳动者劳动报酬后，人力资源社会保障部门通过书面、电话、短信等能够确认其收悉的方式，通知其在指定的时间内到指定的地点配合解决问题，但其在指定的时间内未到指定的地点配合解决问题或明确表示拒不支付劳动报酬的，视为刑法第二百七十六条之一第一款规定的"以逃匿方法逃避支付劳动者的劳动报酬……"

能力等情况很难取证。特别是在逃匿案件中，用人单位的负责人（包工头）逃匿，证据收集更难开展。若公安机关以证据不足为由不予受理案件，劳动监察对拒不支付劳动报酬案件的办理就相当被动。

### （二）公安机关受制于批捕率（起诉率）要求，影响受理拒不支付劳动报酬案件

由于各级检察机关及法院在对拒不支付劳动报酬犯罪有关情形的判断认识上仍有分歧，经公安机关立案后批准逮捕的案件少，移送案件能到达审判环节的案例更少，这种结果直接导致公安机关在受理拒不支付劳动报酬案件上的顾虑比原来（无具体标准时）更大，移送案件的阻力大，则对劳动部门调查取证工作要求也更高。移送案件数量少，打击力度不够，宣传素材不足，震慑恶意欠薪行为的效果也大打折扣。

### （三）垫付工资行为可能影响打击恶意欠薪的实际情况，阻碍了劳动者工资的兑现

如何保障劳动者被拖欠的工资得以兑现，才是办理工资案件的首要问题。在施工单位将工程转包给不具备用人单位主体资格的个人时发生欠薪逃匿行为的，由原施工单位（用人单位）垫付劳动报酬不影响对逃匿行为人责任的追究，① 但在实践中检察院以单位垫付工资后危害没有发生未由免除了逃匿工头的刑事责任，作出不予起诉的决定。② 这种情形影响了公安机关侦办案件的积极性，更影响了今后劳动部门责令单位支付（继续垫支）劳动者工资

---

① 《南宁市涉嫌拒不支付劳动报酬犯罪案件移送和查处工作实施办法（试行）》第五条："用人单位或个人采取分包、转包或内部承包等形式，导致发生恶意欠薪行为的，原用人单位或个人应当与分包、转包或内部承包人承担连带责任；原用人单位垫支劳动者劳动报酬后，不能免除恶意欠薪的分包、转包或内部承包人的责任，分包、转包或内部承包人在偿还原用人单位或个人垫付的工资后，等同履行工资支付义务。"

② 2014 年 11 月 19 日，南宁市良庆区人民检察院认定吴某某构成拒不支付劳动报酬罪，但由于政和公司先行支付了工人工资，没有造成严重后果，故吴某某犯罪情节轻微，社会危害不大，对吴洪强不起诉。因此，第三人垫付工资是否构成危害结果直接影响了检察机关是否同意起诉行为人。

的决定，有些单位由于已经将工程款支付给承包人个人后，该个人逃匿，劳动部门向其宣传再次垫支劳动者工资后不免除逃匿个人的刑事责任，该个人只有在偿还垫支款项后才视同支付工资，用人单位（施工单位）才积极配合支付劳动者的工资。将劳动者的劳动报酬捆绑在对逃匿人员抓捕以后，有可能会让劳动者对国家打击欠薪逃匿行为产生怀疑。如，南宁市劳动保障监察支队移送立案的6起案件中还有3起案件的行为人尚未被公安机关抓获，最长的一起立案时间已经超过1年，劳动者的工资尚未能兑现。

## 三 对拒不支付劳动报酬案件处理的建议

### （一）严厉打击拒不支付劳动报酬犯罪行为，发挥罪名的威慑作用

拒不支付劳动报酬罪设立的立法目的在于维护劳动者合法权益，打击恶意欠薪行为。因此追究行为人拒不支付劳动报酬行为的刑事责任并不是本罪的立法目的。[①] 通过追究拒不支付劳动报酬行为的刑事责任，实现法律的教育警示作用，有力地震慑不断发生的欠薪行为，避免劳资纠纷升级而造成其他社会问题。[②] 因此，人社部门应当严肃查处拒不支付劳动报

① 《最高人民法院关于审理拒不支付劳动报酬刑事案件适用法律若干问题的解释》第六条："拒不支付劳动者的劳动报酬，尚未造成严重后果，在刑事立案前支付劳动者的劳动报酬，并依法承担相应赔偿责任的，可以认定为情节显著轻微危害不大，不认为是犯罪；在提起公诉前支付劳动者的劳动报酬，并依法承担相应赔偿责任的，可以减轻或者免除刑事处罚；在一审宣判前支付劳动者的劳动报酬，并依法承担相应赔偿责任的，可以从轻处罚。对于免除刑事处罚的，可以根据案件的不同情况，予以训诫、责令具结悔过或者赔礼道歉。拒不支付劳动者的劳动报酬，造成严重后果，但在宣判前支付劳动者的劳动报酬，并依法承担相应赔偿责任的，可以酌情从宽处罚。"从此可以看出，追究行为人刑事责任并不是立法的目的，也反映出将批捕率作为公安机关此类案件的考核标准是不合理的。

② 《最高人民法院关于审理拒不支付劳动报酬刑事案件适用法律若干问题的解释》第五条："拒不支付劳动者的劳动报酬，符合本解释第三条的规定，并具有下列情形之一的，应当认定为刑法第二百七十六条第一款规定的'造成严重后果'：（一）造成劳动者或者其被赡养人、被扶养人、被抚养人的基本生活受到严重影响、重大疾病无法及时医治或者失学的；（二）对要求支付劳动报酬的劳动者使用暴力或者进行暴力威胁的；（三）造成其他严重后果的。"以上情形即为拒不支付劳动报酬行为可能引发的严重后果的具体情形规定。

酬的行为。这就要求劳动保障监察员要不断提高认识和办理案件的水平，在最快的时间里收集有力证据，查明事实，为移送案件打好基础。

在日常劳动维权执法工作中，应加强对恶意欠薪行为及有关拒不支付劳动报酬犯罪有关政策、法律规定的宣传，重视对拒不支付劳动报酬犯罪案件震慑效力的发挥；处理欠薪案件时大胆向用人单位指出可能面临的刑事责任，减少逃匿和不配合劳动监察执法行为的发生，提高案件处置效率。

人社行政部门还应当及时整合有关政策，强化施工单位的兜底责任。《关于加强涉嫌拒不支付劳动报酬犯罪案件查处衔接工作的通知》明确规定，“对于企业有充足证据证明已向不具备用工主体资格的单位或个人支付了劳动者全部的劳动报酬，该单位或个人仍未向劳动者支付的，应向不具备用工主体资格的单位或个人下达限期整改指令书或行政处理决定书，并要求企业监督该单位或个人向劳动者发放到位”，该规定与用人单位应当支付工资的本意是冲突的，易造成认可违法分包行为；这与劳社部发〔2004〕22号《建设领域农民工工资支付管理暂行办法》中的规定冲突[①]。建议将一些针对解决建设领域拖欠农民工工资的规定、文件上升为有关的地方法规、规章并加以明确，如《广西壮族自治区人民政府办公厅关于切实解决建设领域拖欠工程款和农民工工资问题的通知》（桂政办发〔2004〕46号）中关于垫支农民工工资的有关内容[②]，才能确保实现农民工合法权益及打击违法分包行为。

---

① 《建设领域农民工工资支付管理暂行办法》：“七、企业应将工资直接发放给农民工本人，严禁发放给‘包工头’或其他不具备用工主体资格的组织和个人。”

② 《广西壮族自治区人民政府办公厅关于切实解决建设领域拖欠工程款和农民工工资问题的通知》：“三、（三）……施工单位要按月将农民工工资登记造册，直接发给农民工本人，防止中间克扣或截留农民工工资。用人单位延期支付不得超过一个工资支付周期，并于延期支付开始的3日内书面报告当地劳动保障部门。施工单位无故克扣或拖欠职工工资的，由其主管部门和劳动保障部门依法责令整改、责令及时补发；对施工单位无经济能力支付工资的，或承包方欠薪逃匿的，由建设方先行垫付；由于施工单位分包转包不规范，分包转包单位或包工头不支付工资或逃匿的，由总承包方先行支付。”

### （二）加强人社部门与公安机关的联动，将恶意欠薪危害程度降低，提高维权效率

一些欠薪逃匿案件，可能涉及人数众多，极易引发群体性事件，危害社会秩序；此外一些欠薪案件，涉及复杂情形（如用人单位或经营者属外籍等），都需要公安机关及时介入处理。如2014年10月，南宁市劳动保障监察支队处理广西某餐饮管理有限公司拖欠工资一案，案件涉及139名劳动者，共计685918元工资被拖欠，且上述两个单位的经营者为香港籍人士，极易发生逃匿或转移财产等情形，在多次联系该经营者未果的情况下，南宁市人社局向上述单位下达《行政处理决定书》并将案件情况即时通报南宁市公安局，南宁市公安局治安支队根据通报，协助劳动保障监察支队查找该人员的行踪，并向出入境管理部门通报有关情况，监控该人员出境情况。该经营者在收到已经通报公安机关的信息后，主动到劳动监察支队配合处理拖欠工资的案件，并在12月月初将所拖欠的工资全部支付完毕。案件得到快速妥善的解决。

因此，紧急情况下的劳动行政部门和公安机关的有效联动将极大地提高打击重大欠薪行为的效果。建议将这种联动模式固定下来，形成统一的规范，便于在遇到紧急情况的时候，劳动监察部门及时寻求到公安机关协助，将矛盾化解在苗头阶段，从根本上提高司法效率。

### （三）统一司法机关认识，变单纯的立案监督为立案指导

在移送案件过程中，公安机关受理案件的顾虑在于检察院是否批捕。立案监督机制的设立也给公安机关带来不小的压力。因此，将检察院的立案监督变为立案指导才能促进拒不支付劳动报酬案件的查处工作。由于工资案件有些证据材料的收集具有时效性，由劳动部门先行调查固定基本证据，可能因为行政案件收集证据的要求与刑事案件不同，导致行政手段收集的证据无力或无效。同时，各基层检察院对本罪的认识不同，导致处理结果不同，这也是拒不支付劳动报酬案件检察院起诉率和批捕率低的主要原因。建议由市级检察院制定统一认定标准，便于案件的移送处理。

### （四）提高法院执行效率，保障劳动者工资权益

法院的强制执行率低是劳动部门面临的一个难题。2012～2014 年南宁市劳动保障监察支队共作出行政处罚（理）87 件，其中相对人主动履行 33 件，占总数的 38%；截止到 2015 年 2 月已申请强制执行 30 件，涉及处罚金额共计 1131069.02 元[①]；强制执行涉及劳动者工资等数额共计 402294.46 元[②]，强制执行案件中，完成执行案件数为 0，执行率为 0。申请法院强制执行案件中，有相当一部分是劳动者提出的有关个人工资、补偿、加班费等实际诉求，劳动行政部门依法作出行政处理决定，要求用人单位履行其义务（主要是支付劳动者工资）单位拒绝履行的，人社行政部门只能通过申请法院强制执行。申请法院强制执行效果不佳，使得一些未达到拒不支付劳动报酬刑事责任追诉标准的案件难以落实。

因此要改善法院强制执行效果，首先，将法院执行过程公开，设立行政处罚（处理）执行的专门程序，区别其他民事强制执行程序，提高行政文书强制执行效率效果。其次，加强法院与行政机关的执行协作。2012 年 1 月 1 日起实施的《行政强制法》第三十五条设置了强制执行催告前置的程序，行政机关对相对人进行催告，履行行政决定，此过程可以核实相对人现况，有利于督促相对人主动履行，节约了法院执行的成本，在催告过程中还能掌握相对人的一些基本情况。若能开通法院与人社部门联合执行的渠道，将进一步有利于提高执行效率。再次，依照《劳动合同法》第三十条的规定，用人单位拖欠工资的，劳动者可以向人民法院申请支付令，人民法院应当依法发出支付令。因此，建议法院受理劳动者有关工资支付令的申请；同时，劳动者（投诉人）也可以持行政处理文书向法院申请对用人单位进行财产保全或先予执行，以确保其权益得到有效的保障。

---

① 该数据未含逾期加处罚款。

② 该数据未含逾期应加付的赔偿金。

## 皮书起源

“皮书”起源于十七、十八世纪的英国，主要指官方或社会组织正式发表的重要文件或报告，多以“白皮书”命名。在中国，“皮书”这一概念被社会广泛接受，并被成功运作、发展成为一种全新的出版形态，则源于中国社会科学院社会科学文献出版社。

## 皮书定义

皮书是对中国与世界发展状况和热点问题进行年度监测，以专业的角度、专家的视野和实证研究方法，针对某一领域或区域现状与发展态势展开分析和预测，具备原创性、实证性、专业性、连续性、前沿性、时效性等特点的公开出版物，由一系列权威研究报告组成。

## 皮书作者

皮书系列的作者以中国社会科学院、著名高校、地方社会科学院的研究人员为主，多为国内一流研究机构的权威专家学者，他们的看法和观点代表了学界对中国与世界的现实和未来最高水平的解读与分析。

## 皮书荣誉

皮书系列已成为社会科学文献出版社的著名图书品牌和中国社会科学院的知名学术品牌。2011 年，皮书系列正式列入“十二五”国家重点出版规划项目；2012~2015 年，重点皮书列入中国社会科学院承担的国家哲学社会科学创新工程项目；2016 年，46 种院外皮书使用“中国社会科学院创新工程学术出版项目”标识。

# 中国皮书网

www.pishu.cn

发布皮书研创资讯，传播皮书精彩内容
引领皮书出版潮流，打造皮书服务平台

## 栏目设置：

- □ 资讯：皮书动态、皮书观点、皮书数据、皮书报道、皮书发布、电子期刊
- □ 标准：皮书评价、皮书研究、皮书规范
- □ 服务：最新皮书、皮书书目、重点推荐、在线购书
- □ 链接：皮书数据库、皮书博客、皮书微博、在线书城
- □ 搜索：资讯、图书、研究动态、皮书专家、研创团队

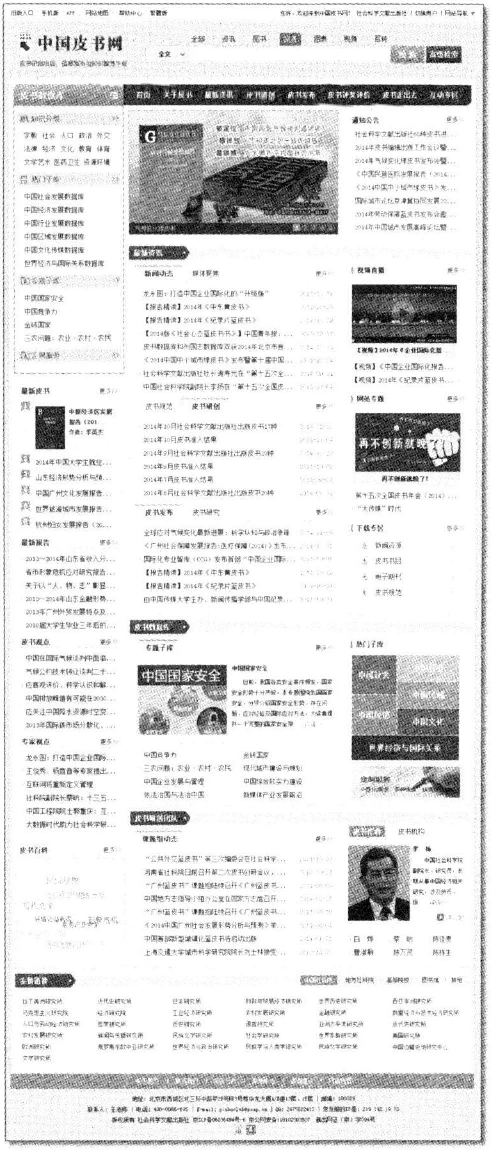

中国皮书网依托皮书系列“权威、前沿、原创”的优质内容资源，通过文字、图片、音频、视频等多种元素，在皮书研创者、使用者之间搭建了一个成果展示、资源共享的互动平台。

自 2005 年 12 月正式上线以来，中国皮书网的 IP 访问量、PV 浏览量与日俱增，受到海内外研究者、公务人员、商务人士以及专业读者的广泛关注。

2008 年、2011 年中国皮书网均在全国新闻出版业网站荣誉评选中获得“最具商业价值网站”称号；2012 年，获得“出版业网站百强”称号。

2014 年，中国皮书网与皮书数据库实现资源共享，端口合一，将提供更丰富的内容，更全面的服务。

# 法律声明

# 社长致辞

我们是图书出版者，更是人文社会科学内容资源供应商；

我们背靠中国社会科学院，面向中国与世界人文社会科学界，坚持为人文社会科学的繁荣与发展服务；

我们精心打造权威信息资源整合平台，坚持为中国经济与社会的繁荣与发展提供决策咨询服务；

我们以读者定位自身，立志让爱书人读到好书，让求知者获得知识；

我们精心编辑、设计每一本好书以形成品牌张力，以优秀的品牌形象服务读者，开拓市场；

我们始终坚持“创社科经典，出传世文献”的经营理念，坚持“权威、前沿、原创”的产品特色；

我们“以人为本”，提倡阳光下创业，员工与企业共享发展之成果；

我们立足于现实，认真对待我们的优势、劣势，我们更着眼于未来，以不断的学习与创新适应不断变化的世界，以不断的努力提升自己的实力；

我们愿与社会各界友好合作，共享人文社会科学发展之成果，共同推动中国学术出版乃至内容产业的繁荣与发展。

社会科学文献出版社社长

中国社会学会秘书长

2016 年 1 月

社会科学文献出版社成立于1985年，是直属于中国社会科学院的人文社会科学专业学术出版机构。

成立以来，特别是1998年实施第二次创业以来，依托于中国社会科学院丰厚的学术出版和专家学者两大资源，坚持“创社科经典，出传世文献”的出版理念和“权威、前沿、原创”的产品定位，社科文献立足内涵式发展道路，从战略层面推动学术出版五大能力建设，逐步走上了智库产品与专业学术成果系列化、规模化、数字化、国际化、市场化发展的经营道路。

先后策划出版了著名的图书品牌和学术品牌“皮书”系列、“列国志”、“社科文献精品译库”、“全球化译丛”、“全面深化改革研究书系”、“近世中国”、“甲骨文”、“中国史话”等一大批既有学术影响又有市场价值的系列图书，形成了较强的学术出版能力和资源整合能力。2015年社科文献出版社发稿5.5亿字，出版图书约2000种，承印发行中国社科院院属期刊74种，在多项指标上都实现了较大幅度的增长。

凭借着雄厚的出版资源整合能力，社科文献出版社长期以来一直致力于从内容资源和数字平台两个方面实现传统出版的再造，并先后推出了皮书数据库、列国志数据库、“一带一路”数据库、中国田野调查数据库、台湾大陆同乡会数据库等一系列数字产品。数字出版已经初步形成了产品设计、内容开发、编辑标引、产品运营、技术支持、营销推广等全流程体系。

在国内原创著作、国外名家经典著作大量出版，数字出版突飞猛进的同时，社科文献出版社从构建国际话语体系的角度推动学术出版国际化。先后与斯普林格、博睿、牛津、剑桥等十余家国际出版机构合作面向海外推出了“皮书系列”“改革开放30年研究书系”“中国梦与中国发展道路研究丛书”“全面深化改革研究书系”等一系列在世界范围内引起强烈反响的作品；并持续致力于中国学术出版走出去，组织学者和编辑参加国际书展，筹办国际性学术研讨会，向世界展示中国学者的学术水平和研究成果。

此外，社科文献出版社充分利用网络媒体平台，积极与中央和地方各类媒体合作，并联合大型书店、学术书店、机场书店、网络书店、图书馆，逐步构建起了强大的学术图书内容传播平台。学术图书的媒体曝光率居全国之首，图书馆藏率居于全国出版机构前十位。

上述诸多成绩的取得，有赖于一支以年轻的博士、硕士为主体，一批从中国社科院刚退出科研一线的各学科专家为支撑的300多位高素质的编辑、出版和营销队伍，为我们实现学术立社，以学术品位、学术价值来实现经济效益和社会效益这样一个目标的共同努力。

作为已经开启第三次创业梦想的人文社会科学学术出版机构，我们将以改革发展为动力，以学术资源建设为中心，以构建智慧型出版社为主线，以“整合、专业、分类、协同、持续”为各项工作指导原则，全力推进出版社数字化转型，坚定不移地走专业化、数字化、国际化发展道路，全面提升出版社核心竞争力，为实现“社科文献梦”奠定坚实基础。

# 经 济 类

经济类皮书涵盖宏观经济、城市经济、大区域经济，
提供权威、前沿的分析与预测

## 经济蓝皮书

**2016 年中国经济形势分析与预测**

李　扬 / 主编　　2015 年 12 月出版　　定价 :79.00 元

◆　本书为总理基金项目，由著名经济学家李扬领衔，联合中国社会科学院等数十家科研机构、国家部委和高等院校的专家共同撰写，系统分析了 2015 年的中国经济形势并预测 2016 年我国经济运行情况。

## 世界经济黄皮书

**2016 年世界经济形势分析与预测**

王洛林　张宇燕 / 主编　　2015 年 12 月出版　　定价 :79.00 元

◆　本书由中国社会科学院世界经济与政治研究所的研究团队撰写，2015 年世界经济增长继续放缓，增长格局也继续分化，发达经济体与新兴经济体之间的增长差距进一步收窄。2016 年世界经济增长形势不容乐观。

## 产业蓝皮书

**中国产业竞争力报告（2016）NO.6**

张其仔 / 主编　　2016 年 12 月出版　　估价 :98.00 元

◆　本书由中国社会科学院工业经济研究所研究团队在深入实际、调查研究的基础上完成。通过运用丰富的数据资料和最新的测评指标，从学术性、系统性、预测性上分析了 2015 年中国产业竞争力，并对未来发展趋势进行了预测。

## G20 国家创新竞争力黄皮书

### 二十国集团（G20）国家创新竞争力发展报告（2016）

李建平　李闽榕　赵新力 / 主编　　2016 年 11 月出版　估价 :138.00 元

◆　本报告在充分借鉴国内外研究者的相关研究成果的基础上，紧密跟踪技术经济学、竞争力经济学、计量经济学等学科的最新研究动态，深入分析 G20 国家创新竞争力的发展水平、变化特征、内在动因及未来趋势，同时构建了 G20 国家创新竞争力指标体系及数学模型。

## 国际城市蓝皮书

### 国际城市发展报告（2016）

屠启宇 / 主编　　2016 年 1 月出版　　估价 :79.00 元

◆　本书作者以上海社会科学院从事国际城市研究的学者团队为核心，汇集同济大学、华东师范大学、复旦大学、上海交通大学、南京大学、浙江大学相关城市研究专业学者。立足动态跟踪介绍国际城市发展实践中，最新出现的重大战略、重大理念、重大项目、重大报告和最佳案例。

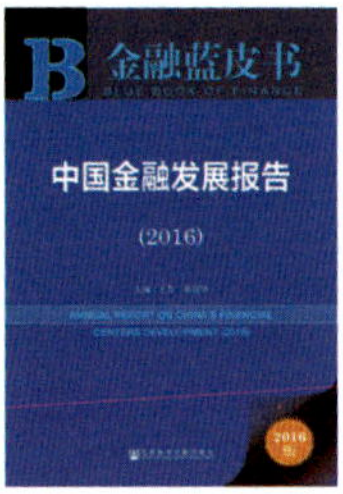


## 金融蓝皮书

### 中国金融发展报告（2016）

李　扬　王国刚 / 主编　2015 年 12 月出版　定价 :79.00 元

◆　本书由中国社会科学院金融研究所组织编写，概括和分析了 2015 年中国金融发展和运行中的各方面情况，研讨和评论了 2015 年发生的主要金融事件。本书由业内专家和青年精英联合编著，有利于读者了解掌握 2015 年中国的金融状况，把握 2016 年中国金融的走势。

## 农村绿皮书

### 中国农村经济形势分析与预测（2015 ~ 2016）

中国社会科学院农村发展研究所　国家统计局农村社会经济调查司 / 著
2016 年 4 月出版　估价 :69.00 元

◆　本书描述了 2015 年中国农业农村经济发展的一些主要指标和变化，以及对 2016 年中国农业农村经济形势的一些展望和预测。

## 西部蓝皮书

### 中国西部发展报告（2016）

姚慧琴　徐璋勇 / 主编　　2016 年 7 月出版　　估价 :89.00 元

◆　本书由西北大学中国西部经济发展研究中心主编，汇集了源自西部本土以及国内研究西部问题的权威专家的第一手资料，对国家实施西部大开发战略进行年度动态跟踪，并对 2016 年西部经济、社会发展态势进行预测和展望。

## 民营经济蓝皮书

### 中国民营经济发展报告 No.12（2015 ~ 2016）

王钦敏 / 主编　2016 年 1 月出版　估价 :75.00 元

◆　改革开放以来，民营经济从无到有、从小到大，是最具活力的增长极。本书是中国工商联课题组的研究成果，对 2015 年度中国民营经济的发展现状、趋势进行了详细的论述，并提出了合理的建议。是广大民营企业进行政策咨询、科学决策和理论创新的重要参考资料，也是理论工作者进行理论研究的重要参考资料。

## 经济蓝皮书夏季号

### 中国经济增长报告（2015 ~ 2016）

李　扬 / 主编　2016 年 8 月出版　估价 :69.00 元

◆　中国经济增长报告主要探讨 2015~2016 年中国经济增长问题，以专业视角解读中国经济增长，力求将其打造成一个研究中国经济增长、服务宏微观各级决策的周期性、权威性读物。

## 中三角蓝皮书

### 长江中游城市群发展报告（2016）

秦尊文 / 主编　2016 年 10 月出版　估价 :69.00 元

◆　本书是湘鄂赣皖四省专家学者共同研究的成果，从不同角度、不同方位记录和研究长江中游城市群一体化，提出对策措施，以期为将“中三角”打造成为继珠三角、长三角、京津冀之后中国经济增长第四极奉献学术界的聪明才智。

# 社会政法类

社会政法类皮书聚焦社会发展领域的热点、难点问题，
提供权威、原创的资讯与视点

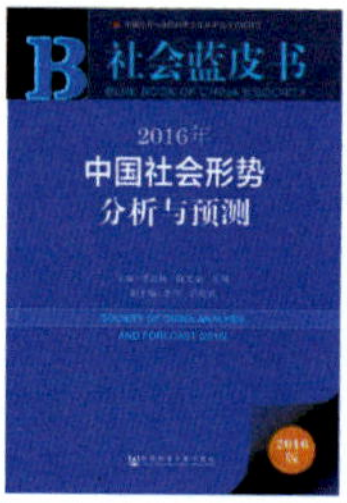


## 社会蓝皮书

2016 年中国社会形势分析与预测

李培林　陈光金　张　翼 / 主编　2015 年 12 月出版　定价 :79.00 元

◆　本书由中国社会科学院社会学研究所组织研究机构专家、高校学者和政府研究人员撰写，聚焦当下社会热点，对 2015 年中国社会发展的各个方面内容进行了权威解读，同时对 2016 年社会形势发展趋势进行了预测。

## 法治蓝皮书

中国法治发展报告 No.14（2016）

李　林　田　禾 / 主编　　2016 年 3 月出版　　估价 :105.00 元

◆　本年度法治蓝皮书回顾总结了 2015 年度中国法治发展取得的成就和存在的不足，并对 2016 年中国法治发展形势进行了预测和展望。

## 反腐倡廉蓝皮书

中国反腐倡廉建设报告 No.6

李秋芳　张英伟 / 主编　2017 年 1 月出版　　估价 :79.00 元

◆　本书抓住了若干社会热点和焦点问题，全面反映了新时期新阶段中国反腐倡廉面对的严峻局面，以及中国共产党反腐倡廉建设的新实践新成果。根据实地调研、问卷调查和舆情分析，梳理了当下社会普遍关注的与反腐败密切相关的热点问题。

## 生态城市绿皮书

### 中国生态城市建设发展报告（2016）

刘举科　孙伟平　胡文臻 / 主编　2016 年 6 月出版　估价 :98.00 元

◆　报告以绿色发展、循环经济、低碳生活、民生宜居为理念，以更新民众观念、提供决策咨询、指导工程实践、引领绿色发展为宗旨，试图探索一条具有中国特色的城市生态文明建设新路。

## 公共服务蓝皮书

### 中国城市基本公共服务力评价（2016）

钟　君　吴正杲 / 主编　2016 年 12 月出版　估价 :79.00 元

◆　中国社会科学院经济与社会建设研究室与华图政信调查组成联合课题组，从 2010 年开始对基本公共服务力进行研究，研创了基本公共服务力评价指标体系，为政府考核公共服务与社会管理工作提供了理论工具。

## 教育蓝皮书

### 中国教育发展报告（2016）

杨东平 / 主编　2016 年 5 月出版　估价 :79.00 元

◆　本书由国内的中青年教育专家合作研究撰写。深度剖析 2015 年中国教育的热点话题，并对当下中国教育中出现的问题提出对策建议。

## 生态文明绿皮书

### 中国省域生态文明建设评价报告（ECI 2016）

严耕 / 主编　2016 年 12 月出版　估价 :85.00 元

◆　本书基于国家最新发布的权威数据，对我国的生态文明建设状况进行科学评价，并开展相应的深度分析，结合中央的政策方针和各省的具体情况，为生态文明建设推进，提出针对性的政策建议。

# 行业报告类

行业报告类皮书立足重点行业、新兴行业领域，
提供及时、前瞻的数据与信息

## 房地产蓝皮书

**中国房地产发展报告 No.13（2016）**

魏后凯　李景国 / 主编　　2016 年 5 月出版　　估价 :79.00 元

◆　蓝皮书秉承客观公正、科学中立的宗旨和原则，追踪 2015 年我国房地产市场最新资讯，深度分析，剖析因果，谋划对策，并对 2016 年房地产发展趋势进行了展望。

## 旅游绿皮书

**2015 ~ 2016 年中国旅游发展分析与预测**

宋　瑞 / 主编　　2016 年 1 出版　　估价 :98.00 元

◆　本书中国社会科学院旅游研究中心组织相关专家编写的年度研究报告，对 2015 年旅游行业的热点问题进行了全面的综述并提出专业性建议，并对 2016 年中国旅游的发展趋势进行展望。

## 互联网金融蓝皮书

**中国互联网金融发展报告（2016）**

李东荣 / 主编　　2016 年 8 月出版　　估价 :79.00 元

◆　近年来，许多基于互联网的金融服务模式应运而生并对传统金融业产生了深刻的影响和巨大的冲击，“互联网金融”成为社会各界关注的焦点。 本书探析了 2015 年互联网金融的特点和 2016 年互联网金融的发展方向和亮点。

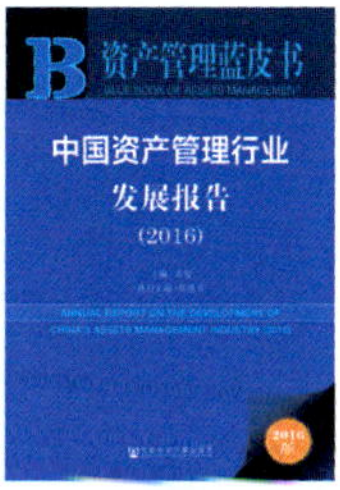


## 资产管理蓝皮书

### 中国资产管理行业发展报告（2016）

智信资产管理研究院 / 编著　　2016 年 6 月出版　　估价 :89.00 元

◆　中国资产管理行业刚刚兴起，未来将中国金融市场最有看点的行业，也会成为快速发展壮大的行业。本书主要分析了 2015 年度资产管理行业的发展情况，同时对资产管理行业的未来发展做出科学的预测。

## 老龄蓝皮书

### 中国老龄产业发展报告（2016）

吴玉韶 党俊武 / 编著
2016 年 9 月出版　估价 :79.00 元

◆　本书着眼于对中国老龄产业的发展给予系统介绍，深入解析，并对未来发展趋势进行预测和展望，力求从不同视角、不同层面全面剖析中国老龄产业发展的现状、取得的成绩、存在的问题以及重点、难点等。

## 金融蓝皮书

### 中国金融中心发展报告（2016）

王　力　黄育华 / 编著　　2017 年 11 月出版　　估价 :75.00 元

◆　本报告将提升中国金融中心城市的金融竞争力作为研究主线，全面、系统、连续地反映和研究中国金融中心城市发展和改革的最新进展，展示金融中心理论研究的最新成果。

## 流通蓝皮书

### 中国商业发展报告（2016）

荆林波 / 编著　2016 年 5 月出版　　估价 :89.00 元

◆　本书是中国社会科学院财经院与利丰研究中心合作的成果，从关注中国宏观经济出发，突出了中国流通业的宏观背景，详细分析了批发业、零售业、物流业、餐饮产业与电子商务等产业发展状况。

# 国别与地区类

国别与地区类皮书关注全球重点国家与地区，
提供全面、独特的解读与研究

## 美国蓝皮书

### 美国研究报告（2016）

黄　平　郑秉文 / 主编　2016 年 7 月出版　估价 :89.00 元

◆　本书是由中国社会科学院美国所主持完成的研究成果，它回顾了美国 2015 年的经济、政治形势与外交战略，对 2016 年以来美国内政外交发生的重大事件以及重要政策进行了较为全面的回顾和梳理。

## 拉美黄皮书

### 拉丁美洲和加勒比发展报告（2015~2016）

吴白乙 / 主编　2016 年 5 月出版　估价 :89.00 元

◆　本书对 2015 年拉丁美洲和加勒比地区诸国的政治、经济、社会、外交等方面的发展情况做了系统介绍，对该地区相关国家的热点及焦点问题进行了总结和分析，并在此基础上对该地区各国 2016 年的发展前景做出预测。

## 日本经济蓝皮书

### 日本经济与中日经贸关系研究报告（2016）

王洛林　张季风 / 编著　2016 年 5 月出版　估价 :79.00 元

◆　本书系统、详细地介绍了 2015 年日本经济以及中日经贸关系发展情况，在进行了大量数据分析的基础上，对 2016 年日本经济以及中日经贸关系的大致发展趋势进行了分析与预测。

## 俄罗斯黄皮书

### 俄罗斯发展报告（2016）

李永全 / 编著　2016 年 7 月出版　估价 :79.00 元

◆　本书系统介绍了 2015 年俄罗斯经济政治情况，并对 2015 年该地区发生的焦点、热点问题进行了分析与回顾；在此基础上，对该地区 2016 年的发展前景进行了预测。

## 国际形势黄皮书

### 全球政治与安全报告（2016）

李慎明　张宇燕 / 主编　2015 年 12 月出版　定价 :69.00 元

◆　本书旨在对本年度全球政治及安全形势的总体情况、热点问题及变化趋势进行回顾与分析，并提出一定的预测及对策建议。作者通过事实梳理、数据分析、政策分析等途径，阐释了本年度国际关系及全球安全形势的基本特点，并在此基础上提出了具有启示意义的前瞻性结论。

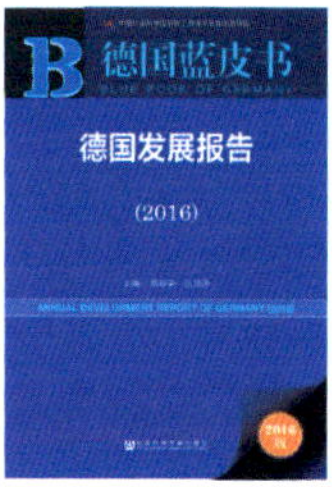


## 德国蓝皮书

### 德国发展报告（2016）

郑春荣　伍慧萍 / 主编　2016 年 6 月出版　估价 :69.00 元

◆　本报告由同济大学德国研究所组织编撰，由该领域的专家学者对德国的政治、经济、社会文化、外交等方面的形势发展情况，进行全面的阐述与分析。

## 中欧关系蓝皮书

### 中欧关系研究报告（2016）

周弘 / 编著　2016 年 12 月出版　估价 :98.00 元

◆　本书由欧洲所暨欧洲学会推出，旨在分析、评估和预测年度中欧关系发展态势。本报告的作者均为欧洲方面的专家，他们对欧洲与中国在各个领域的发展情况进行了深入地分析和研究，对读者了解和把握中欧关系是非常有益的参考。

# 地方发展类

地方发展类皮书关注中国各省份、经济区域，
提供科学、多元的预判与资政信息

## 北京蓝皮书

### 北京公共服务发展报告（2015~2016）

施昌奎 / 主编　2016 年 1 月出版　估价：69.00 元

◆ 本书是由北京市政府职能部门的领导、首都著名高校的教授、知名研究机构的专家共同完成的关于北京市公共服务发展与创新的研究成果。

## 河南蓝皮书

### 河南经济发展报告（2016）

河南省社会科学院 / 编著　2016 年 12 月出版　估价 :79.00 元

◆ 本书以国内外经济发展环境和走向为背景，主要分析当前河南经济形势，预测未来发展趋势，全面反映河南经济发展的最新动态、热点和问题，为地方经济发展和领导决策提供参考。

## 京津冀蓝皮书

### 京津冀发展报告（2016）

文　魁　祝尔娟 / 编著　2016 年 4 月出版　估价 :89.00 元

◆ 京津冀协同发展作为重大的国家战略，已进入顶层设计、制度创新和全面推进的新阶段。本书以问题为导向，围绕京津冀发展中的重要领域和重大问题，研究如何推进京津冀协同发展。

# 文化传媒类

文化传媒类皮书透视文化领域、文化产业，
探索文化大繁荣、大发展的路径

## 新媒体蓝皮书

### 中国新媒体发展报告 No.7（2016）

唐绪军 / 主编　　2016 年 6 月出版　　估价 :79.00 元

◆　本书是由中国社会科学院新闻与传播研究所组织编写的关于新媒体发展的最新年度报告，旨在全面分析中国新媒体的发展现状，解读新媒体的发展趋势，探析新媒体的深刻影响。

## 移动互联网蓝皮书

### 中国移动互联网发展报告（2016）

官建文 / 编著　　2016 年 6 月出版　　估价 :79.00 元

◆　本书着眼于对中国移动互联网 2015 年度的发展情况做深入解析，对未来发展趋势进行预测，力求从不同视角、不同层面全面剖析中国移动互联网发展的现状、年度突破以及热点趋势等。

## 文化蓝皮书

### 中国文化产业发展报告（2016）

张晓明　王家新　章建刚 / 主编　　2016 年 4 月出版　　估价 :79.00 元

◆　本书由中国社会科学院文化研究中心编写。 从 2012 年开始，中国社会科学院文化研究中心设立了国内首个文化产业的研究类专项资金——“文化产业重大课题研究计划”，开始在全国范围内组织多学科专家学者对我国文化产业发展重大战略问题进行联合攻关研究。本书集中反映了该计划的研究成果。

# 经济类

**G20国家创新竞争力黄皮书**
二十国集团(G20)国家创新竞争力发展报告(2016)
著(编)者:李建平 李闽榕 赵新力
2016年11月出版 / 估价:138.00元

**产业蓝皮书**
中国产业竞争力报告(2016)NO.6
著(编)者:张其仔 2016年12月出版 / 估价:98.00元

**城市创新蓝皮书**
中国城市创新报告(2016)
著(编)者:周天勇 旷建伟 2016年8月出版 / 估价:69.00元

**城市蓝皮书**
中国城市发展报告 NO.9
著(编)者:潘家华 魏后凯 2016年9月出版 / 估价:69.00元

**城市群蓝皮书**
中国城市群发展指数报告(2016)
著(编)者:刘士林 刘新静 2016年10月出版 / 估价:69.00元

**城乡一体化蓝皮书**
中国城乡一体化发展报告(2015~2016)
著(编)者:汝信 付崇兰 2016年7月出版 / 估价:85.00元

**城镇化蓝皮书**
中国新型城镇化健康发展报告(2016)
著(编)者:张占斌 2016年5月出版 / 估价:79.00元

**创新蓝皮书**
创新型国家建设报告(2015~2016)
著(编)者:詹正茂 2016年11月出版 / 估价:69.00元

**低碳发展蓝皮书**
中国低碳发展报告(2016)
著(编)者:齐晔 2016年3月出版 / 估价:89.00元

**低碳经济蓝皮书**
中国低碳经济发展报告(2016)
著(编)者:薛进军 赵忠秀 2016年6月出版 / 估价:85.00元

**东北蓝皮书**
中国东北地区发展报告(2016)
著(编)者:马克 黄文艺 2016年8月出版 / 估价:79.00元

**工业化蓝皮书**
中国工业化进程报告(2016)
著(编)者:黄群慧 吕铁 李晓华 等
2016年11月出版 / 估价:89.00元

**管理蓝皮书**
中国管理发展报告(2016)
著(编)者:张晓东 2016年9月出版 / 估价:98.00元

**国际城市蓝皮书**
国际城市发展报告(2016)
著(编)者:屠启宇 2016年1月出版 / 估价:79.00元

**国家创新蓝皮书**
中国创新发展报告(2016)
著(编)者:陈劲 2016年9月出版 / 估价:69.00元

**金融蓝皮书**
中国金融发展报告(2016)
著(编)者:李扬 王国刚 2015年12月出版 / 定价:79.00元

**京津冀产业蓝皮书**
京津冀产业协同发展报告(2016)
著(编)者:中智科博(北京)产业经济发展研究院
2016年6月出版 / 估价:69.00元

**京津冀蓝皮书**
京津冀发展报告(2016)
著(编)者:文魁 祝尔娟 2016年4月出版 / 估价:89.00元

**经济蓝皮书**
2016年中国经济形势分析与预测
著(编)者:李扬 2015年12月出版 / 定价:79.00元

**经济蓝皮书·春季号**
2016年中国经济前景分析
著(编)者:李扬 2016年5月出版 / 估价:79.00元

**经济蓝皮书·夏季号**
中国经济增长报告(2015~2016)
著(编)者:李扬 2016年8月出版 / 估价:99.00元

**经济信息绿皮书**
中国与世界经济发展报告(2016)
著(编)者:杜平 2015年12月出版 / 定价:89.00元

**就业蓝皮书**
2016年中国本科生就业报告
著(编)者:麦可思研究院 2016年6月出版 / 估价:98.00元

**就业蓝皮书**
2016年中国高职高专生就业报告
著(编)者:麦可思研究院 2016年6月出版 / 估价:98.00元

**临空经济蓝皮书**
中国临空经济发展报告(2016)
著(编)者:连玉明 2016年11月出版 / 估价:79.00元

**民营经济蓝皮书**
中国民营经济发展报告 NO.12(2015~2016)
著(编)者:王钦敏 2016年1月出版 / 估价:75.00元

**农村绿皮书**
中国农村经济形势分析与预测(2015~2016)
著(编)者:中国社会科学院农村发展研究所
国家统计局农村社会经济调查司
2016年4月出版 / 估价:69.00元

**农业应对气候变化蓝皮书**
气候变化对中国农业影响评估报告 No.2
著(编)者:矫梅燕 2016年8月出版 / 估价:98.00元

**企业公民蓝皮书**
中国企业公民报告 NO.4
著(编)者:邹东涛　2016年1月出版 / 估价:79.00元

**气候变化绿皮书**
应对气候变化报告（2016）
著(编)者:王伟光 郑国光　2016年11月出版 / 估价:98.00元

**区域蓝皮书**
中国区域经济发展报告（2015～2016）
著(编)者:梁昊光　2016年5月出版 / 估价:79.00元

**全球环境竞争力绿皮书**
全球环境竞争力报告（2016）
著(编)者:李建平 李闽榕 王金南
2016年12月出版 / 估价:198.00元

**人口与劳动绿皮书**
中国人口与劳动问题报告 NO.17
著(编)者:蔡昉 张车伟　2016年11月出版 / 估价:69.00元

**商务中心区蓝皮书**
中国商务中心区发展报告 NO.2（2016）
著(编)者:魏后凯 李国红　2016年1月出版 / 估价:89.00元

**世界经济黄皮书**
2016年世界经济形势分析与预测
著(编)者:王洛林 张宇燕　2015年12月出版 / 定价:79.00元

**世界旅游城市绿皮书**
世界旅游城市发展报告（2016）
著(编)者:鲁勇 周正宇 宋宇　2016年6月出版 / 估价:88.00元

**西北蓝皮书**
中国西北发展报告（2016）
著(编)者:孙发平 苏海红 鲁顺元
2015年12月出版 / 估价:79.00元

**西部蓝皮书**
中国西部发展报告（2016）
著(编)者:姚慧琴 徐璋勇　2016年7月出版 / 估价:89.00元

**县域发展蓝皮书**
中国县域经济增长能力评估报告（2016）
著(编)者:王力　2016年10月出版 / 估价:69.00元

**新型城镇化蓝皮书**
新型城镇化发展报告（2016）
著(编)者:李伟 宋敏 沈体雁　2016年11月出版 / 估价:98.00元

**新兴经济体蓝皮书**
金砖国家发展报告（2016）
著(编)者:林跃勤 周文　2016年7月出版 / 估价:79.00元

**长三角蓝皮书**
2016年全面深化改革中的长三角
著(编)者:张伟斌　2016年10月出版 / 估价:69.00元

**中部竞争力蓝皮书**
中国中部经济社会竞争力报告（2016）
著(编)者:教育部人文社会科学重点研究基地
南昌大学中国中部经济社会发展研究中心
2016年10月出版 / 估价:79.00元

**中部蓝皮书**
中国中部地区发展报告（2016）
著(编)者:宋亚平　2016年12月出版 / 估价:78.00元

**中国省域竞争力蓝皮书**
中国省域经济综合竞争力发展报告（2015～2016）
著(编)者:李建平 李闽榕 高燕京
2016年2月出版 / 估价:198.00元

**中三角蓝皮书**
长江中游城市群发展报告（2016）
著(编)者:秦尊文　2016年10月出版 / 估价:69.00元

**中小城市绿皮书**
中国中小城市发展报告（2016）
著(编)者:中国城市经济学会中小城市经济发展委员会
中国城镇化促进会中小城市发展委员会
《中国中小城市发展报告》编纂委员会
中小城市发展战略研究院
2016年10月出版 / 估价:98.00元

**中原蓝皮书**
中原经济区发展报告（2016）
著(编)者:李英杰　2016年6月出版 / 估价:88.00元

**自贸区蓝皮书**
中国自贸区发展报告（2016）
著(编)者:王力 王吉培　2016年10月出版 / 估价:69.00元

## 社会政法类

**北京蓝皮书**
中国社区发展报告（2016）
著(编)者:于燕燕　2017年2月出版 / 估价:79.00元

**殡葬绿皮书**
中国殡葬事业发展报告（2016）
著(编)者:李伯森　2016年4月出版 / 估价:158.00元

**城市管理蓝皮书**
中国城市管理报告（2016）
著(编)者:谭维克 刘林　2017年2月出版 / 估价:118.00元

**城市生活质量蓝皮书**
中国城市生活质量报告（2016）
著(编)者:张连城 张平 杨春学 郎丽华
2016年7月出版 / 估价:89.00元

城市政府能力蓝皮书
中国城市政府公共服务能力评估报告（2016）
著(编)者:何艳玲　2016年7月出版 / 估价:69.00元

创新蓝皮书
中国创业环境发展报告（2016）
著(编)者:姚凯 曹祎遐　2016年1月出版 / 估价:69.00元

慈善蓝皮书
中国慈善发展报告（2016）
著(编)者:杨团　2016年6月出版 / 估价:79.00元

地方法治蓝皮书
中国地方法治发展报告 NO.2（2016）
著(编)者:李林 田禾　2016年1月出版 / 估价:98.00元

法治蓝皮书
中国法治发展报告 NO.14（2016）
著(编)者:李林 田禾　2016年3月出版 / 估价:105.00元

反腐倡廉蓝皮书
中国反腐倡廉建设报告 NO.6
著(编)者:李秋芳 张英伟　2017年1月出版 / 估价:79.00元

非传统安全蓝皮书
中国非传统安全研究报告（2015～2016）
著(编)者:余潇枫 魏志江　2016年5月出版 / 估价:79.00元

妇女发展蓝皮书
中国妇女发展报告 NO.6
著(编)者:王金玲　2016年9月出版 / 估价:148.00元

妇女教育蓝皮书
中国妇女教育发展报告 NO.3
著(编)者:张李玺　2016年10月出版 / 估价:78.00元

妇女绿皮书
中国性别平等与妇女发展报告（2016）
著(编)者:谭琳　2016年12月出版 / 估价:99.00元

公共服务蓝皮书
中国城市基本公共服务力评价（2016）
著(编)者:钟君 吴正杲　2016年12月出版 / 估价:79.00元

公共管理蓝皮书
中国公共管理发展报告（2016）
著(编)者:贡森 李国强 杨维富
2016年4月出版 / 估价:69.00元

公共外交蓝皮书
中国公共外交发展报告（2016）
著(编)者:赵启正 雷蔚真　2016年4月出版 / 估价:89.00元

公民科学素质蓝皮书
中国公民科学素质报告（2016）
著(编)者:李群 许佳军　2016年3月出版 / 估价:79.00元

公益蓝皮书
中国公益发展报告（2016）
著(编)者:朱健刚　2016年5月出版 / 估价:78.00元

国际人才蓝皮书
海外华侨华人专业人士报告（2016）
著(编)者:王辉耀 苗绿　2016年8月出版 / 估价:69.00元

国际人才蓝皮书
中国国际移民报告（2016）
著(编)者:王辉耀　2016年2月出版 / 估价:79.00元

国际人才蓝皮书
中国海归发展报告（2016）NO.3
著(编)者:王辉耀 苗绿　2016年10月出版 / 估价:69.00元

国际人才蓝皮书
中国留学发展报告（2016）NO.5
著(编)者:王辉耀 苗绿　2016年10月出版 / 估价:79.00元

国家公园蓝皮书
中国国家公园体制建设报告（2016）
著(编)者:苏杨 张玉钧 石金莲 刘锋 等
2016年10月出版 / 估价:69.00元

海洋社会蓝皮书
中国海洋社会发展报告（2016）
著(编)者:崔凤 宋宁而　2016年7月出版 / 估价:89.00元

行政改革蓝皮书
中国行政体制改革报告（2016）NO.5
著(编)者:魏礼群　2016年4月出版 / 估价:98.00元

华侨华人蓝皮书
华侨华人研究报告（2016）
著(编)者:贾益民　2016年12月出版 / 估价:98.00元

环境竞争力绿皮书
中国省域环境竞争力发展报告（2016）
著(编)者:李建平 李闽榕 王金南
2016年11月出版 / 估价:198.00元

环境绿皮书
中国环境发展报告（2016）
著(编)者:刘鉴强　2016年5月出版 / 估价:79.00元

基金会蓝皮书
中国基金会发展报告（2016）
著(编)者:刘忠祥　2016年4月出版 / 估价:69.00元

基金会绿皮书
中国基金会发展独立研究报告（2016）
著(编)者:基金会中心网 中央民族大学基金会研究中心
2016年6月出版 / 估价:88.00元

基金会透明度蓝皮书
中国基金会透明度发展研究报告（2016）
著(编)者:基金会中心网 清华大学廉政与治理研究中心
2016年9月出版 / 估价:85.00元

教师蓝皮书
中国中小学教师发展报告（2016）
著(编)者:曾晓东 鱼霞　2016年6月出版 / 估价:69.00元

**教育蓝皮书**
中国教育发展报告（2016）
著(编)者:杨东平 2016年5月出版 / 估价:79.00元

**科普蓝皮书**
中国科普基础设施发展报告（2016）
著(编)者:任福君 2016年6月出版 / 估价:69.00元

**科学教育蓝皮书**
中国科学教育发展报告（2016）
著(编)者:罗晖 王康友 2016年10月出版 / 估价:79.00元

**劳动保障蓝皮书**
中国劳动保障发展报告（2016）
著(编)者:刘燕斌 2016年8月出版 / 估价:158.00元

**连片特困区蓝皮书**
中国连片特困区发展报告（2016）
著(编)者:游俊 冷志明 丁建军
2016年3月出版 / 估价:98.00元

**民间组织蓝皮书**
中国民间组织报告（2016）
著(编)者:黄晓勇 2016年12月出版 / 估价:79.00元

**民调蓝皮书**
中国民生调查报告（2016）
著(编)者:谢耘耕 2016年5月出版 / 估价:128.00元

**民族发展蓝皮书**
中国民族发展报告（2016）
著(编)者:郝时远 王延中 王希恩
2016年4月出版 / 估价:98.00元

**女性生活蓝皮书**
中国女性生活状况报告 NO.10（2016）
著(编)者:韩湘景 2016年4月出版 / 估价:79.00元

**汽车社会蓝皮书**
中国汽车社会发展报告（2016）
著(编)者:王俊秀 2016年1月出版 / 估价:69.00元

**青年蓝皮书**
中国青年发展报告（2016）NO.4
著(编)者:廉思 等 2016年4月出版 / 估价:69.00元

**青少年蓝皮书**
中国未成年人互联网运用报告（2016）
著(编)者:李文革 沈杰 季为民
2016年11月出版 / 估价:89.00元

**青少年体育蓝皮书**
中国青少年体育发展报告（2016）
著(编)者:郭建军 杨桦 2016年9月出版 / 估价:69.00元

**区域人才蓝皮书**
中国区域人才竞争力报告 NO.2
著(编)者:桂昭明 王辉耀
2016年6月出版 / 估价:69.00元

**群众体育蓝皮书**
中国群众体育发展报告（2016）
著(编)者:刘国永 杨桦 2016年10月出版 / 估价:69.00元

**人才蓝皮书**
中国人才发展报告（2016）
著(编)者:潘晨光 2016年9月出版 / 估价:85.00元

**人权蓝皮书**
中国人权事业发展报告 NO.6（2016）
著(编)者:李君如 2016年9月出版 / 估价:128.00元

**社会保障绿皮书**
中国社会保障发展报告（2016）NO.8
著(编)者:王延中 2016年4月出版 / 估价:99.00元

**社会工作蓝皮书**
中国社会工作发展报告（2016）
著(编)者:民政部社会工作研究中心
2016年8月出版 / 估价:79.00元

**社会管理蓝皮书**
中国社会管理创新报告 NO.4
著(编)者:连玉明 2016年11月出版 / 估价:89.00元

**社会蓝皮书**
2016年中国社会形势分析与预测
著(编)者:李培林 陈光金 张翼
2015年12月出版 / 定价:79.00元

**社会体制蓝皮书**
中国社会体制改革报告（2016）NO.4
著(编)者:龚维斌 2016年4月出版 / 估价:79.00元

**社会心态蓝皮书**
中国社会心态研究报告（2016）
著(编)者:王俊秀 杨宜音 2016年10月出版 / 估价:69.00元

**社会组织蓝皮书**
中国社会组织评估发展报告（2016）
著(编)者:徐家良 廖鸿 2016年12月出版 / 估价:69.00元

**生态城市绿皮书**
中国生态城市建设发展报告（2016）
著(编)者:刘举科 孙伟平 胡文臻
2016年9月出版 / 估价:148.00元

**生态文明绿皮书**
中国省域生态文明建设评价报告（ECI 2016）
著(编)者:严耕 2016年12月出版 / 估价:85.00元

**世界社会主义黄皮书**
世界社会主义跟踪研究报告（2015～2016）
著(编)者:李慎明 2016年4月出版 / 估价:258.00元

**水与发展蓝皮书**
中国水风险评估报告（2016）
著(编)者:王浩 2016年9月出版 / 估价:69.00元

**体育蓝皮书**
长三角地区体育产业发展报告（2016）
著(编)者:张林　2016年4月出版 / 估价:79.00元

**体育蓝皮书**
中国公共体育服务发展报告（2016）
著(编)者:戴健　2016年12月出版 / 估价:79.00元

**土地整治蓝皮书**
中国土地整治发展研究报告 NO.3
著(编)者:国土资源部土地整治中心
2016年5月出版 / 估价:89.00元

**土地政策蓝皮书**
中国土地政策发展报告（2016）
著(编)者:高延利 李宪文 唐健
2016年12月出版 / 估价:69.00元

**危机管理蓝皮书**
中国危机管理报告（2016）
著(编)者:文学国 范正青　2016年8月出版 / 估价:89.00元

**形象危机应对蓝皮书**
形象危机应对研究报告（2016）
著(编)者:唐钧　2016年6月出版 / 估价:149.00元

**医改蓝皮书**
中国医药卫生体制改革报告（2016）
著(编)者:文学国 房志武　2016年11月出版 / 估价:98.00元

**医疗卫生绿皮书**
中国医疗卫生发展报告 NO.7（2016）
著(编)者:申宝忠 韩玉珍　2016年4月出版 / 估价:75.00元

**政治参与蓝皮书**
中国政治参与报告（2016）
著(编)者:房宁　2016年7月出版 / 估价:108.00元

**政治发展蓝皮书**
中国政治发展报告（2016）
著(编)者:房宁 杨海蛟　2016年5月出版 / 估价:88.00元

**智慧社区蓝皮书**
中国智慧社区发展报告（2016）
著(编)者:罗昌智 张辉德　2016年7月出版 / 估价:69.00元

**中国农村妇女发展蓝皮书**
农村流动女性城市生活发展报告（2016）
著(编)者:谢丽华　2016年12月出版 / 估价:79.00元

**宗教蓝皮书**
中国宗教报告（2016）
著(编)者:邱永辉　2016年5月出版 / 估价:79.00元

# 行业报告类

**保健蓝皮书**
中国保健服务产业发展报告 NO.2
著(编)者:中国保健协会 中共中央党校
2016年7月出版 / 估价:198.00元

**保健蓝皮书**
中国保健食品产业发展报告 NO.2
著(编)者:中国保健协会
中国社会科学院食品药品产业发展与监管研究中心
2016年7月出版 / 估价:198.00元

**保健蓝皮书**
中国保健用品产业发展报告 NO.2
著(编)者:中国保健协会
国务院国有资产监督管理委员会研究中心
2016年2月出版 / 估价:198.00元

**保险蓝皮书**
中国保险业创新发展报告（2016）
著(编)者:项俊波　2016年12月出版 / 估价:69.00元

**保险蓝皮书**
中国保险业竞争力报告（2016）
著(编)者:项俊波　2015年12月出版 / 估价:99.00元

**采供血蓝皮书**
中国采供血管理报告（2016）
著(编)者:朱永明 耿鸿武　2016年8月出版 / 估价:69.00元

**彩票蓝皮书**
中国彩票发展报告（2016）
著(编)者:益彩基金　2016年4月出版 / 估价:98.00元

**餐饮产业蓝皮书**
中国餐饮产业发展报告（2016）
著(编)者:邢颖　2016年4月出版 / 估价:69.00元

**测绘地理信息蓝皮书**
测绘地理信息转型升级研究报告（2016）
著(编)者:库热西·买合苏提　2016年12月出版 / 估价:98.00元

**茶业蓝皮书**
中国茶产业发展报告（2016）
著(编)者:杨江帆 李闽榕　2016年10月出版 / 估价:78.00元

**产权市场蓝皮书**
中国产权市场发展报告（2015～2016）
著(编)者:曹和平　2016年5月出版 / 估价:89.00元

**产业安全蓝皮书**
中国出版传媒产业安全报告（2016）
著(编)者:北京印刷学院文化产业安全研究院
2016年4月出版 / 估价:69.00元

**产业安全蓝皮书**
中国文化产业安全报告（2016）
著(编)者:北京印刷学院文化产业安全研究院
2016年4月出版 / 估价:89.00元

**产业安全蓝皮书**
中国新媒体产业安全报告（2016）
著(编)者:北京印刷学院文化产业安全研究院
2016年5月出版 / 估价:69.00元

**大数据蓝皮书**
网络空间和大数据发展报告（2016）
著(编)者:杜平　2016年2月出版 / 估价:69.00元

**电子商务蓝皮书**
中国电子商务服务业发展报告 NO.3
著(编)者:荆林波 梁春晓　2016年5月出版 / 估价:69.00元

**电子政务蓝皮书**
中国电子政务发展报告（2016）
著(编)者:洪毅 杜平　2016年11月出版 / 估价:79.00元

**杜仲产业绿皮书**
中国杜仲橡胶资源与产业发展报告（2016）
著(编)者:杜红岩 胡文臻 俞锐
2016年1月出版 / 估价:85.00元

**房地产蓝皮书**
中国房地产发展报告 NO.13（2016）
著(编)者:魏后凯 李景国　2016年5月出版 / 估价:79.00元

**服务外包蓝皮书**
中国服务外包产业发展报告（2016）
著(编)者:王晓红 刘德军
2016年6月出版 / 估价:89.00元

**服务外包蓝皮书**
中国服务外包竞争力报告（2016）
著(编)者:王力 刘春生 黄育华
2016年11月出版 / 估价:85.00元

**工业和信息化蓝皮书**
世界网络安全发展报告（2016）
著(编)者:洪京一　2016年4月出版 / 估价:69.00元

**工业和信息化蓝皮书**
世界信息化发展报告（2016）
著(编)者:洪京一　2016年4月出版 / 估价:69.00元

**工业和信息化蓝皮书**
世界信息技术产业发展报告（2016）
著(编)者:洪京一　2016年4月出版 / 估价:79.00元

**工业和信息化蓝皮书**
世界制造业发展报告（2016）
著(编)者:洪京一　2016年4月出版 / 估价:69.00元

**工业和信息化蓝皮书**
移动互联网产业发展报告（2016）
著(编)者:洪京一　2016年4月出版 / 估价:79.00元

**工业设计蓝皮书**
中国工业设计发展报告（2016）
著(编)者:王晓红 于炜 张立群
2016年9月出版 / 估价:138.00元

**互联网金融蓝皮书**
中国互联网金融发展报告（2016）
著(编)者: 李东荣　2016年8月出版 / 估价:79.00元

**会展蓝皮书**
中外会展业动态评估年度报告（2016）
著(编)者:张敏　2016年1月出版 / 估价:78.00元

**节能汽车蓝皮书**
中国节能汽车产业发展报告（2016）
著(编)者:中国汽车工程研究院股份有限公司
2016年12月出版 / 估价:69.00元

**金融监管蓝皮书**
中国金融监管报告（2016）
著(编)者:胡滨　2016年4月出版 / 估价:89.00元

**金融蓝皮书**
中国金融中心发展报告（2016）
著(编)者:王力 黄育华　2017年11月出版 / 估价:75.00元

**金融蓝皮书**
中国商业银行竞争力报告（2016）
著(编)者:王松奇　2016年5月出版 / 估价:69.00元

**经济林产业绿皮书**
中国经济林产业发展报告（2016）
著(编)者:李芳东 胡文臻 乌云塔娜 杜红岩
2016年12月出版 / 估价:69.00元

**客车蓝皮书**
中国客车产业发展报告（2016）
著(编)者:姚蔚　2016年2月出版 / 估价:85.00元

**老龄蓝皮书**
中国老龄产业发展报告（2016）
著(编)者:吴玉韶 党俊武　2016年9月出版 / 估价:79.00元

**流通蓝皮书**
中国商业发展报告（2016）
著(编)者:荆林波　2016年5月出版 / 估价:89.00元

**旅游安全蓝皮书**
中国旅游安全报告（2016）
著(编)者:郑向敏 谢朝武　2016年5月出版 / 估价:128.00元

**旅游绿皮书**
2015～2016年中国旅游发展分析与预测
著(编)者:宋瑞　2016年1月出版 / 估价:98.00元

**煤炭蓝皮书**
中国煤炭工业发展报告（2016）
著(编)者:岳福斌　2016年12月出版 / 估价:79.00元

**民营企业社会责任蓝皮书**
中国民营企业社会责任年度报告（2016）
著(编)者:中华全国工商业联合会
2016年7月出版 / 估价:69.00元

**民营医院蓝皮书**
中国民营医院发展报告（2016）
著(编)者:庄一强　2016年10月出版 / 估价:75.00元

**能源蓝皮书**
中国能源发展报告（2016）
著(编)者:崔民选 王军生 陈义和
2016年8月出版 / 估价:79.00元

**农产品流通蓝皮书**
中国农产品流通产业发展报告（2016）
著(编)者:贾敬敦 张东科 张玉玺 张鹏毅 周伟
2016年1月出版 / 估价:89.00元

**期货蓝皮书**
中国期货市场发展报告(2016)
著(编)者:李群 王在荣　2016年11月出版 / 估价:69.00元

**企业公益蓝皮书**
中国企业公益研究报告（2016）
著(编)者:钟宏武 汪杰 顾一 黄晓娟 等
2016年12月出版 / 估价:69.00元

**企业公众透明度蓝皮书**
中国企业公众透明度报告(2016) NO.2
著(编)者:黄速建 王晓光 肖红军
2016年1月出版 / 估价:98.00元

**企业国际化蓝皮书**
中国企业国际化报告（2016）
著(编)者:王辉耀　2016年11月出版 / 估价:98.00元

**企业蓝皮书**
中国企业绿色发展报告 NO.2（2016）
著(编)者:李红玉 朱光辉　2016年8月出版 / 估价:79.00元

**企业社会责任蓝皮书**
中国企业社会责任研究报告（2016）
著(编)者:黄群慧 钟宏武 张蒽 等
2016年11月出版 / 估价:79.00元

**企业社会责任能力蓝皮书**
中国上市公司社会责任能力成熟度报告（2016）
著(编)者:肖红军 王晓光 李伟阳
2016年11月出版 / 估价:69.00元

**汽车安全蓝皮书**
中国汽车安全发展报告（2016）
著(编)者:中国汽车技术研究中心
2016年7月出版 / 估价:89.00元

**汽车电子商务蓝皮书**
中国汽车电子商务发展报告（2016）
著(编)者:中华全国工商业联合会汽车经销商商会
北京易观智库网络科技有限公司
2016年5月出版 / 估价:128.00元

**汽车工业蓝皮书**
中国汽车工业发展年度报告（2016）
著(编)者:中国汽车工业协会 中国汽车技术研究中心
丰田汽车（中国）投资有限公司
2016年4月出版 / 估价:128.00元

**汽车蓝皮书**
中国汽车产业发展报告（2016）
著(编)者:国务院发展研究中心产业经济研究部
中国汽车工程学会 大众汽车集团（中国）
2016年8月出版 / 估价:158.00元

**清洁能源蓝皮书**
国际清洁能源发展报告（2016）
著(编)者:苏树辉 袁国林 李玉崙
2016年11月出版 / 估价:99.00元

**人力资源蓝皮书**
中国人力资源发展报告（2016）
著(编)者:余兴安　2016年12月出版 / 估价:79.00元

**融资租赁蓝皮书**
中国融资租赁业发展报告（2015～2016）
著(编)者:李光荣 王力　2016年1月出版 / 估价:89.00元

**软件和信息服务业蓝皮书**
中国软件和信息服务业发展报告（2016）
著(编)者:洪京一　2016年12月出版 / 估价:198.00元

**商会蓝皮书**
中国商会发展报告NO.5（2016）
著(编)者:王钦敏　2016年7月出版 / 估价:89.00元

**上市公司蓝皮书**
中国上市公司社会责任信息披露报告（2016）
著(编)者:张旺 张杨　2016年11月出版 / 估价:69.00元

**上市公司蓝皮书**
中国上市公司质量评价报告（2015～2016）
著(编)者:张跃文 王力　2016年11月出版 / 估价:118.00元

**设计产业蓝皮书**
中国设计产业发展报告（2016）
著(编)者:陈冬亮 梁昊光　2016年3月出版 / 估价:89.00元

**食品药品蓝皮书**
食品药品安全与监管政策研究报告（2016）
著(编)者:唐民皓　2016年7月出版 / 估价:69.00元

**世界能源蓝皮书**
世界能源发展报告（2016）
著(编)者:黄晓勇　2016年6月出版 / 估价:99.00元

**水利风景区蓝皮书**
中国水利风景区发展报告（2016）
著(编)者:兰思仁　2016年8月出版 / 估价:69.00元

**私募市场蓝皮书**
中国私募股权市场发展报告（2016）
著(编)者:曹和平　2016年12月出版 / 估价:79.00元

**碳市场蓝皮书**
中国碳市场报告（2016）
著(编)者:宁金彪　2016年11月出版 / 估价:69.00元

**体育蓝皮书**
中国体育产业发展报告（2016）
著(编)者:阮伟 钟秉枢 2016年7月出版 / 估价:69.00元

**投资蓝皮书**
中国投资发展报告（2016）
著(编)者:谢平 2016年4月出版 / 估价:128.00元

**土地市场蓝皮书**
中国农村土地市场发展报告（2016）
著(编)者:李光荣 高传捷 2016年1月出版 / 估价:69.00元

**网络空间安全蓝皮书**
中国网络空间安全发展报告（2016）
著(编)者:惠志斌 唐涛 2016年4月出版 / 估价:79.00元

**物联网蓝皮书**
中国物联网发展报告（2016）
著(编)者:黄桂田 龚六堂 张全升
2016年1月出版 / 估价:69.00元

**西部工业蓝皮书**
中国西部工业发展报告（2016）
著(编)者:方行明 甘犁 刘方健 姜凌 等
2016年9月出版 / 估价:79.00元

**西部金融蓝皮书**
中国西部金融发展报告（2016）
著(编)者:李忠民 2016年8月出版 / 估价:75.00元

**协会商会蓝皮书**
中国行业协会商会发展报告（2016）
著(编)者:景朝阳 李勇 2016年4月出版 / 估价:99.00元

**新能源汽车蓝皮书**
中国新能源汽车产业发展报告（2016）
著(编)者:中国汽车技术研究中心
日产（中国）投资有限公司 东风汽车有限公司
2016年8月出版 / 估价:89.00元

**新三板蓝皮书**
中国新三板市场发展报告（2016）
著(编)者:王力 2016年6月出版 / 估价:69.00元

**信托市场蓝皮书**
中国信托业市场报告（2015～2016）
著(编)者:用益信托工作室
2016年2月出版 / 估价:198.00元

**信息安全蓝皮书**
中国信息安全发展报告（2016）
著(编)者:张晓东 2016年2月出版 / 估价:69.00元

**信息化蓝皮书**
中国信息化形势分析与预测（2016）
著(编)者:周宏仁 2016年8月出版 / 估价:98.00元

**信用蓝皮书**
中国信用发展报告（2016）
著(编)者:章政 田侃 2016年4月出版 / 估价:99.00元

**休闲绿皮书**
2016年中国休闲发展报告
著(编)者:宋瑞
2016年10月出版 / 估价:79.00元

**药品流通蓝皮书**
中国药品流通行业发展报告（2016）
著(编)者:佘鲁林 温再兴
2016年8月出版 / 估价:158.00元

**医药蓝皮书**
中国中医药产业园战略发展报告（2016）
著(编)者:裴长洪 房书亭 吴滌心
2016年3月出版 / 估价:89.00元

**邮轮绿皮书**
中国邮轮产业发展报告（2016）
著(编)者:汪泓 2016年10月出版 / 估价:79.00元

**智能养老蓝皮书**
中国智能养老产业发展报告（2016）
著(编)者:朱勇 2016年10月出版 / 估价:89.00元

**中国SUV蓝皮书**
中国SUV产业发展报告 （2016）
著(编)者:靳军 2016年12月出版 / 估价:69.00元

**中国金融行业蓝皮书**
中国债券市场发展报告（2016）
著(编)者:谢多 2016年7月出版 / 估价:69.00元

**中国上市公司蓝皮书**
中国上市公司发展报告（2016）
著(编)者:中国社会科学院上市公司研究中心
2016年9月出版 / 估价:98.00元

**中国游戏蓝皮书**
中国游戏产业发展报告（2016）
著(编)者:孙立军 刘跃军 牛兴侦
2016年4月出版 / 估价:69.00元

**中国总部经济蓝皮书**
中国总部经济发展报告（2015～2016）
著(编)者:赵弘 2016年9月出版 / 估价:79.00元

**资本市场蓝皮书**
中国场外交易市场发展报告（2016）
著(编)者:高峦 2016年8月出版 / 估价:79.00元

**资产管理蓝皮书**
中国资产管理行业发展报告（2016）
著(编)者:智信资产管理研究院
2016年6月出版 / 估价:89.00元

# 文化传媒类

**传媒竞争力蓝皮书**
中国传媒国际竞争力研究报告（2016）
著(编)者:李本乾 刘强
2016年11月出版 / 估价:148.00元

**传媒蓝皮书**
中国传媒产业发展报告（2016）
著(编)者:崔保国　2016年5月出版 / 估价:98.00元

**传媒投资蓝皮书**
中国传媒投资发展报告（2016）
著(编)者:张向东 谭云明
2016年6月出版 / 估价:128.00元

**动漫蓝皮书**
中国动漫产业发展报告（2016）
著(编)者:卢斌 郑玉明 牛兴侦
2016年7月出版 / 估价:79.00元

**非物质文化遗产蓝皮书**
中国非物质文化遗产发展报告（2016）
著(编)者:陈平　2016年5月出版 / 估价:98.00元

**广电蓝皮书**
中国广播电影电视发展报告（2016）
著(编)者:国家新闻出版广电总局发展研究中心
2016年7月出版 / 估价:98.00元

**广告主蓝皮书**
中国广告主营销传播趋势报告 NO.9
著(编)者:黄升民 杜国清 邵华冬 等
2016年10月出版 / 估价:148.00元

**国际传播蓝皮书**
中国国际传播发展报告（2016）
著(编)者:胡正荣 李继东 姬德强
2016年11月出版 / 估价:89.00元

**纪录片蓝皮书**
中国纪录片发展报告（2016）
著(编)者:何苏六　2016年10月出版 / 估价:79.00元

**科学传播蓝皮书**
中国科学传播报告（2016）
著(编)者:詹正茂　2016年7月出版 / 估价:69.00元

**两岸创意经济蓝皮书**
两岸创意经济研究报告（2016）
著(编)者:罗昌智 董泽平　2016年12月出版 / 估价:98.00元

**两岸文化蓝皮书**
两岸文化产业合作发展报告（2016）
著(编)者:胡惠林 李保宗　2016年7月出版 / 估价:79.00元

**媒介与女性蓝皮书**
中国媒介与女性发展报告(2015~2016)
著(编)者:刘利群　2016年8月出版 / 估价:118.00元

**媒体融合蓝皮书**
中国媒体融合发展报告（2016）
著(编)者:梅宁华 宋建武　2016年7月出版 / 估价:79.00元

**全球传媒蓝皮书**
全球传媒发展报告（2016）
著(编)者:胡正荣 李继东 唐晓芬
2016年12月出版 / 估价:79.00元

**少数民族非遗蓝皮书**
中国少数民族非物质文化遗产发展报告（2016）
著(编)者:肖远平（彝） 柴立（满）
2016年6月出版 / 估价:128.00元

**视听新媒体蓝皮书**
中国视听新媒体发展报告（2016）
著(编)者:国家新闻出版广电总局发展研究中心
2016年7月出版 / 估价:98.00元

**文化创新蓝皮书**
中国文化创新报告（2016）NO.7
著(编)者:于平 傅才武　2016年7月出版 / 估价:98.00元

**文化建设蓝皮书**
中国文化发展报告（2016）
著(编)者:江畅 孙伟平 戴茂堂
2016年4月出版 / 估价:108.00元

**文化科技蓝皮书**
文化科技创新发展报告（2016）
著(编)者:于平 李凤亮　2016年10月出版 / 估价:89.00元

**文化蓝皮书**
中国公共文化服务发展报告（2016）
著(编)者:刘新成 张永新 张旭　2016年10月出版 / 估价:98.00元

**文化蓝皮书**
中国公共文化投入增长测评报告（2016）
著(编)者:王亚南　2016年12月出版 / 估价:79.00元

**文化蓝皮书**
中国少数民族文化发展报告（2016）
著(编)者:武翠英 张晓明 任乌晶
2016年9月出版 / 估价:69.00元

**文化蓝皮书**
中国文化产业发展报告（2016）
著(编)者:张晓明 王家新 章建刚
2016年4月出版 / 估价:79.00元

**文化蓝皮书**
中国文化产业供需协调检测报告（2016）
著(编)者:王亚南　2016年2月出版 / 估价:79.00元

**文化蓝皮书**
中国文化消费需求景气评价报告（2016）
著(编)者:王亚南　2016年2月出版 / 估价:79.00元

**文化品牌蓝皮书**
中国文化品牌发展报告（2016）
著(编)者:欧阳友权　2016年4月出版 / 估价:89.00元

**文化遗产蓝皮书**
中国文化遗产事业发展报告（2016）
著(编)者:刘世锦　2016年3月出版 / 估价:89.00元

**文学蓝皮书**
中国文情报告（2015～2016）
著(编)者:白烨　2016年5月出版 / 估价:69.00元

**新媒体蓝皮书**
中国新媒体发展报告NO.7（2016）
著(编)者:唐绪军　2016年7月出版 / 估价:79.00元

**新媒体社会责任蓝皮书**
中国新媒体社会责任研究报告（2016）
著(编)者:钟瑛　2016年10月出版 / 估价:79.00元

**移动互联网蓝皮书**
中国移动互联网发展报告（2016）
著(编)者:官建文　2016年6月出版 / 估价:79.00元

**舆情蓝皮书**
中国社会舆情与危机管理报告（2016）
著(编)者:谢耘耕　2016年8月出版 / 估价:98.00元

## 地方发展类

**安徽经济蓝皮书**
芜湖创新型城市发展报告（2016）
著(编)者:张志宏　2016年4月出版 / 估价:69.00元

**安徽蓝皮书**
安徽社会发展报告（2016）
著(编)者:程桦　2016年4月出版 / 估价:89.00元

**安徽社会建设蓝皮书**
安徽社会建设分析报告（2015～2016）
著(编)者:黄家海 王开玉 蔡宪
2016年4月出版 / 估价:89.00元

**澳门蓝皮书**
澳门经济社会发展报告（2015～2016）
著(编)者:吴志良 郝雨凡　2016年5月出版 / 估价:79.00元

**北京蓝皮书**
北京公共服务发展报告（2015～2016）
著(编)者:施昌奎　2016年1月出版 / 估价:69.00元

**北京蓝皮书**
北京经济发展报告（2015～2016）
著(编)者:杨松　2016年6月出版 / 估价:79.00元

**北京蓝皮书**
北京社会发展报告（2015～2016）
著(编)者:李伟东　2016年7月出版 / 估价:79.00元

**北京蓝皮书**
北京社会治理发展报告（2015～2016）
著(编)者:殷星辰　2016年6月出版 / 估价:79.00元

**北京蓝皮书**
北京文化发展报告（2015～2016）
著(编)者:李建盛　2016年5月出版 / 估价:79.00元

**北京旅游绿皮书**
北京旅游发展报告（2016）
著(编)者:北京旅游学会　2016年7月出版 / 估价:88.00元

**北京人才蓝皮书**
北京人才发展报告（2016）
著(编)者:于淼　2016年12月出版 / 估价:128.00元

**北京社会心态蓝皮书**
北京社会心态分析报告（2015～2016）
著(编)者:北京社会心理研究所
2016年8月出版 / 估价:79.00元

**北京社会组织管理蓝皮书**
北京社会组织发展与管理（2015～2016）
著(编)者:黄江松　2016年4月出版 / 估价:78.00元

**北京体育蓝皮书**
北京体育产业发展报告（2016）
著(编)者:钟秉枢 陈杰 杨铁黎
2016年10月出版 / 估价:79.00元

**北京养老产业蓝皮书**
北京养老产业发展报告（2016）
著(编)者:周明明 冯喜良　2016年4月出版 / 估价:69.00元

**滨海金融蓝皮书**
滨海新区金融发展报告（2016）
著(编)者:王爱俭 张锐钢　2016年9月出版 / 估价:79.00元

**城乡一体化蓝皮书**
中国城乡一体化发展报告•北京卷（2015～2016）
著(编)者:张宝秀 黄序　2016年5月出版 / 估价:79.00元

**创意城市蓝皮书**
北京文化创意产业发展报告（2016）
著(编)者:张京成 王国华　2016年12月出版 / 估价:69.00元

**创意城市蓝皮书**
青岛文化创意产业发展报告（2016）
著(编)者:马达 张丹妮　2016年6月出版 / 估价:79.00元

**创意城市蓝皮书**
台北文化创意产业发展报告（2016）
著(编)者:陈耀竹 邱琪瑄　2016年11月出版 / 估价:89.00元

**创意城市蓝皮书**
无锡文化创意产业发展报告（2016）
著(编)者:谭军 张鸣年　2016年10月出版 / 估价:79.00元

**创意城市蓝皮书**
武汉文化创意产业发展报告（2016）
著(编)者:黄永林 陈汉桥　2016年12月出版 / 估价:89.00元

**创意城市蓝皮书**
重庆创意产业发展报告（2016）
著(编)者:程宇宁　2016年4月出版 / 估价:89.00元

**地方法治蓝皮书**
南宁法治发展报告（2016）
著(编)者:杨维超　2016年12月出版 / 估价:69.00元

**福建妇女发展蓝皮书**
福建省妇女发展报告（2016）
著(编)者:刘群英　2016年11月出版 / 估价:88.00元

**甘肃蓝皮书**
甘肃经济发展分析与预测（2016）
著(编)者:朱智文 罗哲　2016年1月出版 / 估价:79.00元

**甘肃蓝皮书**
甘肃社会发展分析与预测（2016）
著(编)者:安文华 包晓霞　2016年1月出版 / 估价:79.00元

**甘肃蓝皮书**
甘肃文化发展分析与预测（2016）
著(编)者:安文华　周小华　2016年1月出版 / 估价:79.00元

**甘肃蓝皮书**
甘肃县域社会发展评价报告（2016）
著(编)者:刘进军 柳 民 王建兵
2016年1月出版 / 估价:79.00元

**甘肃蓝皮书**
甘肃舆情分析与预测（2016）
著(编)者:陈双梅 郝树声　2016年1月出版 / 估价:79.00元

**甘肃蓝皮书**
甘肃商务发展报告（2016）
著(编)者:杨志武 王福生 王晓芳
2016年1月出版 / 估价:69.00元

**广东蓝皮书**
广东全面深化改革发展报告（2016）
著(编)者:周林生 涂成林　2016年11月出版 / 估价:69.00元

**广东蓝皮书**
广东社会工作发展报告（2016）
著(编)者:罗观翠　2016年6月出版 / 估价:89.00元

**广东蓝皮书**
广东省电子商务发展报告（2016）
著(编)者:程晓 邓顺国　2016年7月出版 / 估价:79.00元

**广东社会建设蓝皮书**
广东省社会建设发展报告（2016）
著(编)者:广东省社会工作委员会
2016年12月出版 / 估价:99.00元

**广东外经贸蓝皮书**
广东对外经济贸易发展研究报告（2015~2016）
著(编)者:陈万灵　2016年5月出版 / 估价:89.00元

**广西北部湾经济区蓝皮书**
广西北部湾经济区开放开发报告（2016）
著(编)者:广西北部湾经济区规划建设管理委员会办公室
广西社会科学院广西北部湾发展研究院
2016年10月出版 / 估价:79.00元

**广州蓝皮书**
2016年中国广州经济形势分析与预测
著(编)者:庾建设 沈奎 谢博能　2016年6月出版 / 估价:79.00元

**广州蓝皮书**
2016年中国广州社会形势分析与预测
著(编)者:张强 陈怡霓 杨秦　2016年6月出版 / 估价:79.00元

**广州蓝皮书**
广州城市国际化发展报告（2016）
著(编)者:朱名宏　2016年11月出版 / 估价:69.00元

**广州蓝皮书**
广州创新型城市发展报告（2016）
著(编)者:尹涛　2016年10月出版 / 估价:69.00元

**广州蓝皮书**
广州经济发展报告（2016）
著(编)者:朱名宏　2016年7月出版 / 估价:69.00元

**广州蓝皮书**
广州农村发展报告（2016）
著(编)者:朱名宏　2016年8月出版 / 估价:69.00元

**广州蓝皮书**
广州汽车产业发展报告（2016）
著(编)者:杨再高 冯兴亚　2016年9月出版 / 估价:69.00元

**广州蓝皮书**
广州青年发展报告（2015～2016）
著(编)者:魏国华 张强　2016年7月出版 / 估价:69.00元

**广州蓝皮书**
广州商贸业发展报告（2016）
著(编)者:李江涛 肖振宇 荀振英
2016年7月出版 / 估价:69.00元

**广州蓝皮书**
广州社会保障发展报告（2016）
著(编)者:蔡国萱　2016年10月出版 / 估价:65.00元

**广州蓝皮书**
广州文化创意产业发展报告（2016）
著(编)者:甘新　2016年8月出版 / 估价:79.00元

**广州蓝皮书**
中国广州城市建设与管理发展报告（2016）
著(编)者:董皞 陈小钢 李江涛　2016年7月出版 / 估价:69.00元

**广州蓝皮书**
中国广州科技和信息化发展报告（2016）
著(编)者:邹采荣 马正勇 冯 元　2016年8月出版 / 估价:79.00元

**广州蓝皮书**
中国广州文化发展报告（2016）
著(编)者:徐俊忠 陆志强 顾涧清　2016年7月出版 / 估价:69.00元

**贵阳蓝皮书**
贵阳城市创新发展报告•白云篇（2016）
著(编)者:连玉明　2016年10月出版 / 估价:89.00元

**贵阳蓝皮书**
贵阳城市创新发展报告•观山湖篇（2016）
著(编)者:连玉明　2016年10月出版 / 估价:89.00元

**贵阳蓝皮书**
贵阳城市创新发展报告•花溪篇（2016）
著(编)者:连玉明　2016年10月出版 / 估价:89.00元

**贵阳蓝皮书**
贵阳城市创新发展报告•开阳篇（2016）
著(编)者:连玉明　2016年10月出版 / 估价:89.00元

**贵阳蓝皮书**
贵阳城市创新发展报告•南明篇（2016）
著(编)者:连玉明　2016年10月出版 / 估价:89.00元

**贵阳蓝皮书**
贵阳城市创新发展报告•清镇篇（2016）
著(编)者:连玉明　2016年10月出版 / 估价:89.00元

**贵阳蓝皮书**
贵阳城市创新发展报告•乌当篇（2016）
著(编)者:连玉明　2016年10月出版 / 估价:89.00元

**贵阳蓝皮书**
贵阳城市创新发展报告•息烽篇（2016）
著(编)者:连玉明　2016年10月出版 / 估价:89.00元

**贵阳蓝皮书**
贵阳城市创新发展报告•修文篇（2016）
著(编)者:连玉明　2016年10月出版 / 估价:89.00元

**贵阳蓝皮书**
贵阳城市创新发展报告•云岩篇（2016）
著(编)者:连玉明　2016年10月出版 / 估价:89.00元

**贵州房地产蓝皮书**
贵州房地产发展报告NO.3（2016）
著(编)者:武廷方　2016年6月出版 / 估价:89.00元

**贵州蓝皮书**
册亨经济社会发展报告 (2016)
著(编)者:黄德林　2016年1月出版 / 估价:69.00元

**贵州蓝皮书**
贵安新区发展报告（2016）
著(编)者:马长青 吴大华　2016年4月出版 / 估价:69.00元

**贵州蓝皮书**
贵州法治发展报告（2016）
著(编)者:吴大华　2016年5月出版 / 估价:79.00元

**贵州蓝皮书**
贵州民航业发展报告（2016）
著(编)者:申振东 吴大华　2016年10月出版 / 估价:69.00元

**贵州蓝皮书**
贵州人才发展报告（2016）
著(编)者:于杰 吴大华　2016年9月出版 / 估价:69.00元

**贵州蓝皮书**
贵州社会发展报告（2016）
著(编)者:王兴骥　2016年5月出版 / 估价:79.00元

**海淀蓝皮书**
海淀区文化和科技融合发展报告（2016）
著(编)者:陈名杰 孟景伟　2016年5月出版 / 估价:75.00元

**海峡西岸蓝皮书**
海峡西岸经济区发展报告（2016）
著(编)者:福建省人民政府发展研究中心
福建省人民政府发展研究中心咨询服务中心
2016年9月出版 / 估价:65.00元

**杭州都市圈蓝皮书**
杭州都市圈发展报告（2016）
著(编)者:董祖德 沈翔　2016年5月出版 / 估价:89.00元

**杭州蓝皮书**
杭州妇女发展报告（2016）
著(编)者:魏颖　2016年4月出版 / 估价:79.00元

**河北经济蓝皮书**
河北省经济发展报告（2016）
著(编)者:马树强 金浩 刘兵 张贵
2016年3月出版 / 估价:89.00元

**河北蓝皮书**
河北经济社会发展报告（2016）
著(编)者:周文夫　2016年1月出版 / 估价:79.00元

**河北食品药品安全蓝皮书**
河北食品药品安全研究报告（2016）
著(编)者:丁锦霞　2016年6月出版 / 估价:79.00元

**河南经济蓝皮书**
2016年河南经济形势分析与预测
著(编)者:胡五岳　2016年2月出版 / 估价:69.00元

**河南蓝皮书**
2016年河南社会形势分析与预测
著(编)者:刘道兴 牛苏林　2016年4月出版 / 估价:69.00元

**河南蓝皮书**
河南城市发展报告（2016）
著(编)者:谷建全 王建国　2016年3月出版 / 估价:79.00元

**河南蓝皮书**
河南法治发展报告（2016）
著(编)者:丁同民 闫德民　2016年6月出版 / 估价:79.00元

**河南蓝皮书**
河南工业发展报告（2016）
著(编)者:龚绍东 赵西三　2016年1月出版 / 估价:79.00元

**河南蓝皮书**
河南金融发展报告（2016）
著(编)者:河南省社会科学院
2016年6月出版 / 估价:69.00元

**河南蓝皮书**
河南经济发展报告（2016）
著(编)者:河南省社会科学院
2016年12月出版 / 估价:79.00元

**河南蓝皮书**
河南农业农村发展报告（2016）
著(编)者:吴海峰 2016年4月出版 / 估价:69.00元

**河南蓝皮书**
河南文化发展报告（2016）
著(编)者:卫绍生 2016年3月出版 / 估价:79.00元

**河南商务蓝皮书**
河南商务发展报告（2016）
著(编)者:焦锦淼 穆荣国 2016年4月出版 / 估价:88.00元

**黑龙江产业蓝皮书**
黑龙江产业发展报告（2016）
著(编)者:于渤 2016年10月出版 / 估价:79.00元

**黑龙江蓝皮书**
黑龙江经济发展报告（2016）
著(编)者:曲伟 2016年1月出版 / 估价:79.00元

**黑龙江蓝皮书**
黑龙江社会发展报告（2016）
著(编)者:张新颖 2016年1月出版 / 估价:79.00元

**湖南城市蓝皮书**
区域城市群整合（主题待定）
著(编)者:童中贤 韩未名 2016年12月出版 / 估价:79.00元

**湖南蓝皮书**
2016年湖南产业发展报告
著(编)者:梁志峰 2016年5月出版 / 估价:98.00元

**湖南蓝皮书**
2016年湖南电子政务发展报告
著(编)者:梁志峰 2016年5月出版 / 估价:98.00元

**湖南蓝皮书**
2016年湖南经济展望
著(编)者:梁志峰 2016年5月出版 / 估价:128.00元

**湖南蓝皮书**
2016年湖南两型社会与生态文明发展报告
著(编)者:梁志峰 2016年5月出版 / 估价:98.00元

**湖南蓝皮书**
2016年湖南社会发展报告
著(编)者:梁志峰 2016年5月出版 / 估价:88.00元

**湖南蓝皮书**
2016年湖南县域经济社会发展报告
著(编)者:梁志峰 2016年5月出版 / 估价:98.00元

**湖南蓝皮书**
湖南城乡一体化发展报告（2016）
著(编)者:陈文胜 刘祚祥 邝奕轩 等
2016年7月出版 / 估价:89.00元

**湖南县域绿皮书**
湖南县域发展报告 NO.3
著(编)者:袁准 周小毛 2016年9月出版 / 估价:69.00元

**沪港蓝皮书**
沪港发展报告（2015～2016）
著(编)者:尤安山 2016年4月出版 / 估价:89.00元

**吉林蓝皮书**
2016年吉林经济社会形势分析与预测
著(编)者:马克 2016年2月出版 / 估价:89.00元

**济源蓝皮书**
济源经济社会发展报告（2016）
著(编)者:喻新安 2016年4月出版 / 估价:69.00元

**健康城市蓝皮书**
北京健康城市建设研究报告（2016）
著(编)者:王鸿春 2016年4月出版 / 估价:79.00元

**江苏法治蓝皮书**
江苏法治发展报告 NO.5（2016）
著(编)者:李力 龚廷泰 2016年9月出版 / 估价:98.00元

**江西蓝皮书**
江西经济社会发展报告（2016）
著(编)者:张勇 姜玮 梁勇 2016年10月出版 / 估价:79.00元

**江西文化产业蓝皮书**
江西文化产业发展报告（2016）
著(编)者:张圣才 汪春翔 2016年10月出版 / 估价:128.00元

**经济特区蓝皮书**
中国经济特区发展报告（2016）
著(编)者:陶一桃 2016年12月出版 / 估价:89.00元

**辽宁蓝皮书**
2016年辽宁经济社会形势分析与预测
著(编)者:曹晓峰 张晶 梁启东
2016年12月出版 / 估价:79.00元

**拉萨蓝皮书**
拉萨法治发展报告（2016）
著(编)者:车明怀 2016年7月出版 / 估价:79.00元

**洛阳蓝皮书**
洛阳文化发展报告（2016）
著(编)者:刘福兴 陈启明 2016年7月出版 / 估价:79.00元

**南京蓝皮书**
南京文化发展报告（2016）
著(编)者:徐宁 2016年12月出版 / 估价:79.00元

**内蒙古蓝皮书**
内蒙古反腐倡廉建设报告 NO.2
著(编)者:张志华 无极 2016年12月出版 / 估价:69.00元

**浦东新区蓝皮书**
上海浦东经济发展报告（2016）
著(编)者:沈开艳 陆沪根　2016年1月出版 / 估价:69.00元

**青海蓝皮书**
2016年青海经济社会形势分析与预测
著(编)者:赵宗福　2015年12月出版 / 估价:69.00元

**人口与健康蓝皮书**
深圳人口与健康发展报告（2016）
著(编)者:陆杰华 罗乐宣 苏杨
2016年11月出版 / 估价:89.00元

**山东蓝皮书**
山东经济形势分析与预测（2016）
著(编)者:李广杰　2016年11月出版 / 估价:89.00元

**山东蓝皮书**
山东社会形势分析与预测（2016）
著(编)者:涂可国　2016年6月出版 / 估价:89.00元

**山东蓝皮书**
山东文化发展报告（2016）
著(编)者:张华 唐洲雁　2016年6月出版 / 估价:98.00元

**山西蓝皮书**
山西资源型经济转型发展报告（2016）
著(编)者:李志强　2016年5月出版 / 估价:89.00元

**陕西蓝皮书**
陕西经济发展报告（2016）
著(编)者:任宗哲 白宽犁 裴成荣
2016年1月出版 / 估价:69.00元

**陕西蓝皮书**
陕西社会发展报告（2016）
著(编)者:任宗哲 白宽犁 牛昉
2016年1月出版 / 估价:69.00元

**陕西蓝皮书**
陕西文化发展报告（2016）
著(编)者:任宗哲 白宽犁 王长寿
2016年1月出版 / 估价:65.00元

**陕西蓝皮书**
丝绸之路经济带发展报告（2016）
著(编)者:任宗哲 石英 白宽犁
2016年8月出版 / 估价:79.00元

**上海蓝皮书**
上海传媒发展报告（2016）
著(编)者:强荧 焦雨虹　2016年1月出版 / 估价:69.00元

**上海蓝皮书**
上海法治发展报告（2016）
著(编)者:叶青　2016年5月出版 / 估价:69.00元

**上海蓝皮书**
上海经济发展报告（2016）
著(编)者:沈开艳　2016年1月出版 / 估价:69.00元

**上海蓝皮书**
上海社会发展报告（2016）
著(编)者:杨雄 周海旺　2016年1月出版 / 估价:69.00元

**上海蓝皮书**
上海文化发展报告（2016）
著(编)者:荣跃明　2016年1月出版 / 估价:74.00元

**上海蓝皮书**
上海文学发展报告（2016）
著(编)者:陈圣来　2016年1月出版 / 估价:69.00元

**上海蓝皮书**
上海资源环境发展报告（2016）
著(编)者:周冯琦 汤庆合 任文伟
2016年1月出版 / 估价:69.00元

**上饶蓝皮书**
上饶发展报告（2015～2016）
著(编)者:朱寅健　2016年3月出版 / 估价:128.00元

**社会建设蓝皮书**
2016年北京社会建设分析报告
著(编)者:宋贵伦 冯虹　2016年7月出版 / 估价:79.00元

**深圳蓝皮书**
深圳法治发展报告（2016）
著(编)者:张骁儒　2016年5月出版 / 估价:69.00元

**深圳蓝皮书**
深圳经济发展报告（2016）
著(编)者:张骁儒　2016年6月出版 / 估价:89.00元

**深圳蓝皮书**
深圳劳动关系发展报告（2016）
著(编)者:汤庭芬　2016年6月出版 / 估价:79.00元

**深圳蓝皮书**
深圳社会建设与发展报告（2016）
著(编)者:张骁儒 陈东平　2016年6月出版 / 估价:79.00元

**深圳蓝皮书**
深圳文化发展报告(2016)
著(编)者:张骁儒　2016年1月出版 / 估价:69.00元

**四川法治蓝皮书**
四川依法治省年度报告 NO.2（2016）
著(编)者:李林 杨天宗 田禾
2016年3月出版 / 估价:108.00元

**四川蓝皮书**
2016年四川经济形势分析与预测
著(编)者:杨钢　2016年1月出版 / 估价:89.00元

**四川蓝皮书**
四川城镇化发展报告（2016）
著(编)者:侯水平 范秋美　2016年4月出版 / 估价:79.00元

**四川蓝皮书**
四川法治发展报告（2016）
著(编)者:郑泰安　2016年1月出版 / 估价:69.00元

**四川蓝皮书**
四川企业社会责任研究报告（2015～2016）
著(编)者:侯水平 盛毅　2016年4月出版 / 估价:79.00元

**四川蓝皮书**
四川社会发展报告（2016）
著(编)者:郭晓鸣　2016年4月出版 / 估价:79.00元

**四川蓝皮书**
四川生态建设报告（2016）
著(编)者:李晟之　2016年4月出版 / 估价:79.00元

**四川蓝皮书**
四川文化产业发展报告（2016）
著(编)者:侯水平　2016年4月出版 / 估价:79.00元

**体育蓝皮书**
上海体育产业发展报告（2015～2016）
著(编)者:张林 黄海燕　2016年10月出版 / 估价:79.00元

**体育蓝皮书**
长三角地区体育产业发展报告（2015～2016）
著(编)者:张林　2016年4月出版 / 估价:79.00元

**天津金融蓝皮书**
天津金融发展报告（2016）
著(编)者:王爱俭 孔德昌　2016年9月出版 / 估价:89.00元

**图们江区域合作蓝皮书**
图们江区域合作发展报告（2016）
著(编)者:李铁　2016年4月出版 / 估价:98.00元

**温州蓝皮书**
2016年温州经济社会形势分析与预测
著(编)者:潘忠强 王春光 金浩　2016年4月出版 / 估价:69.00

**扬州蓝皮书**
扬州经济社会发展报告（2016）
著(编)者:丁纯　2016年12月出版 / 估价:89.00元

**长株潭城市群蓝皮书**
长株潭城市群发展报告（2016）
著(编)者:张萍　2016年10月出版 / 估价:69.00元

**郑州蓝皮书**
2016年郑州文化发展报告
著(编)者:王哲　2016年9月出版 / 估价:65.00元

**中医文化蓝皮书**
北京中医药文化传播发展报告（2016）
著(编)者:毛嘉陵　2016年5月出版 / 估价:79.00元

**珠三角流通蓝皮书**
珠三角商圈发展研究报告（2016）
著(编)者:王先庆 林至颖　2016年7月出版 / 估价:98.00元

**遵义蓝皮书**
遵义发展报告（2016）
著(编)者:曾征 龚永育　2016年12月出版 / 估价:69.00元

## 国别与地区类

**阿拉伯黄皮书**
阿拉伯发展报告（2015～2016）
著(编)者:罗林　2016年11月出版 / 估价:79.00元

**北部湾蓝皮书**
泛北部湾合作发展报告（2016）
著(编)者:吕余生　2016年10月出版 / 估价:69.00元

**大湄公河次区域蓝皮书**
大湄公河次区域合作发展报告（2016）
著(编)者:刘稚　2016年9月出版 / 估价:79.00元

**大洋洲蓝皮书**
大洋洲发展报告（2015～2016）
著(编)者:喻常森　2016年10月出版 / 估价:89.00元

**德国蓝皮书**
德国发展报告（2016）
著(编)者:郑春荣 伍慧萍
2016年5月出版 / 估价:69.00元

**东北亚黄皮书**
东北亚地区政治与安全（2016）
著(编)者:黄凤志 刘清才 张慧智 等
2016年5月出版 / 估价:69.00元

**东盟黄皮书**
东盟发展报告（2016）
著(编)者:杨晓强 庄国土　2016年12月出版 / 估价:75.00元

**东南亚蓝皮书**
东南亚地区发展报告（2015～2016）
著(编)者:厦门大学东南亚研究中心　王勤
2016年4月出版 / 估价:79.00元

**俄罗斯黄皮书**
俄罗斯发展报告（2016）
著(编)者:李永全　2016年7月出版 / 估价:79.00元

**非洲黄皮书**
非洲发展报告 NO.18（2015～2016）
著(编)者:张宏明　2016年9月出版 / 估价:79.00元

**国际形势黄皮书**
全球政治与安全报告（2016）
著(编)者:李慎明 张宇燕
2015年12月出版 / 定价:69.00元

**韩国蓝皮书**
韩国发展报告（2016）
著(编)者:牛林杰 刘宝全
2016年12月出版 / 估价:89.00元

**加拿大蓝皮书**
加拿大发展报告（2016）
著(编)者:仲伟合 2016年4月出版 / 估价:89.00元

**拉美黄皮书**
拉丁美洲和加勒比发展报告（2015～2016）
著(编)者:吴白乙 2016年5月出版 / 估价:89.00元

**美国蓝皮书**
美国研究报告（2016）
著(编)者:郑秉文 黄平
2016年6月出版 / 估价:89.00元

**缅甸蓝皮书**
缅甸国情报告（2016）
著(编)者:李晨阳 2016年8月出版 / 估价:79.00元

**欧洲蓝皮书**
欧洲发展报告（2015～2016）
著(编)者:周弘 黄平 江时学
2016年7月出版 / 估价:89.00元

**日本经济蓝皮书**
日本经济与中日经贸关系研究报告（2016）
著(编)者:王洛林 张季风
2016年5月出版 / 估价:79.00元

**日本蓝皮书**
日本研究报告（2016）
著(编)者:李薇 2016年4月出版 / 估价:69.00元

**上海合作组织黄皮书**
上海合作组织发展报告（2016）
著(编)者:李进峰 吴宏伟 李伟
2016年7月出版 / 估价:98.00元

**世界创新竞争力黄皮书**
世界创新竞争力发展报告（2016）
著(编)者:李闽榕 李建平 赵新力
2016年1月出版 / 估价:148.00元

**土耳其蓝皮书**
土耳其发展报告（2016）
著(编)者:郭长刚 刘义 2016年7月出版 / 估价:69.00元

**亚太蓝皮书**
亚太地区发展报告（2016）
著(编)者:李向阳 2016年1月出版 / 估价:69.00元

**印度蓝皮书**
印度国情报告（2016）
著(编)者:吕昭义 2016年5月出版 / 估价:89.00元

**印度洋地区蓝皮书**
印度洋地区发展报告（2016）
著(编)者:汪戎 2016年5月出版 / 估价:89.00元

**英国蓝皮书**
英国发展报告（2015～2016）
著(编)者:王展鹏 2016年10月出版 / 估价:89.00元

**越南蓝皮书**
越南国情报告（2016）
著(编)者:广西社会科学院 罗梅 李碧华
2016年8月出版 / 估价:69.00元

**越南蓝皮书**
越南经济发展报告（2016）
著(编)者:黄志勇 2016年10月出版 / 估价:69.00元

**以色列蓝皮书**
以色列发展报告（2016）
著(编)者:张倩红 2016年9月出版 / 估价:89.00元

**中东黄皮书**
中东发展报告 No.18（2015～2016）
著(编)者:杨光 2016年10月出版 / 估价:89.00元

**中欧关系蓝皮书**
中欧关系研究报告（2016）
著(编)者:周弘 2016年12月出版 / 估价:98.00元

**中亚黄皮书**
中亚国家发展报告（2016）
著(编)者:孙力 吴宏伟 2016年8月出版 / 估价:89.00元

## 皮书起源

“皮书”起源于十七、十八世纪的英国，主要指官方或社会组织正式发表的重要文件或报告，多以“白皮书”命名。在中国，“皮书”这一概念被社会广泛接受，并被成功运作、发展成为一种全新的出版形态，则源于中国社会科学院社会科学文献出版社。

## 皮书定义

皮书是对中国与世界发展状况和热点问题进行年度监测，以专业的角度、专家的视野和实证研究方法，针对某一领域或区域现状与发展态势展开分析和预测，具备原创性、实证性、专业性、连续性、前沿性、时效性等特点的公开出版物，由一系列权威研究报告组成。

## 皮书作者

皮书系列的作者以中国社会科学院、著名高校、地方社会科学院的研究人员为主，多为国内一流研究机构的权威专家学者，他们的看法和观点代表了学界对中国与世界的现实和未来最高水平的解读与分析。

## 皮书荣誉

皮书系列已成为社会科学文献出版社的著名图书品牌和中国社会科学院的知名学术品牌。2011 年，皮书系列正式列入“十二五”国家重点出版规划项目；2012~2015 年，重点皮书列入中国社会科学院承担的国家哲学社会科学创新工程项目；2016 年，46 种院外皮书使用“中国社会科学院创新工程学术出版项目”标识。

# 皮书大事记
# （2015）

☆ 2015年11月9日，社会科学文献出版社2015年皮书编辑出版工作会议召开，会议就皮书装帧设计、生产营销、皮书评价以及质检工作中的常见问题等进行交流和讨论，为2016年出版社的融合发展指明了方向。

☆ 2015年11月，中国社会科学院2015年度纳入创新工程后期资助名单正式公布，《社会蓝皮书：2015年中国社会形势分析与预测》等41种皮书纳入2015年度“中国社会科学院创新工程学术出版资助项目”。

☆ 2015年8月7~8日，由中国社会科学院主办，社会科学文献出版社和湖北大学共同承办的“第十六次全国皮书年会（2015）：皮书研创与中国话语体系建设”在湖北省恩施市召开。中国社会科学院副院长李培林，国家新闻出版广电总局原副总局长、中国出版协会常务副理事长邬书林，湖北省委宣传部副部长喻立平，中国社会科学院科研局局长马援，国家新闻出版广电总局出版管理司副司长许正明，中共恩施州委书记王海涛，社会科学文献出版社社长谢寿光，湖北大学党委书记刘建凡等相关领导出席开幕式。来自中国社会科学院、地方社会科学院及高校、政府研究机构的领导及近200个皮书课题组的380多人出席了会议，会议规模又创新高。会议宣布了2016年授权使用“中国社会科学院创新工程学术出版项目”标识的院外皮书名单，并颁发了第六届优秀皮书奖。

☆ 2015年4月28日，“第三届皮书学术评审委员会第二次会议暨第六届优秀皮书奖评审会”在京召开。中国社会科学院副院长李培林、蔡昉出席会议并讲话，国家新闻出版广电总局原副局长、中国出版协会常务副理事长邬书林也出席本次会议。会议分别由中国社会科学院科研局局长马援和社会科学文献出版社社长谢寿光主持。经分学科评审和大会汇评，最终匿名投票评选出第六届“优秀皮书奖”和“优秀皮书报告奖”书目。此外，该委员会还根据《中国社会科学院皮书管理办法》，审议并投票评选出2015年纳入中国社会科学院创新工程项目的皮书和2016年使用“中国社会科学院创新工程学术出版项目”标识的院外皮书。

☆ 2015年1月30~31日，由社会科学文献出版社皮书研究院组织的2014年版皮书评价复评会议在京召开。皮书学术评审委员会部分委员、相关学科专家、学术期刊编辑、资深媒体人等近50位评委参加本次会议。中国社会科学院科研局局长马援、社会科学文献出版社社长谢寿光出席开幕式并发表讲话，中国社会科学院科研成果处处长薛增朝出席闭幕式并做发言。

权威报告·热点资讯·特色资源

# 皮书数据库

ANNUAL REPORT(YEARBOOK) DATABASE

当代中国与世界发展高端智库平台

WWW.PISHU.COM.CN

## 皮书俱乐部会员服务指南

1. 谁能成为皮书俱乐部成员?

- 皮书作者自动成为俱乐部会员
- 购买了皮书产品（纸质书/电子书）的个人用户

2. 会员可以享受的增值服务

- 免费获赠皮书数据库100元充值卡
- 加入皮书俱乐部，免费获赠该纸质图书的电子书
- 免费定期获赠皮书电子期刊
- 优先参与各类皮书学术活动
- 优先享受皮书产品的最新优惠

3. 如何享受增值服务?

**（1）免费获赠100元皮书数据库体验卡**

第1步 刮开附赠充值的涂层（右下）；

第2步 登录皮书数据库网站（www.pishu.com.cn），注册账号；

第3步 登录并进入“会员中心”—“在线充值”—“充值卡充值”，充值成功后即可使用。

**（2）加入皮书俱乐部，凭数据库体验卡获赠该书的电子书**

第1步 登录社会科学文献出版社官网（www.ssap.com.cn），注册账号；

第2步 登录并进入“会员中心”—“皮书俱乐部”，提交加入皮书俱乐部申请；

第3步 审核通过后，再次进入皮书俱乐部，填写页面所需图书、体验卡信息即可自动兑换相应电子书。

4. 声明

解释权归社会科学文献出版社所有

皮书俱乐部会员可享受社会科学文献出版社其他相关免费增值服务，有任何疑问，均可与我们联系。

图书销售热线：010-59367070/7028
图书服务QQ：800045692
图书服务邮箱：duzhe@ssap.cn

数据库服务热线：400-008-6695
数据库服务邮箱：database@ssap.cn
兑换电子书服务热线：010-59367204

欢迎登录社会科学文献出版社官网（www.ssap.com.cn）和中国皮书网（www.pishu.cn）了解更多信息

社会科学文献出版社 SOCIAL SCIENCES ACADEMIC PRESS (CHINA) 皮书系列

卡号：066303722054

密码：

# S 子库介绍
# Sub-Database Introduction

## 中国经济发展数据库

涵盖宏观经济、农业经济、工业经济、产业经济、财政金融、交通旅游、商业贸易、劳动经济、企业经济、房地产经济、城市经济、区域经济等领域，为用户实时了解经济运行态势、把握经济发展规律、洞察经济形势、做出经济决策提供参考和依据。

## 中国社会发展数据库

全面整合国内外有关中国社会发展的统计数据、深度分析报告、专家解读和热点资讯构建而成的专业学术数据库。涉及宗教、社会、人口、政治、外交、法律、文化、教育、体育、文学艺术、医药卫生、资源环境等多个领域。

## 中国行业发展数据库

以中国国民经济行业分类为依据，跟踪分析国民经济各行业市场运行状况和政策导向，提供行业发展最前沿的资讯，为用户投资、从业及各种经济决策提供理论基础和实践指导。内容涵盖农业，能源与矿产业，交通运输业，制造业，金融业，房地产业，租赁和商务服务业，科学研究，环境和公共设施管理，居民服务业，教育，卫生和社会保障，文化、体育和娱乐业等 100 余个行业。

## 中国区域发展数据库

以特定区域内的经济、社会、文化、法治、资源环境等领域的现状与发展情况进行分析和预测。涵盖中部、西部、东北、西北等地区，长三角、珠三角、黄三角、京津冀、环渤海、合肥经济圈、长株潭城市群、关中—天水经济区、海峡经济区等区域经济体和城市圈，北京、上海、浙江、河南、陕西等 34 个省份。

## 中国文化传媒数据库

包括文化事业、文化产业、宗教、群众文化、图书馆事业、博物馆事业、档案事业、语言文字、文学、历史地理、新闻传播、广播电视、出版事业、艺术、电影、娱乐等多个子库。

## 世界经济与国际政治数据库

以皮书系列中涉及世界经济与国际政治的研究成果为基础，全面整合国内外有关世界经济与国际政治的统计数据、深度分析报告、专家解读和热点资讯构建而成的专业学术数据库。包括世界经济、世界政治、世界文化、国际社会、国际关系、国际组织、区域发展、国别发展等多个子库。